칸트 읽기

포스트모더니즘 이후의 비판철학

마키노 에이지 지음 | 세키네 히데유키 · 류지한 옮김

울력

KANTO O YOMU by Eiji Makino

ⓒ 2003 by Eiji Makino

Originally published in Japanese by Iwanami Shoten, Publishers, Tokyo, 2003.

This Korean language edition published in 2009

by Ulyuck Publishing House, Seoul

by arrangement with the proprietor c/o Iwanami Shoten, Publishers, Tokyo.

칸트 읽기 : 포스트모더니즘 이후의 비판철학

지은이 | 마키노 에이지

옮긴이 | 세키네 히데유키, 류지한

펴낸이 | 강동호

펴낸곳 | 도서출판 울력

1판 1쇄 | 2009년 11월 10일

등록번호 | 제10-1949호(2000. 4. 10)

주소 | 152-889 서울시 구로구 오류1동 11-30

전화 | (02) 2614-4054

FAX | (02) 2614-4055

E-mail | ulyuck@hanmail.net

값 | 16,000원

ISBN | 978-89-89485-77-3 03160

· 잘못된 책은 바꾸어 드립니다.

· 옮긴이와 협의하여 인지는 생략합니다

한국어판 서문

이 책의 본래 목적은 근대 독일 철학자 임마누엘 칸트의 비판철학을 실마리로 하여 세계화 시대에 어울리는 철학적 사색을 탐구하는 것이다. 이 책에서 필자는 19세기 이후, 20세기의 현대철학의 주요한 동향을 고찰하고 있다. 그 목적은 단순히 칸트 철학이 철학사 · 사상사적으로 중요하다는 것을 지적하고자 하는 것이 아니다. 오히려 필자는 현대의 철학 사상들이 어떤 의미에서는 칸트의 비판철학과의 대결이나 대화 속에서 형성되었으며, 오늘날에도 이러한 경향에 변화가 없다는 사실을 지적하고 싶다. 따라서 이 책은 동 · 서양을 막론하고 오늘날 철학적 사색을 진전시키려면 칸트의 비판철학과의 생산적인 대화나 진지한 대결을 피할 수 없음을 밝히고 있다. 특히 필자는 포스트모더니즘으로 대표되는 현대 사상의 비판적 극복을 시도했다.

이러한 인식은 일본에서든, 한국에서든, 다른 아시아 지역에서든, 철학적 사색에 관련되는 사람에게는, 나라나 지역 차이에 상관없이 기본적으로 같을 것이라고 필자는 확신한다. 하나의 예를 들면, 칸트는 이 책에서도 언급하고 있는 것처럼 영구평화의 사상을 강조했던 철학자이다. 그의 평화론이 국제연합(UN)이나 유럽연합(EU) 설립의 이론적인 지도 원리가 된 것은 세계적으로 널리 알려져 있다. 일본에서는 수년 전부터 일본 헌법의 요체인 9조의 개정 논의가 활발해지면서 '평화 헌법'으로 불리는 헌법의 존재 방식이 일본의 국내외로부터 주시의 대상이 되고 있다. 재군비화나 해외 파병을 금지하는 이 조문에는, 이전에 일본이 군국주의 아래서 한국, 중국 및 대만을 포함한 아시아 여러 국가와 세계 여러 국민에게 행했던 침략 행위에 대한 일본 국민의 반성이 표현되어 있다. 또한 헌법 9조의 유지 존속을 원하는 사람들 중에는 이 조문에 칸트의 영구평화의 이념이 반영되어 있다고 이해하는 이들도 적지 않다. 2008년 5월 3일, 헌법 개정일에 맞춰 실시된 아사히신문의 여론 조사에서는 조사 대상 중 66퍼센트의 일본 국민이 일본 헌법의 요체인 9조의 개정에 반대하고 있었다. 필자 역시 그중 한 사람이다. 그러나 일본 국민 및 정치계 중에는 9조의 개정과 동시에 '평화 헌법'의 존재 방식 자체를 바꾸려고 하는 움직임이 있는 것도 사실이다. 이 책에서는 이러한 일본의 당면한 상태를 철학적 차원에서 파악하여 '프리모던과 포스트모던의 사이'라는 말로 표현하고 있다. 필자는 현대 일본 사회가 당면한 현실의 파악과 문제 해결의 단서를 탐구하기 위해서 칸트의 비판철학의 사상을 재해석하는 시도를 제안하고 있다.

일찍이 한국은 일본에게 침략당해 합병된 국가 존망의 위기 속에서 많은 우국지사가 스스로의 생명을 희생해 가며 구국 행위에 나섰다. 100년 전인 1909년 10월 26일, 애국지사 안중근이 하얼빈에서 초대 조선 총독으로 있던 이토 히로부미伊藤博文를 사살한 행위는 그 상징적 사건이다. 일본에서는 이 사실 자체가 거의 알려져 있지 않다. 뿐만 아니라 안중근 의사가 투옥되어 형사刑死하기 직전까지 '동양 평화론'의 집필에 몰두했다는 사실을 알고 있는 일본인은 거의 존재하지 않는 실정이다. 필자는 안중근 의사의 숭고한 정신과 영혼으로부터의 호소에 진지하게 귀를 기울여, 안 의사가 열망했던 동양 평화의 실현, 그리고 세계 평화의 실현을 마음으로부터 바라며 이 책을 집필했다. 필자의 이러한 생각이 이 기회에 필히 한국의 독자들에게 전해지기를 간절히 바란다.

과거 피해자가 받은 박해나 고통 그리고 그로 인한 고통스러운 기억은 개인, 공동체, 민족, 국가의 차원에서 그 차원의 차이와 상관없이 오래 지속되지만, 가해자 측에서는 쉽사리 잊고 만다. 일본인 중에서는 과거 한반도를 식민지로 지배했던 '역사적 기억'과 '역사적 책임'을 잊고 있는 사람이 적지 않다. 그러나 피해자인 한국인들은 이 과거의 사건을 결코 잊을 수 없을 것이다. 오랫동안 '가깝고도 먼 나라'로 불리어 왔던 한국과 일본 양국 국민이 진실로 신뢰할 수 있는 우호적 관계를 구축하기 위해서는 우선 가해자였던 일본 국민이 칸트가 중시했던 '타인의 입장에 서서 생각하라'라는 사상의 중요성을 깨닫고 그것을 체득하여 행동해야 한다. 이러한 취지를 담아서 이 책에서는 이 '시야 넓은 사고 방법'을 '다원주의'라고 하는 개념으로 표현하여 상세하게 논하고 있다. 환경 윤리학에서는 '세대 간 윤리'의 중요성을 지적한 지 오래되었다. 그러나 필자는 이 '세대 간 윤리'라는 생각은 역사 인식의 세계에서야말로 중요한 역할을 다해야 한다고 주장하고 싶다. 제2차 세계대전 종결 이후, 지금도 독일인은 유대인이나 피해를 끼친 여러 국민들을 상대로 계속 사죄하고 개인 보상을 실시하고 있다. 이와 마찬가지로 일본인은 자신들의 조상이나 부모 형제가 과거 한반도에서 한국 국민을 상대로 한 점령 지배나 전쟁 범죄 행위에 대해 세대를 넘어서 계속 이야기하고 전하며, 일본인의 역사의 기억에 새기며, 개인 차원에서 국가 차원까지 성실하게 사죄하고 과거의 죄책에 대해서 한국 국민들에게 충분히 보상해야만 한다.

유대인 철학자 한나 아렌트는 독일인인 칸트의 철학으로부터 일찍이 이 '다원주의'의 중요성을 배워서 그것을 전 세계에 알렸다. 그는 제2차 세계대전 중에 자기 자신도 박해당해 많은 가족이나 친지를 아우슈비츠 등의 강제수용소에서 잃었다. 필자는 일본인의 한 사람으로서 이 역사적 사실의 무게를 충분히 받아들이지 않으면 안 된다고 생각하고 있다. 필자로서는 한국의 많은 독자들이 이 책을 읽고 칸트의 비판철학의 정신을 배우고, 동시대 일본 사회에서 칸트를 읽는 필자와 그에 대한 철학적 사색과 대화를 시도해 주기를 바란다. 그것으로써 필자는 한국과 일본 양 국민 사이에 진실한 상호 이해와 신뢰 관계의 구축과 강화에 조금이라도 공헌할 수 있기를 간절히 바란다. 이것은 동시에 세계화 시대의 철학적 과제의 하나라고 필자는 확신하고 있다.

끝으로 이 책을 한국에서 번역하게 된 계기에 대해서 간단히 언급하고자 한다. 필자는 2007년 5월 12일에 한국 제주대학에서 개최된 '한국-일본 근대학회: 제15회 국제학술대회'의 자리에서 주최자 측의 배려로 "근대일본문화의 여러 문제 ― 학문의 진보와 마음의 성숙"이라는 제목으로 강연을 할 기회가 있었다. 이 강연에 뒤이은 질의응답 시간에 적절한 질문을 해주신 류지한 동의대학교 교수는 차후의 친목회 자리에서 이 책의 한국어 번역을 제안해 주고, 출판 계약에 이르기까지 많은 배려를 해주셨다. 또 세키네 히데유키關根英行 경원대학교 교수께서는 이 책 번역의 구체적인 절차부터 한국어로 옮기는 작업까지 실로 자세한 배려를 해주셨다. 류지한 교수와 세키네 교수에게는 진심으로 감사드린다. 이 책을 한국의 독자들에게 읽힐 수 있는 기회를 주신 두 분에게 다시 한 번 진심으로 감사드리는 바이다.

일본 호세이 대학法政大學

마키노 에이지牧野英二(일본칸트협회 회장)

차례

일러두기

1. 이 책은 牧野英二의 カソトを讀む: ポストモダニズム以降の批判哲學 (岩波書店, 2003)을 완역하였다.

2. 본문에서 책과 신문, 잡지 등은 『 』로, 논문과 기사는 「 」로 표시하였다.

3. 원서의 「 」는 이 책에서 큰따옴표로 표시하였다. 그리고 본문 중의 작은 따옴표는 옮긴이가 붙인 것이다.

4. 본문 중 [ ]안에 작은 글씨로 표시된 것은 옮긴이가 내용의 설명이나 이해를 위해 붙인 것이다.

5. 본문에 언급된 도서 중 국내에 번역된 도서는 그것을 위주로 표기하였다.

6. '공통 감각,' '공동체적 감각' 등 몇몇 용어는 옮긴이의 의견에 따라 표기하였다.

서문: "칸트 읽기"의 지향점

지금부터 〈칸트 읽기" ― 포스트모더니즘 이후의 비판철학〉이라는 제목으로 4회에 걸쳐 강의를 실시하고자 한다. 강의를 시작함에 있어서, 왜 오늘날 21세기 일본이라는 장소에서 18세기 독일 철학자인 임마누엘 칸트의 사상을 다루려고 하는가? 그 기본 취지를 간단히 설명해 두고자 한다.

먼저 결론부터 말하면, 현재의 국제 정치, 글로벌화 되고 있는 경제 시스템, 문화 간의 대립, 충돌 등 현대 사회 고유의 현상이라고 볼 수 있는 여러 문제들이 여러 가지 의미에서 칸트의 사상과 깊은 관계를 맺고 있는 것이 분명하기 때문이다.

첫째, 칸트의 출생지인 당시 동프로이센의 쾨니히스베르크는 현재 러시아연방공화국의 칼리닌그라드 지역이다. 구소련 붕괴 후 독립한 발트 3국(에스토니아, 라트비아, 리투아니아) 중, 칼리닌그라드에서 제일 가까운 리투아니아는 2002년에 NATO에 가맹하기로 결정하였다. 그것이 실현되자 칸트의 출생지는 폴란드와 리투아니아 사이에 끼여 서쪽 지역 내에서 고립되고 말았다. 이에 대해 러시아군은 그 지역을 방위하기 위하여 전술 핵무기를 배치하였다. 이러한 움직임은, 러시아와 NATO 가맹국 사이에 긴장을 고조시켰다.

둘째, 제2차 세계대전 이후, 동서로 분열되었다가 통일을 이룬 독일은 구 프로이센의 중심지였던 이 도시의 반환을 러시아와 교섭하기 시작했다는 정보가 흘러나왔다. 이 정보의 진위는 확실하지 않지만, 어쨌든 이런 정보는 EU(유럽연합)의 실현을 통한 유럽 세계의 통합 동향에 미묘한 영향을 주는 것이다. 뿐만 아니라 21세기의 세계 정치, 경제와 같은 온갖 문화적 영역에 큰 영향을 미치는 사태를 일으킬 위험성을 내포하고 있다. 모든 분야에서 글로벌화가 진행되고 있는 오늘날, 일본에 살고 있는 우리도 결코 무관심하게 방관해서는 안 될 상황인 것이다.

흥미롭게도, 7년 전쟁에서 러시아군이 쾨니히스베르크를 점령, 지배(1758~1762)하고, 프로이센이 이 지역을 재탈환한 사건은 칸트가 장년기에 경험한 일이었다. "역사는 되풀이된다"는 말이 여기에도 적용되는 듯하다. 하지만 내가 말하고 싶은 것은 이것이 아니다. 오히려 이와 같은 역사적인 사건을 경험함으로써, 칸트는 영구평화론이나 저항권의 문제를 포함한 비판철학적인 사색을 구축할 수 있었다. 평화나 저항을 둘러싼 오늘날의 문제는 어떤 의미에서 칸트의 시대와 유사한 관계가 있다. 또한 칸트가 제기한 세계시민주의 사상이나 국제연맹의 이념이 오늘날 현대 사회의 여러 문제 — 비록 당시와는 이질적인 성격을 가진 문제이지만 — 와 씨름하고 있는 우리들에게 그 곤란한 과제들의 해결을 위한 실마리를 제공해 줄 수 있을지도 모른다.

다음으로 전체 강의 계획을 간단히 언급하겠다. 제1강에서는 "칸트의 비판철학의 사정거리"라는 주제에 대해 언급하겠다. 제1강의 전반부에서는 강의 전체에 걸쳐 칸트 읽기의 목적, 취지, 고찰의 방법에 대한 문제 제기를 하겠다. 후반부에서는, 칸트의 대명사처럼 된 "물자체物自體" 문제를 중심으로 타자他者나 리얼리티와 관련하여 비판철학의 사상적 넓이와 깊이를 측정하고, 오늘날 그 의미를 생각해 보고자 한다.

제2강의 논제는 "칸트의 '계몽'에 대한 재평가"이다. 칸트 시대의 계몽 개념이나 칸트의 계몽론을 길잡이로, 호르크하이머와 아도르노의 『계몽의 변증법』, 칸트의 계몽에 대한 하버마스와 푸코의 논의를 검토해 볼 것이다. 그리고 오늘날 "계몽"이라는 문제가 어떠한 의의를 가지는지, 특히 전근대적pre-modern 양상을 드러내고 있는 것처럼 느껴지는 현대 일본의 사회 상황에서 어떤 문제를 제기하고, 또 어떤 의의가 있는지에 대해 살펴볼 것이다.

제3강에서는, 이 강의의 부제와도 관련된 포스터모더니즘에서의 문제 제기를 받아들여서 칸트의 비판철학을 다원주의Pluralism 및 가류주의可謬主義의 입장에서 고찰하는 관점을 도입하고자 한다. 이는 전통적인 칸트 읽기와는 다른 입장에서 칸트의 이성 비판을 해석해 보려는 시도이다. 그중에서도 포스트모더니스트들이 가장 주목하는 것은 3대 비판서 중에서도 제3비판서(『판단력 비판』)이다. 여기에서는 『순수 이성 비판』이나 『실천 이성 비판』에서의 이성의 역할, 의의, 한계뿐만 아니라, 『판단력 비판』에서 칸트가 고찰했던 미美, 숭고의 감정, 자연과의 조화 가능성 등에 유의하고자 한다. 그리고 이를 바탕으로 전 인류에게 공통되는 역사를 초월한 보편적 이성과는 다른 의미와 기능을 가진 넓은 의미의 이성, 즉 감정이나 신체와 불가분의 관계를 맺고 있는 "감정의 이성"을 구축하기 위한 단서를 제시해 보고자 한다.

제4강에서는 제3강을 발전시켜서 상기한 다원주의의 입장에서 본 비판철학의 이론 철학 상의 논의뿐만 아니라, 실천 철학, 구체적으로는 정치철학, 사회철학, 역사철학에 속하는 문제들, 특히 영구평화론이나 전쟁론에 대해서 언급하고자 한다. 이러한 문제들이 우리들 ¹게 제시하는 과제를, 한나 아렌트의 칸트 해석이나 게오르크 피히트의 평가 등을 참고하여, 공공성 또는 공공권의 문제와 관련시켜 논의하고자 한다.

결론적으로 말해서, 이 강의는 전반적으로 초월 철학의 대표자 또는 그 효시로 자리매김되어 온 종래의 정형화된 칸트의 철학사에서의 위치나 칸트 상像을 재검토하는 것을 의도하고 있다. 또한 일본에서 특별히 주목을 받지 않았던 빌헬름 딜타이의 칸트 이해와 비판, 하이데거의 평가, 가다머의 칸트 비판의 문제 등에 대해서도 현대의 해석학과 관련지어 언급할 것이다. 더 나아가서 이러한 논점을 매개로 리오타르, 데리다, 로티와 같은 포스트모더니스트들의 문제 제기와 대비시켜서 새로운 칸트 읽기의 하나를 제시하고자 한다.

이 강의의 의도는 "올바른 칸트 읽기"를 제시하는 것이 아니다. 어디까지나 상술한 바와 같은 관심과 문제의식에 기초를 둔

"하나의 칸트 읽기"를 제안하고 있을 뿐이다. 그러므로 당연히 다수의 다른 "칸트 읽기"들이 있을 수 있다. 이 강의 내용과 다른 해석이나 이해의 방법을 부정하고 배제할 의도는 없다. 오히려 여러 가지 의미에서 이제까지와는 다른 "하나의 칸트 읽기"를 제시함으로써 칸트 읽기를 보다 풍부하게 하고, 그와 더불어 현대 사회를 읽는 방법에 조금이나마 도움을 주는 것, 이것이 바로 이 강의가 목적으로 하는 것이다.

 이 강의 전체를 통해서 내가 강조하고 싶은 것은 다음 네 가지이다. 첫째, 칸트의 비판철학 가운데 다원주의적 사상이 엿보인다는 점이다. 둘째, 이 사상은 세계시민주의의 입장을 통해 구체적으로 표명되고 있다. 셋째, 이 입장은, 칸트 자신의 표현인 "공통 감각"에 의거하고 있다. 이것을 이 강의 고유의 표현으로 말하자면, 신체나 감정의 움직임과 불가분의 관계를 맺고 있는 "정감 풍부한 이성"의 움직임이라고 바꿔 말할 수 있다. 넷째, 이러한 "칸트 읽기"는 현대를 살아가는 모든 인간들이, 특히 현대 일본인들이 불가피하게 직면하고 있는 중요한 철학적, 이상적, 지적, 실천적 과제와 깊이 관련되어 있다.

제1강
칸트의 비판철학의 사정거리

1. 이 강의의 주요 과제

1. 문제 제기: 왜 오늘날 칸트를 읽을 필요가 있는가?

우선 "왜 오늘날 칸트를 읽을 필요가 있는가?"라는 문제 제기와 관련하여, 이 강의에서 칸트 철학을 고찰하는 관점 내지는 입장에 대해서 조금 깊이 설명하도록 하겠다.

왜 지금 일본에서 18세기 러시아 인근 동프로이센 출신의 철학자에게 관심을 가질 필요가 있는가? 칸트에게서는 더 이상 배울 것이 없지 않는가? 이러한 의문을 가지고 있는 사람들도 적지 않으리라 생각한다. 어찌 보면 이러한 의문은 당연한 것이라고 할 수 있다. 실제로 칸트의 출생지는 폴란드보다 북쪽에 위치하고, 폴란드가 분할되기 전에는 이 나라의 영지에 끼어 있었다. 『순수 이성 비판』의 제2판이 출판될 당시(1787)에 그곳은 학문 세계의 시베리아라고 할 수 있는 유럽의 변경에 가까운 땅이었다. 그러나 이것은 오히려 철학사에 대한 상식적 이해에서 간과되어 왔던 사실을 새롭게 조명해 준다. 칸트 철학을 기점으로 독일 관념론이라 불리는 사조가 발전한다는 것이 철학사에 대한 일반적인 이해이다. 그러나 칸트가 처한 생활환경이나 시대 상황은 독일 관념론의 대표적인 철학자인 피히테나 헤겔과 같이 독일의 중심부에서 생활하던 철학자들과는 크게 달랐다. 그리고 이와 같은 큰 차이들이 칸트의 사상 형성에 영향을 미쳤다. 우리는 이 사실에 주의를 기울일 필요가 있다. 칸트의 세계시민주의(코스모폴리타니즘) 또는 반식민지주의적 사상과, 피히테나 헤겔의 강한 국가주의적 사상의 경향 차이도 이 사실과 무관하지 않다.

　덧붙여서 말하자면, 칸트는 1724년에 출생(1804년 사망)하였는데, 에도시대江戶時代(1600~1867) 중기의 훌륭한 사상가이면서 칸트와 같이 물리학, 천문학부터 정치나 경제 분야까지 대부분의 지식 영역을 탐구하여 조리학條理學을 제창하고 저서『현어玄語』를 남긴 미우라 바이엔三浦梅園(1723~89)과 동시대 인물이었다. 전혀 교류가 없었던 시대에 유럽의 문화적 중심지로부터 크게 벗어난 장소와 일본에서 같은 시대를 사색한 두 명의 사상가가 생활공간과 사회적 상황의 차이를 넘어서 우연히 이성 또는 조리에 대해 생애에 걸쳐 탐구하였다는 역사적 사실은, 이성이나 조리보다는 자칫 정에 잘 휩쓸리는 오늘날의 일본인의 생활 형태를 뒤돌아볼 때, 실로 흥미롭지 않을 수 없다. 이러한 점은 계몽의 문제와도 관련이 있기 때문에, 이후의 논의는 제2강에서 깊이 다룰 예정이다.

　이러한 문제의식과 고찰의 관점에서 칸트의 성숙기의 철학, 보통 비판철학이라 불리는 1780년 이후의 철학 사상을 중심으로 이론 철학, 실천 철학, 미학 그리고 목적론을 비롯하여 가능한 한 여러 갈래의 칸트 사상을 살펴보고자 한다. 이러한 고찰의 관점에는 소위 말하는 고전 연구의 의의를 넘어, 그 보편적 의의 내지는 현대적 의의를 탐구한다는 의도가 포함되어 있다.

둘째, 어떤 인물과 그 인물의 사상이 태어난 시대의 상황을 파악하여 연구하는 것은 철학의 고전 연구뿐만 아니라 모든 학문 연구의 입문 절차로서 당연히 짚고 넘어가야 할 부분이다. 동시에 시작 부분에서 언급한 바와 같이 종래의 정통적인 칸트 상을 재검토할 필요가 있다고 생각한다. 지금까지의 철학사의 연구 방법과 이해 방식이 일면적이고, 게다가 그 자각이 지금의 일본에서는 여전히 불충분한 만큼, 이번 기회에 칸트의 철학사에서의 위치 또는 종래의 칸트 상을 재검토할 필요가 있다. 그렇게 함으로써 오히려 비판철학이 갖는 현대적 의의가 드러나지 않을까 생각한다. 요컨대, 둘째는 칸트의 철학사적 위치의 재검토 · 재평가를 시도해 보고자 하는 것이다.

셋째, 좀 더 깊이 들어가 이야기하자면, 앞에서 다루었듯이 종래의 철학사의 해석에서는 칸트를 초월 철학의 효시로서 평가하며, 독일 관념론의 출발점으로 평가한다. 이것이 비판철학의 전통적인 뿌리 깊은 이해이다. 그러나 나는 도리어 철학의 주류 내지는 현대의 철학적 방법이라고도 할 수 있는 해석학적 견해가 칸트에게도 존재한다는 점을 지적하고 싶다. 즉, 비판철학 안에서 해석학적인 관점을 읽어냄으로써 종래의 통설화된 칸트 이해의 틀 자체를 약간 바꿔서 보고자 한다. 그렇게 함으로써 지금까지 칸트를 이해하는 방법에서 찾을 수 없었던 측면이 드러나지 않을까 생각한다.

요약하면, 현대의 철학 사상 중에서 대립하는 두 개의 사고방식, 즉 초월 철학적인 사고, 기초 부여적인 사고방식과, 그것을 포기한 다원주의적인 사고법 내지는 해석학적인 경향, 이 두 가지 성격이 다른 사고 형태를 칸트의 비판철학 내에서 함께 찾아볼 수 있다. 칸트 철학의 이러한 점으로부터 우리들이 직면해 있는 여러 문제를 해결하는 데 있어 얼마만큼의 실마리를 얻을 수 있는가 하는 점에 대해서 깊이 다뤄 보고자 한다.

칸트 이후의 일급의 사상가나 현대의 훌륭한 철학자들이 한 번 이상은 칸트와 대결하여 그를 비판적으로 뛰어넘으려 하였고, 또 그 작업을 통해 계속 사색해 온 것은 주지의 사실이다. 이 강의에서는 포스트모더니즘의 사상가들, 예를 들어 칸트에 큰 관심을 기울인 리오타르를 비롯한 여러 학자들이 제기한 칸트 비판이나 재평가를 단서로 하여, 칸트에게 있어서 이성 비판의 다양한 측면을 분명히 밝히고자 한다.

칸트 자신도 지적하고 있듯이, 철학은 어디까지나 인간이 살아가는 방법에 관한 지혜의 학문이다. 그러므로 칸트가 살았던 18세기 독일의 사상 공간과 21세기 첫머리에 일본이라는 장소에서 사색하고 번민하며 생활하고 있는 우리들 사이에 여러 가지 관련성을 측정하는 탐구 방법이 가능할 것이라고 생각한다.

2. 위기의 시대와 비판 기능의 필요성

"위기의 시대와 비판 기능의 필요성"이라는 제목 역시 칸트의 시대와 현대, 두 시대를 연결하는 가교 역할을 하고 있다.

나는 의도적으로 "위기와 비판Krisis und Kritik"이라는 단어를 병렬하여 표기하였다. 독일어로 "위기"는 "Krisis" 또는 "Krise"이다. 또 "비판"은 "Kritik"이다. 이 두 단어는 같은 어원으로부터 파생된 것으로, 실제로 같은 의미 내용을 지니고 있다.

간단히 설명하자면, "Krisis"는 "나누다" "구별하다"라는 어원적 의미를 지니며, 이로부터 유래된 "위험의 분기점" 또는 "절박한 고비"를 의미한다. 경제학의 "공황"도 이 단어로 표현되고, 의학의 "병의 증상이 나타남," "발병"도 이 용어로 표현된다. 오늘날 우리는 지구적 규모의 환경 파괴와 그 영향의 심각성에 대해서는 더 말할 나위도 없거니와, 경제나 소비의 세계화가 급속히 진행되면서 세계적인 규모의 불경기와 불황의 위기에 직면해 있다. 또한 교통 기관의 경이적인 발달과 이로 인한 다른 문화와의 교류와 상호 침투 등으로 인하여 옛날 같으면 특정 지역에 한정되어 있던 풍토병이나 전염병이 예상을 뛰어넘는 속도로 전 세계로 확대, 확산되고 있다. 우리들은 생활 전체에 걸쳐 여러 수준에서 "위기"에 직면해 있다. 칸트 역시 그의 시대에서 절박한 위기적 상황에 직면해 있었다. 두 시대를 연결하는 "위기"에 대한 자각이 무엇보다도 우선적으로 비판의 작업을 요구하고 있는 것이다.

"Kritik"이 지식 또는 예술 현상을 판단하고 판정하여 비평한다는 의미를 갖는 단어라는 것은 널리 알려져 있다. 이 개념은 원래 영국의 문예 비평, criticism으로부터 유래하였다. 이 단어를 철학의 영역에서 처음으로 본격적으로 사용한 것이 칸트였다. 그 후, 마르크스의 『자본』의 부제로서 "정치경제학 비판"이라는 표현이 사용되었고, 마르크스주의의 인간화를 지향한 현대 프랑스의 대표적 실존 철학자인 사르트르가 그의 만년의 저서인 『변증법적 이성 비판』에서 사용하였다. 짐작할 수 있듯이, "비

판"이라는 용어는 18세기 이후부터 현대에 이르기까지 철학의
영역에서 중심적인 관념으로서 사용되고 있다. 나아가 이 단어
는 법정에서 "판결"이라는 법률적인 의미가 있다. "비판"은 일
종의 재판이나 판정 · 평가와 그 기준 · 규칙, 더 나아가 객관성
이나 공평성과 불가분의 개념이기도 하다. 여기서는 "비판"이
라는 단어가 그저 이론적, 지적 단계로 한정할 수 없는 인간의
전체적, 사회적 행위와 관계가 있다는 것을 확인하는 것만으로
도 충분하다.

여기서 우리의 주된 관심은 언어를 해석하는 훈련을 하는 것
이 아니다. 이러한 위기의 시대에 비로소 비판의 기능이 필요하
게 되었다는 것, 이것이 우리의 주된 관심사이다. 이것을 칸트는
이성의 비판이라는 능력 심리학적인 방법으로 진척시켰다. 이
러한 철학적 사색의 태도는 칸트의 시대에는 대체로 쇠퇴해 있
었다. 정보 혁명이라는 단어가 세상을 석권하고 있는 오늘날, 한
편에서는 정보 과잉의 지적 상황이 초래되고 있는데 반해서, 다
른 한편에서는 도리어 어떤 정보가 정말 의미 있고 중요한 정보
인지를 정확히 판단할 수 있는 성숙한 판단력과 비판의 기능이
감퇴하고 있다. 또한, "Kritik" 또는 "Kritisch"라는 단어 자체가 원
자력 발전에서 사고事故의 "임계臨界"라는 의미를 갖고 있다는
것도 덧붙여 지적해 두고자 한다.

과학 기술의 한계나 지구상의 자원의 한계, 인간에 의한 자연
지배 의식 등을 포함해서 인류는 여태껏 직면해 보지 못한 크나
큰 위기 상황에 빠져 있다. 우리가 인간의 유한성을 자각하고 이
위기를 극복할 방법을 모색함에 있어서 위기에 대한 비판적 기

능이 더없이 중요한 역할을 한다. 그러나 유감스럽게도, 오늘날에는 그러한 기능이 매우 쇠퇴하고 약화되었다. 이것이 오히려 진짜 위기가 아닌가 생각된다. 국가적, 정치적 차원의 위기관리까지 포함하여, 칸트에게 있어서도 위기는 극복해야 할 긴급한 과제였다. 칸트는 이성의 비판이라는 작업을 통해 인류의 위기와 인간 존재의 유한성을 자각하여 이 위급한 과제를 극복하고자 하였다.

이제부터 구체적인 문제점으로 깊이 들어가서 칸트의 문제의식과 문제 해결 방법, 위기관리의 방책에 대해 알아보자. 이를 위해서 칸트의 대처와 문제 해결의 작업 현장과 마주하면서, 인류가 직면해 있는 위기 상황과 어려운 문제에 대해, 지식의 비판, 사회질서에 대한 비판, 종래에 칸트에게는 없었다고 비판해 온 언어의 비판 등 인간 총체와 관련된 인간 이성의 비판적 행위를 통하여, 칸트가 직면한 문제를 어떻게 자각하고 그것에 대처하여 극복하려고 했는지를 추적하여 확인하고자 한다.

3. 칸트와 현대: 전근대와 탈근대 사이

칸트와 현대와의 관계에 대해 말할 때, "현대"라는 말에는 항상 이중의 의미가 포함되어 있다는 것에 주의할 필요가 있다. 여기서 "현대"는 칸트에게 있어서의 현대와 우리들이 살고 있는 현대라는 이중의 의미로 이해해야 한다.

모던이라는 말도 마찬가지이다. 이 말 또한 이중의 의미로 이해할 수 있다. 모던modern은 독일어로 "모데르네Moderne"인데,

이 말은 modern philosophy나 modern history를 근대 철학 혹은 근대사로 번역하는 것처럼 형용사적으로 사용될 때 "근대적"이라고 번역되는 경우가 많다. 그런데 "현대"라든가 "현대적"으로 번역되기도 한다.

따라서 "모던"에는 20세기에 들어와 18세기의 진보 사상이나 자립적인 주체, 인간 이성에 대한 신뢰 등에 대한 총체적인 재점검 작업이 시작된 단계도 포함된다. 그러므로 이하에서 "모던"이라는 표현은 "근대적"이라는 좁은 의미, 즉 20세기 이전, 더 좁혀서는 칸트의 시대 ― 18세기 계몽 시대부터 19세기 어느 시기까지를 가리키는 경우 ― 와, 20세기 어느 단계까지의 시기를 가리키는 넓은 의미, 두 가지 모두를 지칭하는 것으로 사용된다. 예를 들어, 사람에 따라서는 하버마스처럼 이 "모데르네"라는 개념이 오늘날에 더 적극적인 의미를 가지고 있다고 주장하는 견해도 있다. 이렇게 넓은 의미로 근대 그 자체를 재점검하는 시각도 "모던"의 이중의 의미 안에 포함되어 있다. 한편 "모데르네"에 관한 필자의 입장은 점차 밝힐 생각이므로 여기서는 언급하지 않기로 한다.

또한 이 "모던"이라는 표현은, 이 강의에서는 정치적, 경제적 또는 기술적 의미부터 문화적, 사회적 현상 전반에 걸친 의미로 사용할 것이다.

이에 비해 포스트모던 쪽은 좀 더 굴절되어 있다. 이 "포스트"라는 말은, 어원으로 보자면, 시간적으로는 "모던 뒤에 온다"라는 의미로 이해되는 경향이 있다. 또한 "탈근대"나 "초超근대"라고도 번역되기도 한다. 포스트모더니즘은 사실 다양한 이해의 방식이 가능하여, 곧이곧대로 시간적인 전후 관계인 "후"라는 의미로 이해하면 오해를 낳게 된다. 무엇보다도 자신을 포스트모더니스트라고 선언하거나 자각적으로 주장하는 사람은 매우 적은 실정이고, 리처드 로티처럼 자신의 입장을 그렇게 공언했다가 후에 그것을 철회하는 경우도 있다. 따라서 이 강의에서는 리오타르의 생각을 기준으로 그 의미를 한정하고자 한다. 어찌 됐든, 이 개념은 시간적인 의미보다는 근대적인 사상 전체를 근본적으로 되묻거나, 혹은 부정하거나, 시작에 놓인 망각을 잘 생각해 가는 과정을 의미하는 것으로서 사용된다. 장 프랑수아 리오타르의 『포스트모던의 조건』(1979) 이후의 견해에 특히 유의하면서 칸트와의 관계를 중심으로 주요한 논점을 정리해 보고자 한다.

첫째, 리오타르를 비롯한 포스트모더니즘 사상가들은 근대의 이른바 계몽 철학의 진보주의 사상, 진보적 역사관을 총체로서 부정한다. 인간성이나 인류의 진보, 인간의 해방과 같은 견해에 대해 냉소적이며 부정적인 불신감을 표명하고 있다. 이들이 이른바 "거대 서사"의 종언을 선고한 것은 이미 잘 알려져 있다. 이것은 칸트의 역사철학의 의의나 한계, 영구평화론과 세계시민주의 사상에 대한 부정적 평가의 전형적인 주장으로 볼 수 있다.

둘째, 인류 전체에 타당한 지식이나 도덕의 보편성, 지금 유행하는 말로 세계화된 규모의 지식 공유의 가능성이나 과학의 객관성에 관해서도 상당히 부정적이다. 도리어 그러한 의미로는 상당히 비관적인 시각을 가지고 있다. 또한 과학 기술의 발달에 대해서도 상당히 부정적인 견해를 지니고 있다. 과학 기술의 발달이 인간을 행복하게 하여 인간의 불안을 진정시키기는커녕, 오히려 인간의 불안을 증대시킨다고 생각한다. 이 주장 역시 칸트 철학에 대한 치명적인 비판으로 여겨져 왔는데, 사태는 그리 단순하지 않다. 진보 사관을 부정하는 반계몽주의자 루소의 영향을 받은 칸트는, 근대 문명이나 과학 기술의 발전으로 인하여 인간 사회가 비도덕화되면서 참된 행복이 실현되지 않을 것이며, 오히려 그것들이 "빛나는 비참"을 낳는다는 냉엄한 현상 분석과, 이후에도 그와 같은 사태가 진척될 것이라는 미래에 대한 예측을 하고 있다. 이런 점에서 칸트는 계몽사상가들에게서 볼 수 있는 낙관주의자가 아니라, 오히려 비관론자라고 말할 수 있다.

셋째, 그것과 관련된 근대적 이성과 인간의 자유, 주체성 등에 관해서도 매우 부정적인 견해를 제시한다. 요컨대, 보편적 이성과 이성 비판과 같은 주체적인 행위는 성립 불가능한 시도라고 본다. 특히 구조주의의 등장 이후, 인간의 주체성이나 자유 의지가 작용할 여지가 완벽할 정도로 부정되는 결론으로 귀결되어 왔다. 이러한 지극히 전위적인 주장은 칸트의 이성의 자율 사상이나 근대의 주체주의에 대한 전면적인 비판을 의미한다. 포스트모더니즘 사상가 중 한 명인 자크 데리다의 "해체"에 의한 "비판"의 행위를 포함해서, 이러한 견해가 얼마나 타당성을 유지할 수 있을 것인지에 대해 차차 살펴보기로 하겠다.

넷째, 현대 사회는 다양한 차원에서 복잡화가 진행, 증대되고 있다. 리오타르는 그것들을 모던의 기획이 실패한 최대의 문제점이라고 지적하고 있다. 현대 사회의 복잡화, 미디어화, 다양한 규모의 인간에 대한 강제 등이 인간의 존재를 보장하기는커녕, 오히려 그것을 위협하고 있다고 주장하면서, 문제의 심각성을 지적하고 있다. 이것은 하버마스와 아펠에 대한 도전적인 반론 내지는 비판을 의도한 것이지만, 동시에 칸트에 대한 비판도 포함돼 있다고 볼 수 있다.

이러한 생각은 1980년대 이래로 많은 지적 영역·학문 분야에서 열띤 논쟁을 불러일으켰다. 또한, 일본에서도 유행 사상으로서 재빠르게 받아들여졌으며, 최근에는 포스트모더니즘도 끝났다고 하는 "유행" 조차 등장하고 있다. 그러나 이 사상은 결코 단순한 일시적 유행 사상으로 끝날 수 없는 중요한 문제를 제기하고 있다. 한편, 포스트모더니즘의 뒤에 무엇이 올 것인가 하는 질문도 포함해서, 모던 또는 근대 및 현대 사회, 특히 현대 일본 사회의 태도를 정확하게 측정하는 것이야말로 필수불가결한 작업이라고 할 수 있을 것이다. 그러한 관점에서 보면, 오늘날 일본의 상황은 프리모던과 포스트모던의 사이에 있다고 말할 수 있으며, 이 상황은 하나의 위기의 출현이라고 말할 수 있을 것이다.

그렇다고 해서, 테리 이글턴에게서도 볼 수 있듯이, 마르크스 주의적인 입장에 선 사람들의 비판처럼 포스트모더니즘과 포스트모더니스트들의 주장, 예를 들면 리오타르의 문제 제기를 전면적으로 부정하려고 하는 것은 아니다. 그들의 논의에는 여전히 도를 넘거나, 혹은 매우 천박한 문제 이해, 상당히 도발적이고 무책임한 발언과 논의도 적지 않지만, 다른 한편으로는 현대 사회가 제기하는 어려운 과제를 매우 정확하게 지적하고 있다는 점도 부정할 수 없다.

4. "난간 없는 사고"의 시대의 철학

칸트 자신이 직면한 위기와 그 위기를 극복하기 위해 시도한 이성 비판은 오늘날 우리가 직면한 위기와 그 위기를 극복하기 위한 이성 비판과 일종의 유비적類比的 관계에 놓여 있다. 따라서 칸트 시대의 위기에 오늘날의 다양한 "위기"를 겹쳐서 맞추어 보면, 우리들이 임해야 할 비판적 행위와 필요한 비판의 기능과 역할이 드러나게 된다. 그러나 과거의 철학자들의 학설과 주장을 그대로 받아들이거나 서술하는 방법은 비판철학의 정신에 위배될 뿐만 아니라, 실제 문제에 대하여 비판적으로 음미 · 성찰하는 철학 본래의 역할을 상실하는 것이다. 그러나 오늘날 철학에 종사하는 사람들이 진지하게 현실과 마주하려고 하면 할수록 통감하는 큰 어려움은, 철학적 사색과 그 체계화를 진행시켜 나갈 때의 전제나 조건, 그리고 그것이 의거하는 원리 등을 찾아내기가 이전처럼 쉽지 않다는 것이다.

여기에 제시한 〈"난간 없는 사고"의 시대의 철학〉이라는 제목은 이러한 사태를 반영한 것이다. "난간 없는 사고"라는 말은 원래 한나 아렌트가, 같은 유대인으로서 존경하던 대선배인 한스 요나스와 논의하는 가운데 칸트의 반성적 판단력의 중요함을 지적한 문맥 속에서 사용한 말이다.

"난간이 없다"라는 것은, 위에서 설명한 것처럼 우리들이 안심하고 믿을 수 있는 원리, 의지해서 살아갈 수 있는 강고한 기반과 사상이 없다는 것을 가리킨다. 그러한 의미에서 현대는 "난간 없는 사고"의 시대라고 할 수 있다. 그럼에도 불구하고 우리들은 그러한 시대 속에서 조금이라도 단서가 되는 생각을 구하면서 살아가지 않으면 안 된다. 아렌트가 "난간" 대신에 찾아낸 그녀 나름의 "철학함Philosophieren"의 단서는 칸트의 제3비판 사상과 미감적–반성적 판단력이었다.

이에 관해서는 제4강에서 다룰 예정이므로 이곳에서는 깊이 들어가지 않겠다. 칸트 역시 "난간 없는 사고"의 시대에 살면서 철학적 사색을 하였고, 비판철학을 구축하고자 노력하였다고 할 수 있다. 비판기의 칸트는, 이른바 라이프니츠–볼프 철학이라 불리던 당시의 독일 주류主流를 자주 비판하였다. 이러한 합리론, 합리주의적 사상이 독단론으로 귀결되지 않을 수 없다는 사상적 상황과, 경험주의로부터 개연주의와 회의주의적인 방향으로 걸어간 흄의 사상, 철학적 사색을 상당히 통속화해 버린 토머스 리드와 비티 등 영국의 상식학파 사람들의 생각 등을 포함해 복잡하게 뒤얽힌 사상적 대립 상황 속에서,『순수 이성 비판』의 유명한 말을 빌리면, 정확히 "형이상학의 전장"이라는 혼란한 사태가 당시에 출현하고 있었다.

칸트의 시대 역시 이러한 의미로 "난간 없는 사고의 시대"였다. 그 속에서 그는 문제 해결을 위해서 3대 비판서를 비롯하여 많은 저작을 통해 비판철학을 확립하였고, 그로써 혼란 상태를 벗어나기 위한 새로운 "난간"을 제시하고자 하였다.

이것을 지금 우리들의 시대 상황에 옮겨놓아 보면, 한쪽에서는 과학 기술의 경이적인 발전과 그것에 의거한 과학주의의 우세가 유지되고 있는데, 현대 미국 철학의 대표자 중 한 사람인 리처드 번스타인의 표현을 빌리자면, 객관주의가 융성한 상황이 맹렬한 기세로 진행되고 있다. 특히 정보 관련 학문이 여러 영역에 걸쳐서 발전하고 있고, 기업과 공공·민간 연구소와 대학의 제휴도 급속히 진행되고 있으며, 정보의 글로벌화 현상도 진행되고 있다. 이런 상황을 보아도, 새롭고 이질적인 형태의 21세기적 합리주의가 진행되고 있으며, 그것과 불가분한 과학 신앙이 출현하고 있다.

예를 들면, 최근에는 국내외에서 충격적인 분노, 이른바 "폭발"이라는 심리 상태를 분석하여 그것을 범죄 예방책으로서 활용하는 연구가 진행되고 있다. 만약 뇌 과학에 의해 관련 물질의 유전자 이상이 발견되고 그 메커니즘이 해명된다면, 폭력 사건과 같은 범죄 행위에 대한 책임은 그 범죄를 저지른 사람 본인에게 있는 것이 아니라 그 사람의 유전자에 있다는 주장이 힘을 얻게 될 것이다. 요컨대, 폭력의 책임(원인)이 그 사람의 의지가 아니라 유전자에 돌아가게 된다. 오로지 생물학적 요인만으로 "폭발" 행위와 폭력 행위를 설명할 수 있다는 주장은 상당히 납득하기 쉬운 면이 있다. 그러나 인간의 행위와 성격을 오로지 이러한 메커니즘으로 설명하려는 생각은, 칸트의 말을 빌리면, 바로 합리주의가 독단론화된 사태에서 비롯된 것이다.

한편, 20세기 과학 기술의 발전에 대한 포스트모더니스트들의 비판과 더불어 급부상한 관점도 있다. 포스트모던의 선구자로서 자주 지적되는 학자로서 우선 니체와 하이데거가 있다. 제3의 인물로서 짐멜을 지목하는 사람도 있지만, 그에 대해서는 언급하지 않겠다. 리오타르의 지적에서도 알 수 있듯이, 포스트모더니즘의 사고방식은 — 니체의 원근법주의의 사상에 단적으로 나타나 있듯이 — 다원주의에서 상대주의화 되어 가는 경향이 현저하다. 이 경향은 그것의 당연한 귀결로서 회의주의와 일종의 아는 것에 대한 허무주의에 빠지게 된다. 니체와 하이데거에게서 볼 수 있는 근본 실용주의뿐만 아니라, 대개의 실용주의 사상은 — 특정 입장에서 특정 유용성에 들어맞는 것을 진리와 실재성으로 이해하는 한 — 최종적으로 상대주의로 귀착하는 경향이 강하다.

이러한 견해가 가능하다면, 칸트의 시대 상황과 현대의 상황은 생각보다 더 큰 유비적 관계에 있다고 할 수 있다. 칸트가 직면한 현대는 사실 지금 우리들이 직면한 현대이기도 하다. 물론 칸트가 파악한 이성의 개념이 곧바로 우리들이 지금 이해하는 의미로서의 이성과 똑같지는 않다. 그러나 기본적으로 비판 행위의 중요성과 이성의 비판적 기능의 필요성에 대해서는 여전히 칸트와 공유할 수 있는 것은 분명하다. 오늘날에도 한편에는 과학주의의 전제인 물리학적 언어를 구사하여 세계의 제반사를 설명하는 과학자나 철학자들이 있고, 다른 한편에는 상대주의나 회의주의, 허무주의를 주장하는 사람들이 존재한다. 그리고 이들의 사고방식이나 주장의 전제 안에는 양자 모두 실증도 반증도 불가능한 형이상학적인 전제가 밀수입되고 있다. 이러한 것을 근본적으로 검토하는 작업의 필요성은 예나 지금이나 근본적으로 전혀 변하지 않은 것으로 보인다. 이러한 의미에서도 칸트적인 비판 작업을 오늘날에 계승하여 새롭게 수행하는 것은 매우 긴급하고 불가피한 과제임이 틀림없다고 생각된다.

2. 새로운 칸트 읽기

1. 비판철학의 주요 과제

이상의 칸트 읽기를 비판철학의 주요한 과제에 맞춰 몇 개의 논점으로 정리해 보면 다음과 같다.

우선, 칸트 자신이 학문으로서 철학에 부여한 두 개의 개념 구분에 주목하는 것이 중요하다. 칸트는『순수 이성 비판』에서 철학을 세계 개념으로서의 철학과 학문 개념으로서의 철학으로 구분하고 있다. 이 두 개념의 의미와 구분의 목적에 대해 살펴보자.

학문 개념으로서의 철학이란, 간단히 말해 완성된 하나의 지식 체계를 의미한다. 이것을 논하는 사람을 "이성의 기술자"라고 한다. 따라서 이 학문은 지식의 숙련을 가르치는 것이다. 이러한 경우에 철학은 이른바 전문 연구자가 배우는 학문의 한 분야가 될 것이다. 우리들이 보통 "철학 연구자"라는 단어로 이해하는 사람이 칸트가 말하는 학문 개념으로서의 철학을 강의하는 사람에 대응한다. 즉, 이것은 지식을 쌓음으로써 획득하게 되는 것이며, 기술적인 이성의 기능에 의해 완성된 지식의 축적, 정보로서의 지식의 체계를 학습하는 것이다.

이에 비해 칸트가 본래적인 의미로 생각하고 있었던 것은, 오히려 세계 개념으로서의 철학이다. 이것은 세간世間 개념으로서의 철학이라고도 번역할 수 있을 것이다. 어쨌든 칸트는 그것을 "지혜의 가르침"이라고 표현하고 있다. 주지하는 바와 같이, 고대 이후로 철학은 "지혜의 학문"이라고 불려 왔다. 그러나 현대의 지적 상황은, "지혜"가 "지식"으로 변하고, 나아가 "지식"이 "정보," 최근에는 "콘텐츠"라 표현되는 것으로 치환되어 왔다. 세계 개념으로서의 철학이라는 표현은 철학이 탄생한 이후, 지식의 모습이 크게 변모하는 자기 시대의 상황을 칸트 나름대로 자각하고 표현한 것이라고 추측할 수 있다. 그리고 세계 개념으로서의 철학이야말로 본래의 철학함philosophieren이라고 칸트는 도처에서 주장하고 있다.

둘째, 이 지혜의 가르침을 논하는 철학자는 "인간 이성의 입법자"라고도 불리고 있다. 이 견해는 인간 이성이 신이나 교회나 가족 등의 세속적 권위와 권력을 비롯한 "타자"에게 의존하지 않고, 스스로에 의거하는 사색, 행위, 판단의 근본 법칙을 자기 자신이 정립한다는 자립적인 상태를 표현하고 있다. 인간의 이성이라는 것은 본래 지혜를 지향하고, 지혜에 이르는 길을 열어서 그것을 얻기 위해 자신을 비판하고, 자기 입법을 해가는 것이며, 자기음미와 자기반성을 깊이 이끌어 가는 것이다. 철학자는 본래 지혜의 교사가 되어야 한다는 것이 칸트의 생각이다.

셋째, 이러한 철학을 실현하기 위한 기초 작업으로, 종래의 모든 권위나 편견으로부터 스스로를 해방시키는 것이 반드시 필요하다. 인간 이성은 무엇을 알 수 있으며, 반대로 무엇을 알 수 없는가? 또한 인간성에 적합한 도덕적 행위를 행하려면, 어떤 원리의 작업이 요구되는가? 그리고 필요한 지식을 구사하여 선한 행위를 행한다면, 무엇을 희망하는 것이 허용되는가? 요컨대 이론적, 실천적, 종교적 의미 등 여러 의미를 포함하는 근본적인 물음을 깊게 파고들면, 어떠한 권리·권한에 근거해 이러한 물음에 대한 답이나 판정이 얻어지는가? 이와 같이 비판의 기능은 현재 있는 것을 그대로 추인해서 오류에 빠지는 위험을 늘 안고 있는 "사실 문제"로부터 인간 이성이 빠지는 모순이나 오류(그 전형적인 예가 이율배반이라는 것이다)가 유래하는 근원까지 거슬러 올라가, 이것들의 "권리 문제"로 향하는 것이다.

일찍이 니체는 칸트의 이성 비판에 대한 시도가 철저하지 못했다고 엄격히 비난했지만, 오늘날 우리들 입장에서 보면, 니체 자신도 형이상학적인 전제에 대한 자각이 철저하지 못했음을 지적할 수 있다. 단순 이성이든, 니체가 말하는 위대한 이성·신체든, 이 책에서 강의할 정감적인 이성이든 간에, 이성의 비판과 그 비판적 기능에 대한 음미·반성은 위에 서술한 형이상학적인 물음이 그렇듯이, 인간이 넓은 의미에서의 합리적 사고나 행위를 그만두지 않는 한, 인간 이성의 불가피한 운명이라고 할 수 있다.

넷째, 이러한 비판철학의 주요 과제는 세계 개념으로서 이해된 철학 탐구로 향한다. 그런 한에서 철학적 사색은 본래 개인의 사적인 독백으로 그칠 수 없으며, 또한 닫혀 있는 특정한 공동체의 "말이 통하는 동료들" 간의 합의 형성에 그쳐서도 안 되며, 실제로 대화가 통하지 않는 "타자"로부터 민족이나 국가를 넘어, 국가 간의 대화의 가능성에서 전 인류에 미치는 세계시민에까지 확대될 수 있는 성격을 가진다고 보아야 할 것이다. 세계 개념으로서의 철학은 이러한 의미에서 "세계시민주의" 사상을 지탱해야 하는 사정거리를 가졌다고 할 수 있다.

다섯째, 이러한 과제를 짊어진 비판철학은, 아렌트를 비롯해 지금까지 칸트를 읽고 배우고 또는 비판하거나 대결해 온 사람들이 적절히 지적해 왔듯이, 칸트의 소크라테스주의를 나타내는 것이다. 이성 비판의 철저성의 정신은 소크라테스의 정신과 같은 것이라고 해도 좋을 것이다. 더욱이 칸트의 이성 비판의 시도에는, 19세기 후반에서 20세기 초에 활발한 활동을 전개한 신칸트학파가 제기한 문화 철학의 비판, 딜타이의 용어로 말하자면, 정신과학의 기초를 다지는 데 불가결한 역사적 이성 비판, 아렌트 등에 의해 지적받은 제4비판으로서의 정치철학 비판 등이 미개척의 과제로 남아 있다. 이러한 점에서 칸트의 철저성의 정신이 완벽하지 못했다고 말할 수도 있을 것이다. 그러나 이 점은 칸트 자신의 철학적 사색이 좁았다고 할 것이 아니라, 역사적·사회적 제약에 의한 것으로 보는 것이 타당할 것이다.

2. 재봉건화되어 가는 현대와 비판의 의의

우선 이번 주제를 선정한 이유부터 이야기를 시작해 보고자 한다.

먼저, 앞에서 현대 일본의 사상적 상황은 프리모던(전근대)과 포스트모던(탈근대)의 사이에 있다고 지적한 바 있다. 그러나 이것은 일본만의 상황은 아니다. 프랑크프르트학파의 기수인 하버마스의 선배 인게보르크 마우스 여사는 『민주주의 이론의 계몽을 위하여』(1992)에서, 하버마스와 마찬가지로 현대 사회는 재봉건화되고 있다는 상황 분석을 제시하고 있다. 덧붙여 말하자면, 이 책의 부제는 "칸트와 관련하여 법 및 민주주의 이론의 고찰"이다.

마우스에 의하면, 20세기는 반계몽의 세기이며, 재봉건화되고 있는 반계몽이라는 지배적 풍조에 맞서 계몽의 기획을 계승해 나가야 하는 세기이다. 오늘날은 현대의 사회적 발전이 제어 불능의 상태에 빠진 절망적인 상황이다. 저자는 퇴행한 민주주의와 그 이론을 계몽하기 위해서, 칸트의 계몽적인 법 이론과 민주주의 이론을 종래와는 다르게 해석하는 새로운 칸트 읽기를 매개로 하여, 현대의 반계몽의 동향에 대해 비판적 초극超克을 시도하고 있다.

계몽을 둘러싼 논의는 제2강의 주제이므로 더 깊이 들어가지 않고, 대신에 두 가지 중요한 논점에 주의를 기울이고자 한다. 첫째, 마우스의 현대 진단의 결과에 따르면, 포스트모더니즘 이후 현대 사회는 전근대적인 상황을 드러내고 있다. 둘째, 마우스와 나의 입장은 서로 다르다. 필자는 마우스의 설명에 전적으로 찬성하지는 않는다. 물론 반계몽의 시대에, 칸트와 루소를 지침으로 재봉건화하고 있는 현대를 비판하려고 한 마우스의 기본적인 관점에는 찬성하며 크게 공명하는 바이다. 하지만 마우스와 같이 비판철학을 오로지 초월 철학적 관점으로 이해하고 재해석하려는 "칸트 이해"는, 아마도 하버마스의 영향을 받은 것이긴 하겠지만, 필자의 견해와는 다르며, 그것에 대해서는 선뜻 찬성할 수 없다.

둘째, 필자의 문제 관심은 마우스와 달리 포스트모더니즘을 곧바로 물리치는 것이 아니다. 대신, 포스트모더니즘이 제기한 무시할 수 없는 논점을 받아들이면서, 칸트를 초월 철학을 넘어서는 것으로 재해석하여, 재봉건화하고 있는 현대 사회 안에서 포스트모더니즘이 제기한 문제, 특히 근대의 주체주의, 과학 기술의 발달에 대한 올바른 자세와 지식의 지향성, 인간 자유의 본연의 모습, 그중에서도 도덕성의 문제, 인간의 존엄이나 가치의 문제, 나아가 인간의 행복의 문제를 재검토하는 것이다. 일본이 국민을 행복하게 하지 않는 나라라는 지적은 이미 네덜란드 출신의 훌륭한 비평가인 카렐 반 월프렌의『인간을 행복하게 하지 않는 일본이라는 시스템』을 비롯해 많은 사람들에 의해서 이루어져 왔다. 행복을 배제한 엄격주의자라는 종래의 통설적인 칸트 상과는 달리, 칸트는 오히려 행복을 투철하게 생각한 사람이었고, 국민의 행복의 실현 가능성이나 국가의 역할 등과 관련해 오늘날에도 여전히 유익한 시사점을 주는 견해를 제시하였다. 이것에 대해서도 이 강의에서 다루고자 한다.

셋째, 합리성과 그 한계와 관련된 문제이다. 점점 복잡해져 가는 현대 사회는 한편으로는 지식의 자율적인 발달과 과학 기술의 경이적인 발전이 진행되고, 이와 함께 세계적인 규모로 동시에 정보와 지식을 공유할 수 있는 참으로 편리한 시대가 되었다. 다른 한편으로, 인간의 과학 기술로는 제어 불가능한 사태가 위에서 기술한 마우스의 지적 이외에도 여러 영역에서 출현하

고 있다. 또한 과학적 합리성과 그 근거의 위험성을 지적하는 소
리도 적지 않다. 과학적 합리성과 그 한계를 자각하기 위해서,
칸트가 살았던 시대와 같은, 정확히는 유비적인 의미로 과학적
지식의 제한과 한계, 이것과 신앙의 관계, 또는 지식이 미치지
않는 영역의 가능성을 둘러싼 문제, 더 나아가 인간의 유한성에
대한 겸허한 자각 등과 같은, 오늘날 잊기 쉬운 이러한 사항들에
대해 진지하게 마주할 필요가 있다. 그리고 이러한 노력은 저절
로 모든 영역에서 합리성 비판 작업을 요구하고 있다. 이러한 의
미에서도 칸트의 이성 비판의 시도로부터 배울 것이 결코 적지
않다고 할 수 있다.

3. 포스트모더니즘의 문제 제기

이제 칸트의 비판철학과 관련해서, 간단히 이 문제를 다루어
보자.

첫째, 우리는 눈에 보이지 않는 여러 가지 강제와 속박 속에서
생활하고 있다. 법질서 하나만 보아도, 가정 폭력이나 아동 학대
에서 고령자 보호의 법제화 등에 이르기까지 예전에는 가정 내
의 마찰로서 사적으로 처리되어 왔던 문제들에 대해서도 국가
의 행정 또는 법의 힘이 작용하고 있다. 또한, 인터넷의 발달에
의해 사적인 공간과 공적인 공간의 구별이 급속히 무너지고 있
다. 이제는 단순한 사적인 공간 따위는 존재하지 않게 된 것이
아닌가? 그렇다면, 인터넷적 이성의 비판이라고 할 수 있는 것의
역할이 중요시되는 게 아닌가? 여기에는, 당연히 정보 윤리학적

인 문제에 대한 대처도 포함된다. 이것을 비판철학의 관점에서 보자면, 『도덕 형이상학』에서 논의된 법론이나 도덕론의 재검토 작업이 요구되고 있으며, 그와 관련하여 『판단력 비판』에서 제시한 "공통 감각"의 의의와 그 사정거리를 측정하는 작업 또한 요구되고 있다.

둘째, 보편적 인권이나 민주주의 이론의 재검토 · 재평가가 요구되고 있다. 한쪽에는 최소한의 기본적 인권이 지켜지지 않고 있는 근대 이전 또는 전근대적인 국가나 지역이 여전히 적지 않고, 다른 한쪽에는 이질적인 문화들 사이의 충돌과 그 문화에 의거한 법제도 간 · 인간 간의 충돌이 발생하고 있다. 단순히 보편적 인간 이성이나 인간성의 존중이라는 명제를 제시하는 것만으로 문제가 해결될 상황이 아니다. 가장 두드러지는 것은 경제의 세계화 현상에 의해 국가 간의 격차가 점점 벌어지는 것이다. 또한 과학 기술의 발전이 국민 또는 세계의 사람들을 행복하게 하기보다는 오히려 빈부의 격차를 낳고 있는 현실을 목도할 가능성이 점점 더 커지고 있다. 이러한 역설적인 사태는 포스트모더니즘 사상가들이 맨 먼저 지적한 것들 중 하나였다. 다원주의화된 문화가 상대주의화되고, 더욱 배타적인 원리주의를 낳고 있으며, 일종의 보편주의와 지역주의의 대립 구도가 나타나고 있다. 특히, 유럽 중심주의에 대하여, 유럽적인 민주주의와는 다른 제도와 원리를, 아시아뿐만 아니라 아프리카나 그 외의 지역 사람들이 강조하기 시작했다. 이러한 대립의 문제는, 칸트의 철학으로 말하자면, 이론 이성 및 실천 이성에 의거한 초월 철학과 반성적 판단력에 근거하는 해석학과의 대비적인 구도로서 해석할 수 있지 않을까 하는 것이 필자의 생각이다.

셋째, 리얼리티 내지는 실존성과 관련된 문제이다. 인간관계가 생활 세계에서 여러 "타자"와 함께 살아가는 것이라는 점에 대한 실감의 상실이라는 문제를 지극히 리얼하게, 게다가 역설적으로 제기한 것도 포스트모더니즘의 "공적"이라 할 수 있다. 21세기는 가상현실이 지배하는 시대가 될 가능성이 있다고 가장 날카롭게 지적한 것도 — 프랑스의 사상가인 장 보드리야르와 같은 — 이 사상에 속한 사람들이었다. 이러한 "타자"와 리얼리티에 관한 문제는, 칸트적인 용어로 말하자면, "물자체"의 문제와 관련지을 수 있을 것이다.

넷째, 포스트모더니즘의 대표적인 사상가로 알려진 리오타르의 칸트 평가와 관련된 것으로 자기 교육으로서의 철학의 역할이라는 문제이다. 앞에서 다루었듯이, 철학은 일상적으로 이해되는 상태로 전달될 수 없는 특수한 지식 형태이다. 진실한 의미에서 철학을 하기 위해서는, 사색하는 주체가 우선 자기에게 철저하게 다시 질문하고 반성하고, 자신의 상태를 생활양식 전체를 통해 음미해야 한다. 이것은, 리오타르가 지적하였듯이, 타인으로부터 배울 수 있는 것이 아니라 자기 교육을 하는 수밖에 없다. 이 견해는, 종래의 제도화된 학과로서의 철학과 그 교수의 자세에 대한 근본적인 회의와 비판으로 뒷받침되어 있기 때문에, 그만큼 경청할 가치가 있는 중요한 지적이라고 생각한다. 그것은 예로부터 반복해서 지적되어 온 "논어를 읽었으나 논어를 모르는 사람" — 여기서는 "칸트를 읽었으나 칸트를 모르는 사람" — 이라고 표현할 수 있겠지만, 이러한 주장 이상으로 내실이 포함되어 있다는 것에 주의해야 한다. 그러나 가장 곤란한 문제는, 이러한 철학하는 주체, 자기 교육이 필요한 주체가 오늘날 어떠한 의미로 존재할 수 있는가 하는 것이다. 이것은 제4강에서 다룰 것이다.

칸트가 주장한 세계 개념으로서의 철학이 단순히 학교나 대학 같은 폐쇄된 장소에서 강의하는 제도화된 개별 학문이 아니라는 것은 이미 서술한 바 있다. 이 본래적인 의미의 철학은, 철학 교육, 그리고 철학 전반이 우선 자기 교육에 있으며, 교육의 장소가 가정·지역사회·국가에서 세계로 확대되어야 하는 성격을 지니고 있음을 시사하고 있다. 실제로 칸트 자신이 교육학을 논하고, 교육학 강의를 간행하였다. 오늘날의 교육 현장에서의 황폐한 모습을 되돌아볼 때, 평생 교육을 포함한 교육의 본연의 모습을 철학적으로 음미하고 반성할 필요성이 점점 커지고 있다고 할 수 있다.

3. 칸트에게 있어서의 현대

1. 비판철학의 역사적 과제

18세기의 계몽 철학은 오늘날에는 자연을 지배하고 파괴해 온 인간 중심주의 또는 최종적으로 독단론에 귀착하는 주객 이원론을 전제로 한 의식 중심주의의 전형이라고 간주되고 있다.

그리고 칸트의 이론 철학은 계몽 철학의 대표적인 철학 사상으로 간주되어 왔다. 칸트는 자신의 철학의 사고법을 전통적인 지구 중심설을 역전시켜 태양 중심설을 주장한 코페르니쿠스의 혁명적인 천문학상의 견해에 견주어서 코페르니쿠스적 전환이라 불렀다. 이 때문에 칸트의 이론 철학은 오랫동안 인식론적 주관주의라는 평가를 받아 왔다.

그 내용에 비춰 보면 코페르니쿠스적 전환이라는 호칭은 칸트의 진의를 오해하게 만들 가능성이 있다. 하지만 대상에 인식이 따라온다고 생각했던 전통적인 사고법을 역전시켜서 인식에 대상이 따라온다고 하는 발상의 전환을 표현한 점에서는 일단 칸트의 의중을 적절히 반영한 표현이라고 할 수 있다. 이러한 인식에 있어 주관의 조건들에, 예를 들어 직관의 형식으로서의 시간이나 공간, 양·질·관계·양상이라는 사고 형식으로서의 카테고리(범주)에 물리학적 대상인 객관이 제약을 받는다는 견해는 분명히 근대인의 주관주의적 사상을 단적으로 표명한 것이다. 이것은 당시의 시대 상황에 비추어 보면 매우 과격하고 대담한 주장이었다.

첫째, 이 사상의 과격성 때문에, 차후에 언급하겠지만, 비판철학은 자주 회피의 대상이 되었으며, 칸트는 한때 신변에 위협을 받은 적도 있었다. 비판철학은 오늘날 비판받는 것과는 완전히 다른 의미에서 엄격한 비판을 받았다. 이 사실을 정확히 인식하는 것은 비판철학의 역사적 과제를 정확히 이해하기 위해서 불가결한 전제 조건일 뿐만 아니라, 동시에 칸트 사상의 의의와 한계를 객관적으로 평가할 때에도 빠트릴 수 없는 절차이다.

둘째, 칸트 사상의 범위는 통속적인 철학사·정신사의 이해보다도 훨씬 광대하다. 일찍이 신칸트학파의 하나인 마르부르크학파에 속해 있던 에른스트 카시러가 『아인슈타인의 상대성 이론』(1921)에서 굳이 당시의 과학론의 상식을 거스르면서까지 상대성 이론과 칸트의 시·공간론과의 합치점이나 유사성을 지적한 것은, 이 시도의 성공 여부와 상관없이, 칸트 사상의 다양성과 수많은 해석 방법의 가능성을 시사하고 있다.

셋째, 그 이후 카시러는 자기 자신의 철학적 사색을 집대성했다고 할 수 있는 『상징의 철학』(1923-29)에서 칸트의 직관 및 사고의 "형식" 개념을 '상징 형식'으로까지 확대·심화시켰다. 그리고 동시대의 같은 ?-대계인 비트겐슈타인의 중심 개념인 "생활 형식"에도 칸트의 "형식"의 개념이 일반적인 예상과는 달리 큰 영향을 미쳤다고 볼 수 있다.

이렇게 보면 비판철학의 역사적 과제는 단순히 칸트가 살았던 18세기 계몽의 시대에 그가 직면했던 과제를 의미하는 것이 아니라, 오늘날 역사 속에서 살아가는 우리가 직면한 과제까지 포함하는 넓은 의미를 내포했다고 봐야 할 것이다. 바꿔 말하면, 이 과제는 칸트가 극복하려 했던 봉건적 제도들이나 전근대적 사상 상황을 오늘날 우리가 어디까지 극복했고 과거의 문제로서 이야기할 수 있는가 하는 문제로 정식화할 수 있다. 포스트모더니즘 이후의 철학적 과제란 바로 이러한 것이라고 말할 수 있을 것이다. 그러면 지금부터 이와 같은 역사적 과제의 주요 테마, 그 고찰 방법, 전제 조건 등에 초점을 맞추기로 하겠다.

일단, 칸트가 사색하던 시대에 직면한 과제는, 오늘날의 학문 구분으로 말하자면, 인문·사회·자연의 3가지 분야 모두를 아우르는 광대한 영역을 포괄한다. 하지만 칸트의 관심은 우선 자연과학 영역을 천착한 후에 서서히 인간학이나 윤리학의 영역으로 확대되어 갔다. 그 과정에서 흄을 통해 "독단의 잠"에서 깨어났으며, 루소를 통해 "인간을 존경하는 것"을 배웠다는 것은 잘 알려져 있는 사실이다. 또한 칸트의 사상적 발전에 대해 하나 더 보충하자면, 우선 전통적인 대륙의 합리론의 강력한 영향아래 사색하고, 다음으로 영국의 경험론의 영향에 노출되는 시행착오를 거친 결과, 양쪽을 동시에 뛰어넘는 지평으로서 비판철학의 입장에 도달하게 된 것이다.

그 와중에도 이 모든 영역과 밀접하게 연관되어 있던 당시의 주요 논쟁점은 합리론의 주요한 견해, 즉 오로지 사색에 의해 신이나 영혼불멸, 세계 등을 인식할 수 있는 특수 형이상학의 가능성과 그 대상에 귀착하는 문제였다. 이러한 합리론의 견해는 비판적 검증에는 결코 버틸 수 없는 독단론에 빠진 주장이다. 그에 대한 반작용적 동향인 경험주의 입장, 개연론적 주장, 나아가서 확실한 모든 지식의 가능성을 부정하는 회의론이 서로 대립하고 있었다. 이러한 당시의 사상 상황 속에서 어떻게 이것을 극복해 나갈 것인가? 이것이 18세기에 칸트가 이어받은 철학적 과제였다. 칸트는 이 모든 대립이 여러 학문의 근간에 저촉되는 큰 문제이며, 인간 생활의 근본 기반을 무너뜨릴 위험성을 내포하고 있다는 것을 깨닫고 있었다. 여기서 칸트에 초점을 맞춰 이 과제를 조금 더 파헤쳐 보도록 하자.

이론 철학으로 눈을 돌려보면, 위의 문제는 과학적 지식, 이른

바 뉴턴 물리학으로 대표되는 자연과학의 급속한 발전과 기계
론적 자연관 및 역학적 자연관의 반격, 나아가 이런 발전과 불가
분한 관계인 이신론이나 자연 신학의 등장 등에 의해 제기된 것
이다. 오늘날에도 과학자가 곧 무신론자나 유물론자라고 말할
수 없듯이, 18세기에도 자연과학의 탐구자가 독실한 신앙인이
라는 사실은 모순되지 않았다. 오히려 실상은 신에 대한 강한 믿
음이 자연과학의 발전을 추진하는 동력이 되기도 하였다. 반면
에 프랑스의 계몽사상과 같이 자연 세계뿐만 아니라 인간의 정
신까지 포함한 모든 것이 기계라고 간주하는 사고방식도 출현
하였다. 18세기 프랑스의 대표적 유물론자인 라메트리의 인간
기계론이 그와 같은 사고방식을 극적으로 보여 주고 있다. 오늘
날에도 "마음"이나 "영혼"을 물질의 작용으로 환원하는 신新 인
간 기계론을 주창하는 자들이 적지 않다. 뇌사 판정이나 심장 이
식을 적극적으로 추진하는 사람들의 주장에는 이러한 사고방식
과 유사한 부류의 생각이 깊이 연관되어 있는 경우가 적지 않
다. 어쨌든 칸트는 이성 신앙과 학문적 지식의 객관성이나 보편
성을 기초로 해, 동시에 양쪽의 영역을 명확히 구분하기 위해서,
인간의 인식의 원천·범위·한계에 관해 이성의 자기비판을 의
도하여 순수 이성의 비판을 시도한 것이다.

　실천 철학으로 눈을 돌려 보면, 인간 정신의 고유성을 유지하
고, 인간 사회의 도덕적·법적 질서를 발견하여 그 근거를 뒷받
침하기 위해 엄밀한 보편성과 필연성을 유지할 수 있는 도덕성
이나 도덕 법칙 본연의 모습을 근본적으로 되묻는 작업이 요구
되고 있었다. 그것은 도덕적 선이나 법적 정의 등을 신의 명령이

나 율법적 입장에서 분리시킴과 동시에 경험적·공리주의적 입장에서도 분리시켜서, 인간의 입장에서 경험에 의거하지 않고 확실한 근거를 마련하는 것이다. 이것이 칸트에게 주어진 과제이며, 비판철학의 길은 그것을 해결하기 위해 개척한 방법인 것이다. 오늘날 우리가 직면하고 있는 과제에 빗대어 말하면, "왜 사람을 죽여서는 안 되는가" 하는 고대의 물음뿐만 아니라 "어째서 복제 인간을 만들어선 안 되는가"와 같은 생명 윤리학적 물음, "왜 타인의 홈페이지를 마음대로 편집해서는 안 되는가"와 같은 정보 윤리학적 물음이 여기에 포함된다. 칸트 윤리학에 대해서는 여러 가지 비판과 비난이 쏟아졌다. 후설 현상학의 영향을 받은 막스 셸러는 칸트 윤리학이 도덕적 행위에 대한 구체적 지침이나 내실을 결여하고 있는 형식주의 윤리학이라고 비판하였고, 막스 베버는 칸트 윤리학이 개인적인 마음속의 심정 윤리학에 멈춰 있어서 책임 윤리학을 결여하고 있다고 비판하였다.

　여기에서는 이러한 비판이나 비난의 타당성, 또 그에 대한 조사·반론 등을 파고들어갈 수는 없다. 결국 칸트는 ─ 도덕적 행위가 성립되어야 한다면 ─ "도덕성과 그 기준은 무엇인가"라는 가장 근본적인 물음을 제기하고, 그에 대한 일정한 해답을 제시하려 했던 것이다. 우리의 일상생활에서는 대부분의 경우, 공리주의적 색채가 강한 견해가 통하고 있는 실정이다. 하지만 거기에 포함되지 않는 도덕성의 근거와 기준을 근본적으로 반성하는 장면에서, 이 문제의식 자체는 위에서 서술한 비판이나 비난을 극복한 견해이며, 당연히 배워야 하는 문제 제기라고 할

수 있다. 오늘날의 상황은 한편에서는 보편적 실천 이성의 무조
건적인 명령 법칙, 즉 정언명령이라 불리는 도덕 법칙의 한계와
무력함이 지적되고 있고, 또 한편에서는 재봉건화되어 가는 과
정에서 20세기에 획득한 기본적 인권이나 최소한의 인간 조건
이 강탈되는 경향이 현저해져 가고 있다. 이러한 오늘날의 현실
은 21세기에 걸맞은 실천 이성의 비판적 작업이 다시 요구되고
있다.

마지막으로 미美의 판정과 관련된 미학 비판에 대해 간단히
언급하고자 한다. 여기서도 자연 및 인간(예술가)의 작품 감상,
즉 자연미와 예술미의 판정을 둘러싸고 합리론적인 미적 판단
론과 감각주의적 · 경험주의적 심미론이 대립하고 있다. 합리론
적인 미적 판단론은 미적 판단이 근본적으로 지성적 기능에 의
거한다고 간주하는데 비해서, 감각주의적 · 경험주의적 심미론
은 미가 쾌락의 감정을 수반한다는 점에서 미를 감각 내지는 직
관에 의거한다고 본다. 칸트는 미학 비판에 관해서도, 순수 이성
비판이나 실천 이성 비판의 경우와 마찬가지로, 구체적인 각각
의 판단이 성립되기 위한 보편적 조건 내지는 "형식"을 능력 심
리학적 방법을 구사해 논증하고자 했다. 미학 비판이 갖는 광대
한 영역에 대해서는 이후에 상세히 언급할 예정이니 여기서는
깊이 들어가지 않겠다.

그런데 지금까지의 설명에서 다음과 같은 의문이 제기된다.
즉, 18세기 유럽이라는 특정한 사상 공간 속에서, 당시로서는 근
대화가 진척된 대륙의 선진국이 아닌, 오히려 발전도상국에 속
하는 프로이센에서, 거기에서도 특히 변경에 가까운 곳에서 생

애를 보내며 사색을 했던 칸트가 어떻게 이러한 역사적 과제를 전체적으로 떠맡아서 어느 정도 극복할 수 있었던 것인가? 물론 이 물음에 대해서, 칸트는 뉴턴 물리학을 조금도 이해하지 못했고, 편지 친구였던 우수한 수학자 람베르트의 사상마저도 이해하지 못해서, 두 사람을 오해하고 있었을 뿐이라는 혹평이 없는 것은 아니다. 하지만 공평하게 보자면, 철학사·사상사는 어떤 의미에서 항상 오해의 역사이기도 하다. 위의 물음에 대해서 일찍이 "후발자의 이득"이라는 논리로 설명하고자 하는 시도가 있었다. 그러나 칸트의 사색의 발전 과정을 더듬어 볼 때, 쾨니히스베르크는 온갖 사상의 교차점이며 도가니였다. 게다가 프랑스나 영국으로부터 적당히 "사상적 거리감"을 유지할 수 있는 국제 도시 쾨니히스베르크의 뛰어난 이점을 최대한 이용할 수 있었다는 점에서 칸트는 축복받은 위치에 있었다고 볼 수 있다. 또한 자주 교과서적으로 이야기되듯이, 칸트가 비판철학으로 대륙의 합리론과 영국의 경험론을 통합했다는 설명도 사태의 일면을 쉽게 이해할 수 있게 해준다. 반면에 그러한 설명이 칸트 철학의 합리주의적 체질을 덮어 감추는 역할을 해왔다는 점도 부정할 수 없다.

요컨대, 칸트는 "자연과학적인 지식 본연의 모습을 어떻게 학문적으로 뒷받침할 수 있는가," "동등한 보편성이나 객관성을 가질 수 있는 확실한 기반에 입각한 도덕성, 도덕 법칙, 인간의 윤리적·법적 공동체는 어떻게 가능한가," 그리고 "미적 판단은 어떻게 가능한가"라는 문제를 탐구했던 것이다. 이것들을 학문 체계의 관점에서 정리하면, 자연세계와 정신세계의 법칙적 질서 부여, 그리고 이 양자 간의 통일의 가능성, 기계론적 자연관과 목적론적 자연관의 통일의 가능성이라는 과제로서 정식화할 수 있다.

현대 철학에서도 논리 실증주의와 과학주의적 철학이 지배적인 영향을 발휘한 시기가 있었다. 그로 인해 일본에서도 인간 사회 또는 인간의 일상 행위나 행동을 전적으로 물리적 언어를 통해 인과적으로 설명하려는 환원주의적 사고방식이 상당히 받아들여졌다. 그러나 오늘날 우리는 인간의 행위가 그러한 인과적 설명 방식만으로는 이해할 수 없다는 것을 알고 있다. 인간의 마음이나 인간의 의도, 의식의 기능이나 인간 정신의 여러 가지 양태를 분석하는 별도의 말, 혹은 별도의 논리, 바꿔 말하면 인간의 신체 활동을 설명할 뿐만 아니라 정신의 기능을 이해하는 사고방식이 이미 칸트 시대에 길러지기 시작했다. 실제로『판단력비판』에서는 명백히 그러한 측면이 나타나 있다. 데카르트 이후로 강력해진 기계론적 자연관과 라이프니치로 대표되는 목적론적 자연관, 그리고 자연 메커니즘의 세계와 도덕적인 자유의 세계를 어떻게 조화·통일시켜 나갈 것인가? 이것은 오늘날의 철학의 과제와 본질적으로 크게 다르지 않다고 할 수 있다.

한편에는 합리론적 견해, 즉 논리적인 언어에 의한 사변 철학적인 형이상학적 지향이, 다른 한편에서는 관찰 언어에 입각한 지나친 환원주의적 경향이 서로 대립하는 사상 경향은 옛날이나 지금이나 근본적으로 그다지 변하지 않았다. 과학주의를 향한 신앙, 경험주의적 편향, 지식의 상대주의화에 의한 확실성의 상실은, 당시 칸트의 지적 상황이기도 했던 것이다. 칸트는 이러한 형이상학의 전장戰場에서 사변적 방식을 배제하면서도 초감성적인 것의 여지를 남기고, 자유 의지의 확실성을 확보하면서도 신이나 영혼의 불멸 등에 대한 신앙의 가능성을 유지하기 위해서 대립하는 이 두 사상 경향을 조정 내지는 해결하려 했던 것이다.

둘째, 철학적 방법에 관해서 말하자면, 대륙의 합리론은 수학적 방법을 기초로 하면서 데카르트 이래로 보편 수학을 추구하였다. 그래서 스피노자의 『에티카』와 같이 윤리학도 기하학적 방법으로 나아가게 되었다. 라이프니츠의 보편학의 이념에서도 오랜 시간 동안 수학적 방법이 학문이나 객관적 지식의 방법론적 모델이 되어 온 것이다.

그런데 칸트는 수학적 방법, 즉 정의定義에서 출발하여 정리定理, 공리公理와 같이 연역적 지식 체계, 이른바 닫힌 지식 체계를 전개해 가는 학문 방법론에 대해서 의문을 제기하였다. 칸트가 수학적 방법과 철학적 방법의 질적인 인식 방법의 차이를 일찍 알아차린 것은, 가능적 세계와 현실적 세계의 구별과 그 근거와도 관련이 있다. 이것은 오늘날 지식 본연의 모습과 학문 본연의 모습을 반성하는 데 힌트를 주고 있다. 이러한 방법론에 있어서 대륙 합리론의 사고방식에 대해 칸트는 비판적인 태도를 취했다. 칸트는 수학적 방법과 철학적 방법의 구별을 잃어버린 것이 결국 독단론을 낳았다고 비판하고 있다.

합리론이 경험에 의존하지 않는, 즉 선험적인apriori 엄밀한 보편성과 필연성을 충족시키기 위해 연역적 방법을 취한 것과는 반대로, 경험론은 오히려 관찰과 경험, 그리고 관찰 언어를 구사해서 지식의 확대를 탐구하는 귀납법적 학문 태도를 취한다. 그러나 경험론은 상호 간의 보편타당한 요구를 충족시키지 못하는 결과에 귀착하게 된다. 흄은 필연적 결합이라는 인과율, 인과관계에 있어 가장 중심적 개념인 원인과 결과의 필연적 결합이 자연 사상을 아무리 관찰해도 발견되지 않으며, 그 관념이 인간의 상상에 의해 생겨난 주관적인 것에 지나지 않는다는 결론에 도달하였다. 흄이 문제 삼고 해설을 시도한 것은 개별 인과의 문제이지만, 이 예리한 지적은 모든 학문의 객관성과 보편타당성의 기초를 뒤흔드는 것이었다. 칸트는 일찍이 흄의 문제 제기에 숨어 있는 혁명적 파괴력을 알아차리고, 그것에 견딜 수 있는 강고한 기반에 의거한 새로운 학문의 구축을 자신의 평생 과제로서 수용하였다.

그때나 지금이나 상식적인 자연과학적 진리나 과학적 지식 전반에는 객관성 또는 의심 불가능한 필연성이 있다고 간주되고 있다. 그러나 귀납적 사고방식과 관찰 언어에 의거하는 한, 지식의 확대는 가능해도 지식의 필연성과 보편성을 충분히 설득력 있게 논할 수 없기 때문에, 결과적으로 회의주의를 낳고 학문을 근본적으로 뒤엎게 된다. 칸트는 이 귀결이 회의주의에 그치지 않고, 도덕성의 기반 상실에서부터 신에 대한 믿음을 무너뜨리는 니힐리즘(허무주의)의 길에 이른다는 것을 예감했다. 이렇게 해서 "어떻게 선험적 종합 판단은 가능한가"라는 순수 이성 비판의 근본 과제에 도달하게 된 것이다.

2. 이성 비판의 전제들

칸트는 이런 역사적 과제와 대처하고 있는 와중에도 다른 철학자·사상가와 마찬가지로 수많은 역사적·사회적·문화적 전제에 암묵적으로 의거하고 있었다. 물론 우수한 철학자·사상가일수록 그러한 전제 조건을 철저히 자각하고 조사·반성하는 작업을 수행했다. 칸트의 경우도 예외는 아니었다. 그러나 인간이 아무리 자기의 철학적 사색을 대자화對自化 한다고 해도, 무의식의 영역까지 침투하여 의식의 기능을 완전히 드러내서 그곳부터 초월하는 것은 불가능하다. 칸트가 맡은 과제 자체가 역사적 산물인 것과 같이, 그 과제들을 해결하기 위한 단서나 사색의 전제 조건도 역시 여러 가지 의미에서 역사적·사회적·문화적 제약에 얽매여 있었다. 그래서 이번에는, 때로는 칸트와 함께 하고, 때로는 칸트로부터 거리를 두면서 이성 비판을 수행하는 칸트의 전제 조건을 추적해 보기로 하자.

우선, 칸트의 세계관으로 눈을 돌려 보면, 칸트는 현상과 물자체라는 이원론적 세계관, 감성적 존재자와 예지적 존재자라는 이원론적 존재론의 전제 위에 서 있었다. 인간에게는 현상만이 인식 가능하고, 물자체는 인식 불가능하다는 유명한 논제는 이 전제에 의거하고 있다. 그 의미에 대해 사소한 해석상의 문제는 제쳐두고 대략적으로 말하면, 칸트는 전통적인 합리주의적 사고방식의 영향아래 있었다고 할 수 있다. 이것은 기독교 전통에 기초한 영육 이원론에 영향을 받았음에 분명하다. 칸트는 인간의 유한성에 대한 자각을, 철학적인 반성을 진행하는 과정이나 비판철학의 체계를 구축할 때에도, 항상 깊이 인식하고 학문적 방법론의 수준까지 높이는 데 성공한 몇 안 되는 철학자라 할 수 있다.

이 점은 칸트 이후로 독일 관념론의 계보에 속하는 철학자·사상가들이 절대자로서의 신을 철학의 기초와 체계 속에다 적극적으로 도입한 방법과는 매우 대조적이다. 하지만 칸트에 의한 인간의 유한성에 대한 자각을 높게 평가하는 사람들은 이런 종류의 자각이 예지적 존재자, 특히 신의 무한성과 대비적으로 논해지고 있다는 사실에 숨어 있는 문제나 한계를 놓치고 있다. 우리는 신에 대한 믿음이 없다면 인간의 유한성을 자각할 수 없는 것일까? 결코 그렇지 않다고 생각한다. 예를 들어, 하이데거는『존재와 시간』에서 인간의 유한성을 죽음과 그에 대한 선구적 결의성이라는 자각에서 발견하고 있다. 이 점에 관해서 하이데거의 견해는 정곡을 찌르고 있다고 생각한다. 칸트와 하이데거의 이러한 상이점은 존재론과 시간론의 근본적인 입장 차이에서 유래하는 것이다.

둘째, 인간의 마음의 능력을 상급과 하급으로 나누는 사고방식과 그것들을 삼분하는 방법론적 태도의 영향을 지적할 수 있다. 데카르트로 대표되는 유럽 철학에서 인간의 마음의 기능에 관한 원리적 구분은 오랜 시간 동안 지식과 의지라는 이원론 내지는 이분법적 사고방식이 지배적이었다. 18세기 독일의 사상 풍토 속에서 칸트는, 라이프니츠 철학을 이어받은 크리스티안 볼프나 그의 제자인 바움가르텐의 영향을 받아서, 광의의 인식 능력을 상급과 하급으로 나누는 견해를 이어받았다. 그리고 니콜라스 테텐스나 모제스 멘델스존과 같이 우수한 선배들이나 동년배들의 영향아래, 인간의 정신 기능을 지식의 기능, 의지의 기능, 감정의 기능으로 삼분하는 방법을 확립해 간다. 그 결과 광의의 상급 인식 능력으로서 첫째, 협의의 인식 능력인 오성, 둘째, 쾌·불쾌의 감정으로서의 반성적 판단력, 셋째, 욕구 능력으로서의 이성, 다시 말해 실천 이성의 기능을 발견하게 된다. 물론 이러한 체계적 구분이 확립된 것은 『판단력 비판』이나 『실천 이성 비판』의 집필 시기가 아니라, 『판단력 비판』 완성 직전의 일이었다. 학문적 지식을 성립시키기 위해선 첫째, 감각을 수용하는 감성, 둘째, 자발적 사고의 기능으로서의 오성, 셋째, 감성과 연결된 이론 이성이 요구된다. 이렇듯 인식 활동을 감성과 오성과의 연결을 기본 축으로 구축한 점에서 칸트의 우수한 통찰력을 엿볼 수 있다.

또한 도덕적 실천에 관해서는 가장 좁은 의미로서의 이성, 즉 실천 이성, 더 엄밀히 말하면 순수 의지 혹은 선의지가 요구된다. 그러한 의지의 능력으로 인해 인간의 행위를 실현하고자 하는 근본 동기가 형성된다. 칸트는 도덕적 실천이나 자유의 실재성을 논증하는 순간에는, 경험 내지 경험적 인식의 경우와는 대조적으로 도덕성이나 도덕 법칙의 실재성을 감성적인 것이나 경험에서 분리시켜, 오로지 순수한 수준에서 확보하고자 했다. 그리고 이러한 인식 능력과 욕구 능력의 매개체로서 쾌·불쾌의 감정에 의한 반성적 판단력의 기능이 필요하게 된다.

이리하여 흔히 말하는 "지知·정情·의意"의 삼분법을 확립하게 된 것이다. 그러나 이와 같은 사고방식은, 이후에 빌헬름 딜타이가 행한 바와 같이, 인간 정신의 근본적인 기능을 3개로 분리해서는 안 되고 전체적으로 파악해야 한다는 엄격한 비판을 받게 된다. 딜타이의 지적이 아니더라도, 확실히 인간의 생활이나 행위의 장면에 비추어 보면, 이론과 실천, 인식과 관심이 불가분의 관계에 있다는 것은 의심할 여지가 없는 사실이라 할 수 있다. 또한 마음의 능력을 상급과 하급으로 구분하는 전통적 견해를 받아들여서 감수성이나 감정 기능을 하급·하위의 능력으로 평가한다는 점에서 감성적인 것이나 신체를 경시하는 경향이 엿보인다. 그러나 칸트는 감정이나 미적 감각에 대한 판단력이 작용하는 영역에서는 이와 같은 전통적 견해에 대해 일정한 시비를 걸어 한정된 범위일지라도 일정한 성과를 거두고 있다.

셋째, 철학의 이분二分과 이성 비판의 삼분三分에 관한 문제이다. 당초 칸트는『순수 이성 비판』만으로 비판적 작업이 완성되리라 생각했었지만, 앞의 3개 능력의 비판을 수행하기 위해서는『실천 이성 비판』을, 나아가『판단력 비판』을 완성하는 작업이 불가결하다는 것을 서서히 깨닫게 되었다. 이에 따라『순수 이성 비판』제1판이 1781년에,『실천 이성 비판』이 1788년에, 그리고 몇 년 후인 1793년에『판단력 비판』이 출판된다. 이와 같이 처음부터 광의의 이성 비판을 3부 구성으로, 각각 지식과 의지와 감정에 대응하는, 이론 이성과 실천 이성과 반성적 판단력 비판으로 구상한 것은 아니었다.

3대 비판서에 대응하여 비판의 체계를 삼분한 것에 비해, 철학의 체계는 이론 철학과 실천 철학으로 양분해 구성되어 있다. 이 점에 대해서도 칸트는 비판기 때 동요를 보여서,『판단력 비

판』직전에 목적론을 추가한 철학의 삼분 체계를 구상했던 시기
도 있었다. 하지만, 그는 얼마 지나지 않아 그 구상을 단념하였
다. 대신에 그는 우선 목적론을 자연 목적론을 중심으로 다시 생
각하되 도덕적 목적론은 협의의 목적론에서 제외시켜 실천 철
학 안에서 새롭게 평가하게 된다. 그리고 자연 목적론을 전제로
하여 합목적성 개념을 주관적 원리로 포함하는 반성적 판단력
비판이라는 광의의 이성 비판의 행위에 의해, 이론 철학과 실천
철학이라는 두 철학의 매개체가 된다는 판단력 비판에 대한 평
가가 정착하게 되었다.

그러나 실제로『판단력 비판』은 제1부 미적 판단력 비판과 제
2부 목적론적 판단력 비판으로, 얼핏 보았을 때는 이질적으로
보이는 2개의 부분으로 구성되어 있다. 이 때문에 쇼펜하우어는
그 책의 구성상의 부정합을 엄격히 비판하였고, 칸트의 의도는
실패했다는 평가를 내리기도 하였다. 이 비판의 대부분은 신플
라톤주의 이후의 전통에서 유래하는 미美 및 미적 질서와 유기
체적 인식과의 관련을 통찰할 수 없었기 때문에 빗나간 비난으
로 끝났다. 그러나 이 논제로 한정해서 말하자면, 진짜 문제는
『판단력 비판』의 상당 부분을 차지하는 방법론에서 논해진 역
사철학적 · 정치철학적 · 법철학적 논의의 비판철학 차원의 평
가 방법에 있다.

이러한 논의는 19세기말 이래로 신칸트학파의 빈델반트에 의
한 역사과학의 학문론적 근거 부여, 리케르트의 문화 철학의 규
범적 성격 규정, 딜타이에 의한 정신과학의 근거 부여로서의
"역사적 이성 비판" 기획의 시도, 아렌트에게서 보이는 제4비판

으로서의 정치철학의 비판에 대한 시도에까지 끊임없이 여러 가지 문제 제기나 논쟁을 야기해 왔다. 이들 문제군에 대해 오늘날에는 단토와 같은 역사의 전설 이론과 일부 겹쳐지는 논점도 지적할 수 있고, 서양이나 일본에서 일어나고 있는 역사 왜곡 문제를 둘러싼 논의와도 접점이 있다고 할 수 있다. 그러나 이에 대해서는 이후에 논의할 기회가 있을 것으로 생각된다. 따라서 이러한 역사적 사실을 지적하는 것으로 마무리하고자 한다.

넷째, 감성보다도 이성을 중시하는 사상이다. 다만 여기서 이성 개념은 이미 언급한 바와 같이 이론 이성, 실천 이성, 반성적 판단력 모두를 포함하는 의미로 사용하고 있다. 칸트는 보편적인 인간 이성이 갖는 입법 기능을 "자율," 아우토노미Autonomie라고 부른다. 그리고 반성적 판단력에 한해 "자기 자율," 헤아우토노미Heautonomie라고 부르기도 한다. 이론 이성은 인식 주관이 스스로 자연 현상에 대해 법칙 질서를 세우고, 스스로 입법한 법칙에 따라 자연을 인식한다는 의미에서 "오성의 자율"이라고도 부른다. 실천 이성에 관해서는, 특히 행위 주체 스스로가 입법한 법칙에 따라 의지로서 행위함으로써 도덕적 행위와 도덕적 공동체를 실현한다는 의미에서 "이성의 자율"이라 부른다. 그것과 대조적으로 인간이 감성적 욕구에 이끌려 반도덕적 행위를 행하는 경우를 "선택 의지의 타율"이라고 한다.

더욱이 칸트는 판단력 비판에 관해서도 넓은 의미로 "자율"이라고 쓰는 경우가 있다. 칸트는 이러한 사고방식에 의해 로고스 중심의 보편적 이성의 자율성을 강하게 확신하고 있었다. 그리고 이것은 비판철학의 제한성을 보여 주는 것이다. 본래 감성과 오성은 불가분한 관계이고, 후자만을 중시하는 것은 명백히 일면적으로 치우친 행동이다. 게다가 칸트는 양자의 이질성을 주장했기 때문에 오히려 감성적인 수용성과 오성의 자발성을 결합하는 논리를 구축하지 않으면 안 되는 커다란 부담을 안게 되는 결과를 초래하고 말았다. 이와 같은 어려운 문제를 회피 내지는 해소하기 위해서는, 하이데거와 같이 감성과 오성의 공통된 근원을 초월론적 상상력에서 찾아내어, "감성적 이성"이라는 개념을 단서로 삼는 방법도 가능할 것이다. 오늘날에는 "오성"과 "이성"을 어떤 의미로 사용하건 간에 수용성이나 정감적 기능에서 추상화된 순수하게 자발적인 개념으로 성립하는 것은 불가능하다는 것이 거의 자명한 것으로 받아들여지고 있다. 이 점에 대해서는 이미 20세기 초에 후설도 통감한 부분이다.

다섯째, 인간의 철학적 반성의 투명성과 문제 해결 능력의 확신을 지적해야만 한다. 이러한 작업과 전제를 통해서 칸트는 순수 이성 비판이라고 하는 이성의 자기인식, 자기음미의 작업을 수행했다. 이 작업의 현장은 "이성의 법정"으로도 불리고 있다. 따라서 『순수 이성 비판』이 이성에 의한 자기인식 작업이라면, 이 책 전체를 "이성의 법정"으로 봐도 될 것이다. 지금 여기에서 법정 모델의 해석 의의나 타당성에 대해 지적하고 싶지는 않다. "이성의 법정"이 단순한 비유 이상의 깊은 의미와 저자의 의도가 담겨져 있다는 사실에 대해서는 이전부터 수많은 연구자가 해석해 온 바이다. 오히려 여기서는 칸트가 이러한 모델을 제시한 사상의 전제와 그 문제점을 살펴보기로 하겠다.

우선, 현실의 법정과는 달리 여기서는 원고·피고·재판관의 세 역할을 동일한 이성이 짊어지고 있다는 것을 들 수 있다. 또한 심판하기 위해 의거해야 할 법도 역시 동일한 이성이 스스로 입법한 원리와 다른 것이 아니다. 여기에서는 법론·국가론의 영역에서 존경하는 몽테스키외에게서 배운 삼권분립 사상, 즉 입법·사법·행정의 독립이라는 사상은 보이지 않는다. 이른바 재판관적 이성에 의한 무오류한 판결에 굴복함으로써 "이성의 법정"은 성립하는 것이다. 오류 추론이나 이율배반, 신의 존재 증명 등에 의하여 사변적 이성이 오류에 빠지는 것을 질타하고 유죄 판결을 내리는 이성의 판단은 과연 실수하는 일이 없는 것일까? 현실의 법정은 오심의 가능성을 피할 수 없다. 어떻게 이성의 법정에 한해 그 가능성을 배제할 수 있는 것일까? 이것은 칸트가 제시한 이성의 비판적 기능의 타당성에 관한 근본적인 물음이며, 이 문제를 피해 갈 수는 없을 것이다.

이 의문에 대해 칸트는 우리를 만족시켜 줄 만한 설명을 직접 하지는 않았다. 인간의 이성은 자기능력을 철저히 반성하는 것이 가능하며, 순수한 자기의식에까지 철학적 반성을 관철함으로써 문제가 발생하는 기반을 무오류한 반성적 의식에로 소급하여 근본적 해결을 위한 길을 제시하는 것이 가능하다고 확신했기 때문이다. 여기에서는 현대 사회를 사는 인간으로서는 쉽사리 승복하기 어려운 이성에 대한 강한 신뢰가 엿보인다. 그러나 지금 문제 삼고 싶은 것은 이것이 아니다. 칸트의 이성관에는 이런 "이성의 법정"의 개념에 의해 은폐되기 쉬운 또 다른 측면이 있다는 점에 주의해야만 한다.

그것은 『순수 이성 비판』 서문에서 볼 수 있는 물음이며, 인간

의 이성은 이성적 인식과 관련된 어떤 특이한 운명을 갖고 있다
는 지적이다. 이것은 또한 오늘날 우리에게도 호소되고 있는 문
제라고 생각한다. 그것은 인간 이성이 이 문제에 대해 거절하거
나 부정할 수 없으며, 그렇다고 답변할 수도 없는, 고뇌해야 하
는 운명이기 때문이다. 왜 거절할 수 없는가? 그 이유는 이성의
물음이 실은 이성 자신의 본성에 기초를 두고 있고, 인간 이성의
본성에 의해 인간 이성에 부과되어 있다는 의미에서 거부할 수
없다는 것이다. 바꿔 말하면, 인간은 자신에 대해서 대답하기 어
려운 물음을 좋든 싫든 간에 받아들일 수밖에 없다. 또 답할 수
없는 이유는 그 물음이 인간의 이성이 가지고 있는 온갖 능력들
을 초월하고 있기 때문이다. 이것은 어떤 의미에서는 모순으로
가득 찬, 혹은 고뇌로 가득 찬 물음이기도 하다.

　이 사고방식을 철저히 수행하면 인간 이성은 근본적으로 모
순에서 벗어나는 것이 불가능하다는 결론이 나오게 된다. 위에
서 서술했듯이, 형이상학적 전쟁 상태를 평화적으로 해결할 수
있다고 해도 그것은 어디까지나 잠정적인 해결이며, 이성의 비
판 기능은 한 번뿐인 "이성의 법정"의 재판관적 이성에 의한 판
결이나 『순수 이성 비판』을 읽는 것에 의해 그 즉시 영원한 평
화적 해결을 얻을 수 있는 것도 아니다. 포스트모더니즘 유의 표
현을 차용하자면, 비판철학에는 헤겔을 비롯하여, 특수나 개별
을 전체성이나 동일성으로 해소 내지 회수하려는 사고 방법이
없으며, 어디까지나 서로 대립하는 이질적인 비동일성에 머물
러 모순의 지양을 거부하는 견해가 내재되어 있다고 볼 수 있
다.

지금까지 이성의 운명, 혹은 인간 이성의 불가피한 물음에 대해서 여러 가지 해석 방법이 있었다. 아도르노의 스승이기도 한 한스 코르넬리우스는 심층 심리학적 해석을 통해 이 물음이 무의식적인 충동을 근거로 한다고 해석하였다. 지금까지도 여러 가지 이해 방법이 있다. 그러나 어떠한 방법으로 이해하더라도 ― 비트겐슈타인이나 하이데거도 같은 말을 하고 있듯이 ― '어째서 세계가 존재하는가,' '어째서 세계가 존재하고 무無가 아닌가' 하는 의문, 한마디로 말하면 '세계가 있다,' '세계가 존재한다' 라는 불가사의, 경이, 놀람은 우리가 살아 있는 한 금할 수 없는 감정이며 물음인 것이다. 자신의 삶의 방식이나 가족의 미래, 사회나 국가나 세계의 본연의 모습을 물어볼 때, 우리들은 과학적인 물음이나 문제 해결의 영역을 뛰어넘어 무의식중에 칸트가 지적했던 형이상학적 물음의 세계 속으로 의지와 상관없이 말려들어가게 된다.

오늘날 한편에는 한층 현저해진 과학 기술의 편중, 지나친 과학주의, 즉 과학 신앙이 있고, 또 다른 한편에는 그 반동으로서 일종의 비합리주의적인 컬트 신앙이 끊임없이 나타나고 있다. 이것들에 대하여 어떤 경고를 할 수 있을까? 칸트는 역으로 계몽사상의 합리성을 들고서 오히려 "이성의 한계 내에 있는 종교," 이성에 의한 이성의 신앙이라는 방식으로 양자의 과도함에 제동을 걸고자 했다. 『순수 이성 비판』은 간행 후 얼마 지나지 않아 빈에서 금서 대상이 되었고, 칸트는 무신론자이며 위험한 사상가라는 비난을 받았다. 독일의 소크라테스라 불리며 독일 유대인 해방의 아버지라 칭해지는 모제스 멘델스존은 이 책에

서 "모든 것을 파쇄하는 칸트"라는 위험하고 파괴적인 사상가
의 모습을 읽어 냈다. 이 견해는 멘델스존 자신의 칸트 이해의
타당성과 관계없이, 제대로 정곡을 찌른 것이다. 1세기 후에 신
칸트학파의 거점 중 하나인 마르부르크 대학에서도 칸트의 강
의가 금지되었을 정도로 비판철학이 위험한 사상으로 취급됐던
시기가 있었다.

3. "물자체"의 의미

먼저, 이 절의 주제를 고찰하는 목적부터 다루어 보자. "물자
체Ding an sich"라는 용어는,『순수 이성 비판』간행이래, 제일 먼
저 비판의 대상이 되었으며, 그 후 칸트 철학의 해석사뿐만 아니
라 서양 철학사·사상사의 전개에도 큰 영향을 끼쳤다. 따라서
이 주제를 본격적으로 다루려면, 칸트 이후 오늘날까지 200년에
걸친 철학사의 평가와 재검토까지 언급해야만 한다. 또한 이 문
제의 취급 자체가 그것을 논하는 철학자와 사상가의 입장을 비
춰 내는 거울과 같은 역할을 하는 주제이기도 하다. 하지만 이
강의의 성격과 지면의 제약으로 이런 중요한 문제를 정면으로
논하는 것은 곤란하기 때문에, 논점을 특정 문제에 한정시켜 이
야기할 수밖에 없다. 여기서도 지금까지의 고찰 방법과 마찬가
지로, 칸트와 그 이후, 특히 오늘날 우리가 직면하는 여러 가지
과제와의 관계를 염두에 두고 논의를 진행하고자 한다.

먼저 주요한 문제 관심에 대하여 다루어보자. 첫째, 현대 철학
에서도 실존론과 반실존론의 논쟁적 상태가 있으며, 이것도 일

종의 형이상학의 전장에 등장하는 대립점이다. 둘째, 최근 몇 년 동안 주목받고 있는 타자론 문제도 칸트의 "물자체"와 깊은 관계가 있다. 셋째, "타자"의 개념을 인간으로 한정하지 않고 넓은 의미로 이해할 경우, 물자체 문제는 현대 사회의 급속한 변화 속에서 생기는 심각한 "실존성" 혹은 "현실성"과 밀접하게 관련된 문제들과 겹쳐져 있다.

예를 들어, 인터넷이 전 세계적 규모에서 급속히 발전함에 따라 가상공간에서는 활발한 상거래는 물론 가상 국가까지 출현하고 있다. 문자 그대로 현실 세계의 리얼리티가 가상 리얼리티에 의해 침식되고 있으며, 양자의 경계선은 모호해지고 있다. 뿐만 아니라, 전자가 후자에 의해 지배되는 현상이 일어나고 있다. 한편, 최근 일본에서 특히 심각한 문제가 되고 있는 은둔형 외톨이(히키코모리)라는 사회 현상 역시 타인과의 접촉이나 타인의 실존성을 거부·거절한다는 점에서 "물자체" 문제와의 관계를 부정할 수 없다. 이 문제들은 이미 다양한 수준에서 포스트모더니즘과 그 선구자들이 언급한 바 있다. 십여 년 전인 1991년 1월에 발발한 "걸프전쟁"에 대하여 보드리야르는 "걸프전쟁은 일어나지 않았다"고 주장하고, 국제 정치 세계에서의 역사적 사건의 "실존성"을 부정하면서, 이 사건을 이를테면 가상공간으로 회수하는 작업을 진행했다.

또한 이러한 문제 관심에서 보자면, 칸트의 "물자체"와 현상의 구별 및 양자의 관계에 대해서는, 종래의 칸트 해석이나 칸트 비판과는 조금 다른 모습이 나타난다. 지금까지 주목되지 않았던 것인데, 예를 들어 니체는 만년에 유고에서 칸트의 "물자체"

를 혹평하고, 칸트의 비판주의의 부패한 오점이며, 칸트는 이미 현상과 "물자체"를 구별할 권리를 가지고 있지 않다고 말했다. 이렇듯 니체는 칸트의 현상과 "물자체"의 이분법에는 어떠한 권한도 없다고 신랄한 비판을 가하고 있다. 하지만 이 비평에는 쉽사리 찬성하기 어려운 점이 포함되어 있다.

학창 시절의 젊은 하이데거 역시 칸트가 신비적인 "물자체"를 조정하는 이상으로 나아가지 못했다고 비판하고, 칸트의 인식론에는 실존성의 문제가 등장하지 않았다고 판정하였다. 최근의 리처드 로티처럼, 철학의 해체의 연장선상에서 "물자체"는 사이비 문제에 지나지 않는다고 하면서, 젊은 하이데거와는 대조적으로 실존성 문제의 해소를 꾀하는 사고방식의 영향력도 무시할 수 없다.

니체와 로티에게서 단적으로 볼 수 있는 사고방식, 즉 칸트의 "물자체"와 실존성 문제를 소거해 가는 사고방식은 딜타이와 젊은 하이데거, 비트겐슈타인 연구로 이름 높은 크립키Saul Aaron Kripke와, 퍼트남, 네이글 등에서도 볼 수 있다. 세계나 타자에 대한 저항, 실존과의 접점이나 접촉을 적극적으로 추구해 가는 태도는 오늘날 제일선의 철학자들 사이에서도 약해지지 않고 있다. 여기서 지적하고 싶은 것은, 언뜻 보기에 고색창연할 것 같은 칸트의 "물자체," "물자체"와 현상의 구별 문제는, 18세기의 특정 시대의 특정 철학자에게 한정된 과거의 문제가 아니라, 오늘날 철학적 논의의 주요한 주제가 되고 있는 문제라는 것이다.

다음으로 "물자체"의 개념을 정확하게 이해하기 위하여, 개념 사와 해석사의 관점에서 간단히 개관해 보기로 하겠다. 현상과

"물자체"라는 구별은 실제로 그 뿌리가 고대 그리스까지 거슬러 올라갈 수 있는 전통적인 견해이다. 우선 간단하게 말하면, "물자체"라는 것은 "Ding an sich"라는 표현에서 짐작되듯이, 물物이 그것 자체로 존재하는 사태를 가리킨다. 이것과 대비되는 말은, 우리 인간에게 있어서, 즉 인식 주관에 있어서의 물, 즉 현상이라는 개념에 의해 표현된다. 즉, 인식 주관과의 관계를 떠나서, 인간이 보고 경험하는 관계를 떠나서, 그것 자체만으로 존재하는 고유의 존재를 "물자체"라고 말할 수 있다. 그래서 인식의 주관으로부터 독립되어 있다는 의미로 "자체"라는 표현을 사용하고 있는 것이다. 요컨대, 물자체는 근대의 주체주의가 고조된 결과로 나타난 인식론적 반성이 심화되면서 현재화된 개념이었다. 따라서 당시 유럽 철학에서는 칸트뿐만 아니라 영국의 존 로크, 프랑스의 말브랑슈, 독일의 람베르트 등도 기본적으로 같은 개념을 사용하였다.

그러면 칸트로 한정할 경우, "물자체"라는 개념을 어떤 의미로 해석하든지 간에, 이 물음에는 여러 가지 답과 해석의 방법이 있다. 라이프니츠 이래로 단자monad의 움직임과 관련해 "물자체"는 정신적·의지적 움직임에서 유래된다는 견해부터, 로크의 미지의 "물 그것"과 관련해 보는 견해 또는 레닌의 칸트 비판으로 대표되듯이 "물자체"를 물질적인 것으로서 생각하는 유물론적 해석까지 실로 다양하다.

또한 일본어 번역어에 관해서 언급하자면, "모노노케"라는 말이 있는데, 애니메이션 영화의 제목이기도한 "모노노케 히메"의 "모노노케," 그 "모노노케"의 "모노"라는 표현은, 물질을 나타내는 것이 아니다. 눈에 보이지 않는 뭔가 무시무시한, 오히려 정신적인 것이다. 즉, 일본어의 "모노"라는 말에도 이른바 형이하학적으로 보거나 만지거나, 오감에 의해 우리가 직접 파악할 수 있는 것과 그럴 수 없는 것이 있다. 일본에서도 "모노"라는 말은 중의적으로 쓰여 왔다.

실은 칸트 자신의 용법에도 이 양극단의 함의가 나타난다. 자주 비판받아 왔듯이, 칸트의 설명이 반드시 수미일관하거나 그의 용법이 일의적인 사용만 있는 것은 아니다. 3대 비판서만 보더라도 물질적인 것의 미지의 근거나 인간의 의지의 자유, 영혼불멸, 세계 전체, 신과 그 현존재의 존재양식, 자연의 미적인 움직임과 유기체의 생산 능력 등이 모두 이 말로 지시되고 있다고 해도 좋을 것이다. 어쨌든 비판철학에서는 인간이 인식할 수 있는 것은 언제나 현상이며, 그 배후에 숨겨져 있고 나타나지 않는 뭔가를 시간적 · 공간적으로 이해하는 것은 옳지 않다는 주장이 수미일관하고 있다. 일단 칸트 자신이 설명한 "물자체"라는 것은 이러한 의미이다.

다음으로 칸트의 코페르니쿠스적 전환, 즉 사고법의 혁명과 이에 의해 해결되었다고 보는 이성의 자기모순, 특히 이율배반, 자가당착의 문제를 "물자체"와 관련지어 봄으로써 간단히 이 개념의 의미를 살펴보겠다.

칸트는 『순수 이성 비판』 제2판의 서문에서 객관은 두 가지 의미로 해석된다고 주장한다. 즉, "객관"을 현상으로 해석하거나, 아니면 "물자체"로 해석하는 두 가지 방법이 있다는 것이다. 객관을 왜 이렇게 두 가지 의미로 해석하는 것일까? 이 경우 "객관"이란 그저 "사물"만이 아니라, 신체를 가진 인간을 포함하는 것으로 이해할 수 있다. 어떤 사항을 현상으로서 볼 것인가, 아니면 "물자체"로서 이해할 것인가는 칸트의 비판철학에서 결정적으로 중요한 의미가 있다. 그 주요 이유는 인간의 자유 가능성에 있다. '인간은 자유로운 존재자'인가, '자유 의지를 가지고 있는가' 라는 물음에 대해서 상식적인 견해나 전통적인 철학에서는 인간이 자유롭다고 생각한다. 그러나 물리주의적 입장에선 과학철학자라면, 인간이 물질적 존재자인 한 그 행위도 뇌생리학을 비롯하여 기계론적 관점에서 물리적 언어에 의해 전부 설명될 수 있다고 생각할 것이다. 하지만 칸트는 그러한 입장에는 동의하지 않는다. 구조주의의 영향아래서 포스트모더니즘의 사고방식을 취한 철학자들은, 인간은 구조에 의해 제약받고 있다고 해석하기 때문에, 인간의 자유 의지를 쉽사리 인정하려고 하지 않는다. 그러나 칸트주의의 입장에서는, 그것이 인간을 현상으로만 바라보는 입장에 지나지 않는다고 해석할 것이다.

반드시 칸트적인 비판철학의 입장을 취하지 않더라도, 인간의 정신 활동의 모든 것을 인간을 제약하는 여러 가지 구조와 시스템의 기능으로 환원하여 인간의 주체성이나 자유를 부정하는 입장은 아무래도 무리한 논의라 하지 않을 수 없다. 후기의 하이데거처럼 인간에게는 "자유가 있다"는 것을 어떤 의미로 인정한 경우나, 한정적이긴 해도 인간의 자유 의지를 인정하는 편이 인간 이해를 위한 보다 적절한 선택이라고 생각한다. 물론 인간이 생활하는 현실 세계는 그러한 물리적 언어에 의한 인과적 설명 방법에 의해 설명될 수 있다. 하지만 전통적인 사고의 영향아래서 칸트는 인간에게는 감성적 제약으로부터 완전하게 자유로운 의지의 움직임이 있다고 생각한다. 인간을 외부로부터 보는 경우, 즉 신체를 가지는 물리적 대상으로 보는 경우, 인간도 하나의 현상으로 보게 되며, 이 경우에 인간은 자연 인과성의 법칙에 따른다. 이에 비해, 인간의 행위를 내면으로부터 보고 정신의 작업을 감성적인 제약으로부터 독립된 자발적인 자유의지의 활동으로 생각하면, 인간의 행위를 도덕적 의도 · 동기 · 목적을 통해 이해해야 한다는 입장이 생기게 된다. 이렇게 인간을 외부와 내면에서 보는 두 관점의 구별은 꼭 필요하다. 당시의 철학적 전통의 용어법에 따라서, 칸트는 초감성적인 예지적 존재자와 자유로운 작용, 특히 특수적 형이상학의 대상인 영혼의 불멸, 세계 전체, 신의 현존재 등을 "물자체"로 이해하고, 인간 이성의 운명이라는 말로 상징되는 이율배반의 상태를 해결하고 조정하려고 생각했다.

이렇게 보면 칸트의 "물자체" 개념은, 오늘날에도 볼 수 있는 과학주의적인 환원주의나 지나친 과학 신앙 그리고 그 반동으로서의 비합리주의나 컬트 신앙의 모순 대립 상황을 조정하기 위해, 바꿔 말하면 과학적 지식의 권리 · 권한과 그 한계 내지 신앙의 가능성의 여지를 양립시키기 위해서, 양자의 지나침을 제한하고 한계 짓는 "한계 개념"으로서의 역할을 다하고 있다고 할 수 있다. 물론 이 경우에도, 전통적인 표현에 맞춰 말하면, "물자체"는 신의 산물, 즉 신에 의한 "무에서의 창조"를 통해 산출된 피조물이며, 다른 쪽 현상은 칸트 자신이 분명히 말했듯이 자연의 법칙적 인식에 관한 인간 오성의 산물이다.

인간의 인식 능력에 의해 자연의 인식이 가능하다는 의미에서 코페르니쿠스적 전환 사상은 단적으로 인간 중심주의적 사상 표현에 다름 아니다. 이것은 근대 철학 고유의 사고방식인 것이 확실하다. 하지만 칸트는 언제나 현상은 감성에 대하여 다양한 것으로서 주어지는 것이 불가결하다는 것을 깊게 자각하고 있었다. 즉, 인간의 자발적인 능동성은 수용성受容性인 감성에 의해 객관의 다양함이 미리 주어지지 않는 한, 엄밀한 의미로 인식을 성립시킬 수 없다는 견해를 유지해 왔다. 이것은 감성계를 초월하는 것과 같은 "물자체"는 감성에 주어지지 않는 한 인식 대상이 될 수 없다고 주장하는 것으로서, 인간의 인식 능력을 소극적으로 감성계, 경험의 세계에 제한하는 비판적 기능을 다하고 있다. 직접적으로는 당시의 사변 철학과 경험론 양자의 지나침을 제한함과 동시에 그 극복을 의도한 것은 확실하지만, 그것에만 제한되지 않는 보편적인 사정거리를 지니는 견해였다.

여기에 보충하면 비판기의 칸트는 일관되게 "물자체"는 인식할 수 없는 불가지의 대상이지만, 그것에 대해 생각하고 사고하는 것은 가능하다고 반복해서 주장하고 있다. 칸트의 비판철학은 시간 · 공간이라는 인간의 감성의 형식과 범주(카테고리)라는 오성의 형식을 현상에 적용하는 것에만 그치고, "물자체"의 지식을 얻기 위해 그것들의 형식을 사용하는 것은 엄격하게 금지했다. 그러나 이것의 진의는 이율배반에 빠지는 것을 피하기 위해서였다. 다시 말해서 그것의 제2의 그리고 한층 더 깊은 의도는 스피노자주의와 그 논리적인 귀결로서 생겨나는 신앙의 부정으로부터 신의 존재를 보호하기 위함이었다. 신의 존재가 자

연의 존재와 같이 시간 · 공간이나 인과율 등의 직관 또는 사고
의 형식의 조건에 따른 것이라면, 인간의 의지의 자유의 부정과
함께 기독교적 신의 존재와 그 이해가 자연주의에 의해 부정되
는 결과가 나타나기 때문이다.

칸트의 스피노자 비판이 어디까지 적절한가 하는 것을 여기
서 논의할 수는 없다. 그러나 칸트가 계시 신앙을 비판하는 한
편, 무신론으로부터 기독교를 지키기 위해서 도덕 신앙, 윤리 신
학에의 길을 개척한 것은 분명하다. 여기에는 전통적 사상의 역
사적, 사회적 제약이 강한 배경으로 작용하였다고 할 수 있다.
최근에 『판단력 비판』의 성립사에 대한 연구물 가운데, 이 책 제
2부의 집필 의도는 본래 스피노자주의 비판과 도덕 신앙, 윤리
신학의 구축에 있었다고 해석하는 견해가 제시되기도 하였다.
이 견해는 그 나름대로 설득력 있는 견해라고 생각한다.

종래의 "물자체"를 둘러싼 해석과 비판은 많은 경우 인식론
과 존재론의 영역에서 논의되는 경향이 강했다. 하지만 물자체
문제를 제기하는 칸트의 의도는 오히려 실천 철학, 특히 윤리학
과 종교철학적인 문제와 관심에서 출발하고 있다. 그렇지만 칸
트의 "물자체"에는 이미 시사했듯이 칸트 자신의 사고에 있어
서 미정리未整理와 부정합, 혼란이 있었음을 부정할 수 없다. 따
라서 다음으로, 논점을 바꾸어서 물자체와 타자론 및 실존성과
의 관계에 대해서 논의해 보자.

칸트의 "물자체"가 가지고 있는 중대한 문제를 최초로 가장
적합하게 지적하고 비판한 것은 야코비(1743~1819)였다. 그는 칸
트의 물자체 개념이 갖고 있는 모순을 이렇게 지적하였다. 즉,

"물자체"를 전제하지 않고는 칸트 철학의 체계 안으로 파고들 수 없으며, 또 "물자체"를 전제하면 그 체계 안에서 머무를 수 없다. 이것 때문에 언제나 혼란스러워한다고 비판하였다.

요컨대, 칸트 철학 체계에 들어가기 위해서는 "물자체"를 전제하지 않고는 불가능하다. 하지만 "물자체"를 전제하게 되면, 이번에는 칸트의 비판철학 체계 안에 머무를 수 없게 되어 거기서부터 벗어나고 만다. 이와 같이 칸트 철학의 체계성 또는 정합성이라는 점에서 보면 "물자체"라는 개념에는 모순이 있고, 논리적 일관성이 부족하다. 이미 보았듯이, 칸트는 한편으로 현상만이 인식의 유일한 대상이며 "물자체"는 인식할 수 없다고 말하면서, 다른 한편으로는 현상의 근거나 원인이라는 표현을 사용하여 이 대상에 대해 언급하면서 "물자체"가 없으면 현상의 존재는 불가능하다고 계속 말해 왔기 때문이다.

그러면 본래부터 알 수 없었던 것에 대해 그것이 존재한다고 말할 수 있는 근거는 무엇인가? 그리고 원인 · 결과의 범주는 현상에만 사용할 수 있는 것인데, 물자체에 대해서 표상의 원인, 현상의 원인 등의 원인 · 결과의 범주를 사용하는 것은 칸트 자신이 금지한 규칙을 스스로 위반하는 것은 아닌가? 즉, 범주를 현상에만 사용할 수 있는 것이라고 하면서 "물자체"에 대하여 범주를 사용하는 부정합을 범하고 있는 것이다.

이 야코비의 의문은 칸트 논리의 약점을 정확히 찌른 비판으로, 그 이후 칸트 철학에 대한 여러 가지 비판의 기본 전제가 되는 논점을 제공하고 있다. 실제로 피히테와 헤겔의 "물자체" 비판도 그 영향을 받고 있다. 피히테와 헤겔로 대표되는 독일 관념론의 입장은 한마디로 말해서 "물자체"라는 의식을 초월한 대상에 대한 불가지를 거부 또는 부정하는 견해를 표명하고 있다. 피히테는 "物물"은 원래 자아가 정립하는 것이므로, 자아 이외의 어떤 것일 수가 없다고 주장한다. "자체"라고 말하는 것은 실제로는 자아에 있어서의 자체이므로, 엄밀한 의미로는 자아에 대한 것 이외의 것이 아니라는 것이다. 그러면 칸트의 "물자체"라는 표현은 모순이라는 결론이 나온다. 헤겔도 칸트의 "물자체"에 대해 엄격하게 비판하고 있다. 즉, 칸트가 "물자체"는 인식 불가능하다고 했지만, "물자체"가 무엇인지 알지 못한다는 말이나 표현은 매우 이상한 일이며, "물자체"가 왜 있는가를 아는 것만큼 쉬운 일은 없다고 주장하였다.

이러한 비판은 인간의 유한성과 지知의 한계성에 대한 칸트의 입장을, 이른바 의식의 안과 밖이라는 경계선을 절대자의 입장에서 제거하는 방법이다. 이것은 근대 철학에 특징적인 표상주의적 사상이 빠지는 어려움을 넘어서기 위한 시도 중 하나였다. 엄밀하게 본다면, 이것은 문제의 해결이라기보다는 문제를 사변적 차원에서 해소하려고 한 시도라고 보아야 할 것이다. 오늘날에는 이러한 방향의 비판 방법 역시 타당성을 가질 수 없는 것이 명백하다. 따라서 다시 한 번 유한한 인간의 입장으로 되돌아가서, 그것도 표상주의의 아포리아에 빠지지 않고 "물자체"가 제기하는 문제를 재고할 필요가 있다.

"물자체"라는 이 개념은 "촉발"이라는 어려운 문제와도 관련이 있다. 이 문제를, 즉 칸트의 경험 이론을 독일 관념론과는 대조적으로 경험론의 지평에서 비판적으로 재검토한 훌륭한 시도가 현대 영국 철학계를 대표하는 사람 중 한 명인 피터 스트로슨의 『의미의 한계』(1966)에서 이루어졌다. 스트로슨은 경험의 가능성을 둘러싼 문제에 대하여 현상과 실재의 대조, 대립을 유의미에 적용하는 데 있어 보편적인 제약은 무엇인가라는 질문을 던지고 있다. 또 현상과 실재, 현상과 "물자체"의 대비를 외적 지각에 적용할 경우, 이 보편적인 제약은 — 칸트의 언어로 말하면 — 시간과 공간 또는 범주라는 형식적 조건이 충족될 수 있는가라는 문제를 제기한다. 이러한 문제의식에서 출발할 경우, 인간은 어떤 방법을 통해서는 현상과 "물자체"의 관계를 지각하고 인식하지 않으면 안 될 것이다. 그런데 "물자체"라고 불리는 것은 지각으로부터 독립되어 그것 자체로 존재하는 실존이라는 것이 전제이므로, 그런 한에서 "물자체"를 지각에 의해 인식하는 것은 불가능하게 된다.

또 "물자체"에 대한 촉발이라는 사태도 인간에게는 인식되지 않으므로, 인간의 지각이 비록 "물자체"에 의해 촉발되는 결과라고 해도 그 원인을 인식할 방법이 없다. 범주가 의미 있게 사용될 수 있는 것은 시간적·공간적 구조 안에서만 가능하므로, 대상에 의한 촉발이라는 영향 관계도 인간의 감각과 신경 장치가 미치는 과학적인 인과적 설명에 의한 것만이 논의될 수 있고 그 외에는 논할 수 없다고 스트로슨은 비판하고 있다. 따라서 칸트는 "물자체"와 현상의 구별이 유의미한 개념이 되기 위해서 만족시켜야 할 제약 조건을 만족시키지 못했다는 결론에 도달하게 된다. 하지만 현상과 "물자체"의 구별이나 촉발의 문제는 스트로슨의 말처럼 폐기할 수밖에 없는 문제인가? 아니면 이런

유의 촉발에 관한 비판에는 혹시 칸트의 견해에서 간과한 점이
있는 것은 아닌가? 이 점이 마땅히 고찰되어야 한다.

　실제로 칸트는 현상으로서의 대상과 초월적 대상인 "물자체"
라는 두 개의 대상이 존재한다고 주장한 것이 아니라, 다른 두
개의 관점에서 의미가 부여된 유일한 대상이 존재한다고 주장
했다. 이 점에 착안하여 현상과 "물자체"는 동일한 것의 두 가지
명칭을 나타내는 개념으로 보는 것이 좋을 것이라는 견해가 제
시되었다. 예를 들어, 최근의 내재적인 칸트 해석자 가운데 영미
계인 헨리 앨리슨, 독일계인 게롤트 프라우스가 칸트의 "물자
체" 가능성을 정합적으로 평가한 대표적 연구자들이다.

　앨리슨은 두 종류의 관점 내지 두 개의 기술 방법의 입장에
의거해서 현상과 "물자체"라는 구별을 계속하고, 동일한 실재
에 대해서 설명하고 있다. 따라서 현상과 "물자체"의 차이는 동
일한 실재를 사고하는 두 가지 방법의 차이에 지나지 않는다고
주장하고 있다. 또 촉발의 문제가 일종의 인과 관계라고 보는 문
제 제기에 대해서도 표상의 원인이나 근거라는 표현의 의미는
순수하게 방법적인 의미로 생각해야 할 것이라고 말하고 있다.
말하자면, 동일한 것을 그것 자체로서 기술한 것이므로, 이 경우
그것 자체라는 것은 감성과의 관계, 시간 · 공간과 분리되는 것
을 의미한다. 그러므로 칸트가 말하는 초월적인 것과는 달리 우
리에게 있어서라는 의미는 소거되지 않는다. 이런 식으로 동일
한 것이 한편으로는 표상의 기술記述이며, 다른 한편으로는 "물
자체"의 기술을 의미한다는 해석이 성립된다.

　이것은 "외부" 대상과 "물자체"에 대해서 칸트가 말했던 것을

오로지 내재적으로만 해석한 시도이며, 이른바 의식의 내측과 외측, 인식의 내부와 외부 사이에 개재하는 모순을 지적한 야코비 이래 칸트 비판을 회피하고자 하는 의도를 가진 시도라고 말할 수 있다. 이러한 해석에는 칸트 자신의 이원론적인 표상주의를 의식 내재적이고 일원론적인 표상주의로 철저하게 하려는 해석이 잠재되어 있다. 그러므로 이러한 해석은 초월이라는 의미를 "의식으로부터의 초월"이라는 칸트의 용법보다는 오히려 "의식으로의 초월"이라는 방향으로 내재화해 가는 일종의 현상학적인 기술 이론의 방향으로 내닫는다고 해석할 수 있다. 다만, 이러한 해석도 칸트의 촉발이라는 문제가 가지는 어려움으로부터는 아직 벗어나지 못했다고 생각된다. "물자체"에 대한 범주 적용의 경우도, 스트로슨의 비판을 일단 회피하는 것은 가능할지라도, 그것만으로는 아직 충분히 문제를 해결하지 못한 것이 아니냐는 의심은 여전히 남아 있다.

다음으로, "물자체"에 관한 문제를 한층 더 내재적으로 철저히 접근하고, 근대적인 실재성의 의미를 소거한 사고방식에 착안한 해설은 C. S. 퍼스(1839~1914)의 칸트 해석에서 볼 수 있다. 언어철학적인 입장에서 칸트 비판을 실행한 하버마스의 친구, 카를 오토 아펠은 퍼스를 "미국의 칸트"라고 불렀다. 그는 독일어판의 퍼스 저작집의 편집자이기도 하다. 퍼스는 알다시피 실용주의의 시조이며, 현대 기호론의 시조로도 불리고 있다. 아펠은 『철학의 변환』(1973)에서 퍼스의 "물자체"에 대한 해석은 야코비 이래 칸트를 향한 비판적 논거 중에서 가장 강력한 것 중에 하나라고 하면서, 칸트의 "물자체"에 대한 퍼스의 비판과 재해석을 매우 높게 평가하고 있다.

 그러면 퍼스의 "물자체" 해석 또는 기호론적 변환은 어떤 식으로 행해졌는가? 퍼스도 칸트의 "물자체"가 인식 불가능하다는 점, 또 "물자체"가 인식 불가능함에도 불구하고 칸트가 그 실재성을 주장한 점에 비판의 초점을 맞추었다. 퍼스는 인식이 불가능한 실재로서의 "물자체"라는 생각은 모순된 개념이라는 것을 지적하지만, "물자체"라는 개념을 제거하지 않고 그 의미를 변환시킨다. 즉, "존재한다"는 것과 현실적으로 "인식된다"는 것은 구별되어야 한다. 아직 알려지지 않은 것의 존재는 당연히 생각할 수 있다. 자연과학을 비롯하여 여러 과학의 발전에 의해 지금 미지의 것이 차례차례 알려지고 있다. 하지만 "존재한다"는 것과 "인식할 수 있다"는 것을 구별할 수는 없다. 즉, 어떤 것이 존재한다면, 그것은 언젠가 인식될 수 있기 때문이다. 지금 인식되지 않더라도, 반드시 어떠한 의미로 인식 가능하다는 주장은 알기 쉬운 견해이다. 그러므로 퍼스는 인식 가능성과 존재는 단지 형이상학적으로 동일한 술어가 아니라 동의적인 술어라고 주장한다.

 이 입장에서 보면, 실재하는 것과 인식 가능한 것은 같아야만 한다. 그러므로 어떤 의미로도 인식할 수 없는, 인식 불가능한 실재라는 개념은 자기모순의 표현이 된다. 따라서 불가지의 대상을 지시하는 "물자체"의 실재성이라는 칸트적인 의미의 논제는 배척되어야 한다는 것이다. 이것이 퍼스의 첫째 논점이다. 그러면 퍼스는 "물자체"의 실재성을 완전히 무시하였는가? 그렇지 않다. 퍼스는 인식 가능한 현상과 인식 불가능한 "물자체"라는 칸트의 초월론적 구별 대신에 "현실에서 인식되는 것"과 "무한계에서 인식 가능한 것으로서의 실재"라는 구별을 이끌어낸다. 이것은 퍼스 특유의, 기호론적으로 변환된 인식론의 입장이며, 직관과 개념, 감성과 오성, 혹은 다양한 질료와 그것을 질서 짓는 형식이라는 칸트의 이원론과는 다른 상이한 전제에 입각해 있다. 칸트는 당시의 요소주의적인 사고방식에 의거하여 질료적인 것은 다양한 형태로 무질서하게 주어지며, 그것을 인간의 지성의 움직임이 질서 짓는 법칙적인 인식을 성립시킨다는 견해를 가지고 있었다.

하지만 퍼스는 질료와 형식의 종합적 통일에 의해 인식이 성립하는 것이 아니라, 기호에 의한 표상 작용, 따라서 추론을 통해 실재에 관한 진실한 견해를 획득해 가는 과정에서 인식이 성립한다고 본다. 그러므로 칸트와 대비시켜 표현하면, 칸트에게 있어서 인식을 성립시키는 최종적 근거는 통각統覺의 통일 작용을 나타내는 "나는 생각한다"라는 주관의 작용으로 돌아가게 하는 것인데 비해서, 퍼스의 경우에 실재성의 기준 또는 진리의 기준은 객관적으로 물리적 대상을 탐구하는 연구자들의 공동체 내부에서의 최종적인 의견 일치로 귀착된다. 이것이 이른바 진리 합의설의 입장이다.

칸트는 진리를 이중의 의미로 논했다. 첫째는 지각과 관찰의 단계에서의 경험적 진리인데, 이것은 의미의 지시 이론적 사고방식과 불가분의 관계가 있다. 둘째는 초월론적 진리이다. 이것은 인간이 인식하는 움직임과 시간·공간과 범주의 작용에 의해 인식 가능한 과학적인 앎의 대상, 즉 객관을 성립시키는 조건이 같다는 논제를 가리키고 있다. 이렇듯 퍼스와 칸트의 진리관은 이질적이지만, 인식에서 독립한 실재가 존재한다면, 그것은 인식 불가능하다는 주장은 양자가 같은 것이다. 그리고 실재하는 것은 개개인의 의식과 사고에서 독립한 존재자이며, 그런 한에서 개개인의 의식과 사고에서 독립한 존재자는 인식 가능하다고 주장하는 점도 칸트와 퍼스의 공통점이다. 실재하는 것은 실재의 것을 탐구하는 인간이 향하는 최종적인 견해 중에서 생각되는 방식에 의존한다는 의미로 인식에 관계되는 것이다. 칸트의 인식의 문제에 있어서 항상 실재하는 객관에 대한 지시 관계, 그것과 판단자들 간의 보편적인 앎(知)의 전달 가능성이라는 문제는 불가분의 관계가 있다. 게다가 칸트의 경우는 판단자들 간에, 즉 인식하는 자들 간에 공유하는 앎의 가능성 문제는, 오히려 인식 주관, 이론 이성이 객관에 대하여 기초를 부여하는 작용에 의해 성립된다는 이론 구성의 문제가 된다. 이것은 인식론적인 주체주의 내지 주관주의의 사고방식이다.

칸트에게 실재성 문제는, 현상 개념이 "물자체"의 개념을 요구하는 한, 현상의 차원에 그치지 않는 사정거리를 지니고 있다. 그런데 퍼스의 경우에 인식 문제는 어디까지나 판단자들 간의 합의 형성 과정에 지나지 않는 것이다. 따라서 진리 문제도 인식 주관과 객관과의 일치나, 실재물에 대한 지시 관계가 아니라, 어디까지나 칸트가 주장한 이른바 반쪽, 즉 판단자들 간의 보편적인 전달 가능성에 따라 사고되는 것이 된다. 이 문제는 제3강의 주제인 다원주의와 가류주의의 문제와 관련되는데, 퍼스의 경우에는 인식할 수 있는 실재적인 것은 무한히 정정되고 수렴해

가는 탐구 과정의 결과이며, 또 그것은 최종적으로 연구자들 간의 의견 일치로 발견되는 것이 된다.

이상의 설명으로부터 귀결되는 것은, 인간의 인식은 유한하며, 거기에 결국 오류가 있을 수 있다는 것이다. 그런 한에서 실재하는 것도 인식되지 않을 수 있다고 말할 수 있다. 퍼스에게 있어서 진실한 실재란 자기충족적인 전체가 된다. 그것은 여러 부분의 추론적 인식에 의해서는 도달될 수 없다. 그러한 의미에서 칸트의 경우와 마찬가지로 퍼스의 경우도 진실된 실재는 인식 불가능하다고 말할 수 있을 것이다. 이것으로부터 퍼스의 가류주의 사상도 칸트와 마찬가지로 인간의 인식의 유한성과 가류성可謬性에 대한 깊은 통찰에 근거하고 있다고 할 수 있다. 이러한 퍼스의 해석은 칸트의 "물자체"에서 실재성과 초월의 의미를 기호론적으로 변환한 시도이다. 이 시도는 앞에서 언급한 앨리슨이 직면한 어려움을 벗어났다고 생각된다. 그런 의미에서 앨리슨의 이론보다도 한 보 앞서 있다고 볼 수 있다. 앨리슨의 내재주의는 동일한 대상을 그 자체로 사고한다는 "물자체"의 기술 방법을 채용하고 있으며, 이것은 인간의 모든 인식 과정을 완전한 투명성 안에서 해명할 수 있다고 확신하고 있다. 이것은 틀림없이 이 현상학적인 이론이 가지는 문제점이기도 하다.

하지만 오늘날의 철학적 입장에서 음미하면, 이것은 의심스러운 견해이다. 후설을 예로 들 필요도 없이, 과학적 관측 장치에서 무의식의 움직임에 이르는 인간의 모든 인식 과정을 결코 완전히 투명한 의식 작용으로 통찰할 수는 없다. 인간은 가지각색의 이론적 부하에 의해 제약되어 있기 때문에, 역사적 · 사회적·문화적 편견과 앎의 짜임으로부터 떨어져 순수하게 객관적으로 사물을 인식할 수는 없다. 이러한 이유로 순수하게 "물자체"를 기술하는 것은 불가능하다고 말해야 할 것이다.

마지막으로, 타자론과 관련하여 "물자체"에 대하여 조금 더 언급하고자 한다. 비판철학의 논리적 일관성을 고려하면, 초월적인 "물자체"의 실재성은 버려야만 하는 것이라는 견해는 퍼스와는 다른 입장에서도 제기될 수 있다. 실제로 신칸트학파의 하나인 마르부르크학파의 대표자 헤르만 코엔은 실재하는 것으로서의 "물자체"라는 개념을 폐기하고, 대신에 "물자체"라는 개념을 중요한 학문적 개념으로서 존중한다. 즉, "물자체"라는 것은 과학적인 인식의 총괄이며, "물자체"는 과학적인 앎의 과제를 의미한다고 주장한다. 사실, "물자체"는 하나의 과제이며, 한계 개념이라는 견해는 이미 칸트가 생각했었던 것이다. 여기서 "물자체"는 퍼스의 경우와 같이 초월적 대상이 아니다. 그것은 학문적인 객관적 경험의 전체인 인식 활동을 진행해 가는 가운데 해결해야만 하는 과제인 것이다. 이러한 점에서 이 견해는 퍼스의 해석과도 친근성을 지닌다. 과학적 인식의 이론 또는 목표라는 과제 개념은 이러한 의미에서 불가지不可知의 "물자체"라고 할 수 있다.

그런데 이러한 해석을 채용하는 경우에도 실재성 문제를 완전히 없앨 수는 없다. 인간이 인식을 진행하는 가운데 학문적인 인식에 그치지 않고 인간의 행위와 사회 활동 또는 국제 정치의 장면을 생각할 때, "물자체"와 촉발의 문제는 "타자"와 그 저항과 실재성의 문제를 분리시킬 수 없다. 진리의 합의설을 채택할 경우에도, 학문적 인식을 탐구하면서, 이 주체는 자기에게 있어서 타자인 인간에 대한 응답을 구하기 위해 행동하며, 같은 의견을 형성하려고 할 뿐만 아니라, 타자의 견해에 대항하고, 타자의 의지에 저항해 가는 존재자이기도 하다. 이러한 타자는 자기와의 동형성同型性이 결여된 비대칭적인 실존성을 가지는 불가지의 "물자체"라고 말할 수 있을 것이다. 확실히 학문적인 인식 활동에 있어서도 공동 연구의 파트너로서 타자의 작용과 상호 승인이 필요하다. 인간의 지식과 행위, 믿음 등은 대체로 단순히 주장된 판단과 행위의 정당화에 그치지 않고, 무언가의 의미로 실재와의 대응과 타자와의 응답을 희구하는 것으로 생각할 수 있다. 퍼스의 진리 합의설의 영향을 받아 칸트의 초월론 철학의 언어론적 전환을 시도한 아펠의 "이상적인 의사소통 공동체의 아프리오리"와 하버마스의 "이상적 발화 상황"의 사고방식은 지금도 배워야 할 점이 적지 않다고 생각한다.

하지만 여기서는 논제를 한정하여, 인간 상호 간의 대화·토의·의사소통의 성립 조건과 전제에 대한 이해에 있어서 행위 주체의 자세를 포함하여 매우 낙관적인 인식을 볼 수 있다. 우리의 일상생활의 현실 장면에서는 타자와의 대화·토의·의사소통 그 자체를 거부·부정하는 사람들이 적지 않다. 특히 지금 일본은 자신이 세운 논리를 구성하여 상대를 설득하거나 대화를 시도하려고 해도, 상대와의 "대화"조차 이루어지지 않고 있는 실정이다. 그것은 연구자 공동체의 내부, 예를 들어 학회 활동이나 지역의 활동에서도 절실히 경험했을 것이다. 자신의 타자를 이해하려고 하는 노력은 그렇게 하면 할수록 타자로부터의 거절과 저항, 반발에 부딪치는 기회를 늘릴 뿐이다. 국제 사회에서 이문화와 이민족 간의 상호 이해에 대해서도 거의 비슷한 경우가 일어나고 있지만 여기서는 다루지 않겠다.

이미 보았듯이, 칸트의 타자와 그 실재성에는 물질적 · 정신적 의미뿐만 아니라, 인간이라는 타자, 자연이라는 타자, 신이라는 타자도 함의되어 있다. 이것은 인간의 설명이나 이해를 넘어선 타자의 존재의 존엄함과 중요성, 근접하기 어려움과 불가지성을 시사하고 있다. 오늘날에도 칸트의 "물자체"를 둘러싼 문제들은 여전히 철학적 논쟁점을 형성하고 있을 뿐만 아니라, 실재론과 반실재론이 서로 뒤섞이는 장을 형성하고 있으며, 또 새로운 형이상학적 전쟁을 유도하는 개념이라고 해도 좋을 것이다. 이것은 이미 언급한 포스트모더니즘의 입장에서 제기되어 온 현실과 가상현실의 차이의 소멸, 양자의 경계선의 소멸점을 시사하는 상황 속에서 실존성과 현실의 문제, 자기와 이질적이며 비대칭인 타자와의 마주함 등, 이러한 과제에 몰두하기 위해서라도 여전히 칸트의 "물자체" 개념은 중요한 문제 제기를 계속하고 있다고 할 수 있다.

제2강
칸트의 "계몽"에 대한 재평가

1. 칸트의 "계몽"에 대한 재평가의 목적

1. 칸트의 "계몽"의 사정거리

우선, 오늘날 우리가 왜 칸트의 "계몽"에 대한 개념과 그것을 둘러싼 여러 문제에 주목해야 하는지, 그리고 그것은 어떤 의미가 있는지에 대해 알아보도록 하자.

이 강의의 목적을 간단히 요약하면, 다음과 같이 표현할 수 있다. 칸트는 200년 전에 『계몽이란 무엇인가』(1784)에서 "현재 우리는 계몽된 시대에 살고 있는가"라는 논제를 세우고, 그렇지는 않지만, 아마 계몽의 시대에 살게 될 것이라는 답을 스스로에게 제시한 바 있다. 여기서 우선 주목할 것은, 칸트가 이른바 계몽 사상 운동이 활발했던 칸트 자신이 살던 당시를 계몽이 실현된 시대로 보지 않았다는 사실이다. 둘째, 칸트는 자기 시대를 계몽이 진행 중인 시대, 즉 확실하게 계몽이 실현되고 있는 시대로 이해하고 있었다. 셋째, 칸트는 당시를 — 자신이 비판철학을 구축하고 있던 시기에 프로이센을 통치한 — 프리드리히 대왕의 시대라고 바꿔 말하고 있다. 지금까지는 이 사실에 의거하여 칸트 시대의 독일의 계몽 운동은 영국이나 프랑스와 같은 국민의 계몽 활동이 아니라, 오히려 국가나 국왕이 주체가 된, 유럽의 후진국 고유의 "위로부터의 계몽"이라는 부정적인 평가를 받아 왔다. 여기서는 이런 견해의 옳고 그름에 대해서는 논하지 않겠다.

그렇다면 오늘날 우리들은 계몽된 시대에 살고 있다고 할 수 있는가? 이 질문에 대한 답은 계몽의 의미를 이해하는 방법에 따라 달라진다. 과연 아무런 주저 없이 그렇다고 대답할 수 있는가? 적어도 칸트처럼 틀림없이 계몽의 시대에 살고 있다고 단언할 수 있는가? 제1강에서 우리 시대는 프리모던pre-modern과 포스트모던post-modern 사이에 있다고 지적한 바 있다. 바꿔 말해, 지금 우리들은 재봉건화 시대에 직면해 있다는 것이다. 그렇다면 21세기의 이 시대는 다시 계몽 이전의 시대로 역행하고 있다고 말해야 하는가? 제2강에서는 이 의문을 염두에 두고, 칸트가 주장한 "계몽"에 대한 이해, 칸트 이후의 "계몽"에 대한 평가와 비판, 그리고 오늘날 우리들이 직면한 "계몽"이라는 곤란한 과제에 대하여 비판철학과 관련된 범위 내에서 고찰하고자 한다. 바꿔 말하자면, 상술한 바와 같은 칸트의 시대 진단은 오늘날 재봉건화 되어 가는 이 시대에 어떤 의미를 가지는지에 대해 검토해 보고자 한다.

둘째, 계몽사상과 비판철학과의 관계를 고찰할 때 지금까지 놓쳐 왔던 점에 대해 주의를 기울여 보고자 한다. 18세기에 등장한 비판철학의 역사적 과제는 간단히 말해 계몽 시대에 칸트가 짊어진 사상적 과제였다고 볼 수 있다. 18세기의 계몽사상이라는 표현은 그것이 단일한 사상이라는 인상을 준다. 그러나 앞에서 설명했듯이 나라마다 사상적 · 사회적 · 정치적 상황 등이 다른 것은 당연한 것이다. 특히 독일의 계몽사상을 고찰할 때 염두에 두지 않으면 안 되는 것은, 그 당시 독일은 영국이나 프랑스처럼 국가적 통일이 이루어지지 않아서 지역이나 도시들마다 사상적·사회적·문화적 조건이 다양하고 서로 달랐다는 것이며, 이에 따라 계몽의 발전 형태가 가지각색이었다는 사실이다.

셋째, 칸트가 비판기의 철학적 사색을 전개할 때, 쾨니히베르크는 독일의 손꼽히는 대도시가 되어, 동서의 가교로서 문자 그대로 세계에 개방되어 있었다. 독일인은 물론 폴란드인, 러시아인, 바르트의 여러 국민을 비롯한 다민족이 모여 사는 다문화 사회의 성격을 띠고 있었다. 당시에 쾨니히스베르크는 세계시민주의 사상이 꽃필 만한 토양을 성숙시키고 있었던 것이다. 이 점은 평생 쾨니히베르크의 땅을 벗어난 일이 없었던 칸트의 사상을 이해하려고 할 때, 특히 유의해야 할 사항이다.

넷째, 제2강의 구성상의 설명과 관련된 "칸트의 계몽 개념의 사정거리"에 대해서 사전에 간단히 개요를 제시하고자 한다. 우선, 칸트가 주장한 "계몽Aufklärung"과 칸트를 포함한 "계몽"사상에 대한 비판, 구체적으로는 독일 낭만주의의 계몽 비판, 헤겔에 의한 계몽 비판, 현대에서는 마르크스주의의 계몽사상 비판과 호르크하이머와 아도르노의 『계몽의 변증법』(1947)에서의 계몽적 이성에 대한 비판, 나아가 하버마스와 푸코의 논의를 살펴볼 것이다. 그런 다음, 칸트를 중심으로 계몽 개념의 비판과 재평가의 역사를 단서로 하여, 칸트가 제기한 "계몽"이 오늘날에 지니는 의미 또는 중요성에 대하여 언급하고자 한다. 특히 칸트의 계몽 개념 및 그 해석사와 비판의 역사가 "일본 사회는 참으로 계몽되어 있는가?"라는 물음에 대해 깊이 생각하고 그것을 비춰보는 커다란 거울 역할을 할 것이라고 생각한다.

이 마지막 논점과 관련해서 카시러의 계몽사상에 대한 기본적 시각에 대하여 언급함으로써 이 강의의 취지를 보충하고자 한다. 신칸트학파의 하나인 마르부르크학파의 대표적 인물인 헤르만 코엔의 제자이자 카시러 판版 칸트 전집의 편집자이기도 한 에른스트 카시러는 1932년에 명저인『계몽의 철학』을 썼다. 그 서문에서 그는 비판 정신으로 가득한 예리한 역사적 통찰력을 드러내고 있다. 그렇다면 그의 계몽 철학 연구의 참된 목적은 무엇이었을까? 이 물음을 탐구하는 것은 이 강의의 의도를 대변해 줄 뿐만 아니라, 그것을 한층 더 명확하게 만들어 줄 것이다. 서문에서 저자 카시러는, 과거의 철학으로 되돌아가는 행위는 언제나 철학적 자기성찰과 자기반성이라는 행위를 동반하지 않으면 안 되며, 현대는 이러한 자기점검을 행함으로써 계몽주의가 만들어 낸 공명한 거울에 스스로를 비춰볼 필요성을 이전보다 더욱더 절실히 느껴야만 하며, 헛되이 이 계몽의 시대를 경멸하거나 거만하게 내려다보지 말고, 용기를 내어 다시금 계몽주의와 우열을 겨루어보는 것과 같은 그것과의 내면적 대결을 각오하지 않으면 안 된다고 주장하고 있다.

여기서 칸트의 "계몽"에 대해서 논의하면서 말하고자 하는 바는 다음과 같다. 첫째, 계몽의 시대, 칸트가 사색한 시대로 되돌아간다는 것은 동시에 지금의 시대에 대한 철학적 자기성찰과 자기반성이어야 한다는 것이다. 둘째, 이 일은 현대의 비판이어야 한다. 즉, 카시러는 철학의 비판 기능이 중요하며, 이러한 철학의 비판 기능을 위하여 "계몽"이라는 개념이 집중적으로 고찰되어야 한다고 강하게 느끼고 있었다. 셋째, 이 책이 쓰인 시대에 유의할 필요가 있다. 그 다음 해인 1933년에 히틀러 정권이 탄생했다. 카시러는 유대인 철학자였다. 이 책을 쓴 다음 해에 그는 영국으로 망명하였고, 최후에는 미국으로 건너가 생을 마감했다. 그런데 이 책에는 파시즘이나 나치즘에 대한 구체적인 언급이 전혀 없으며, 그 이름조차 나오지 않는다. 철학의 과거 연구, 고전 연구의 중요성에 대해 이야기할 뿐이다. 게다가 현대를 계몽주의가 만들어 낸 공명한 거울에 비춰본다는 견해는 호르크하이머와 아도르노의 『계몽의 변증법』에 나오는 부정적인 "계몽"의 이해와는 매우 대조적이다. 지금 여기에서 두 저자의 견해의 타당성을 따지지는 않겠지만, 카시러의 해석에는 종래의 견해와는 다른 부분이 있으며, 이러한 견해는 재봉건화되어 가고 있는 오늘날의 상황에서 다시금 주의를 기울여 볼 필요가 있다는 결론으로 마무리하고자 한다.

또 이 책에서는 천박한 계몽주의라는 계몽주의에 대한 일반적 평가와는 달리 계몽주의 시대를 경멸한다거나 거만하게 내려다봐서는 안 된다고 말하고 있다. 사실, 천박한 계몽주의, 계몽사상이라는 비난은 독일 낭만주의의 계몽 비판의 통속화된 슬로건이었다. 그 이후 계몽주의는 딱히 내놓을 만한 내용이 없는, 역사적으로 극복된 과거의 사상이라는 평가가 정착되었다. 마르크스주의의 비판 역시 마찬가지이다. 이런 와중에 카시러는 정통적인 고전 연구라는 체재를 취해, 그것을 현대 비판의 거울, 그것도 "공명한 거울"로 삼고 있다. 카시러는 신변의 위험을 느끼는 시대적 상황 속에서도 이런 식으로 칸트의 철학에 이르

는 하나의 과정을 자신의 탁월한 저서에서 전개하고 있다. 이것
은 중요한 의미가 있는 시도라는 점을 강조하면서, 이것을 칸트
의 "계몽"에 대한 재평가가 왜 필요한가라는 물음에 대한 잠정
적인 보충 설명으로 삼고자 한다.

2. "계몽" 개념의 다의성

우선, "계몽"이라는 말의 의미부터 고찰해 보자. 알다시피 이
말의 1차적 의미는 무지의 계발과 무지몽매함을 깨우친다는 것
이다. 계몽을 의미하는 독일어 Aufklärung은 원래 영어 enlighten-
ment를 번역한 말이다. 일본에서 "계몽"이라는 말을 수용한 역
사를 살펴보면, 일본의 메이지 시대 이후의 문명개화의 사상 전
개와 밀접하게 관련되어 있는 흥미로운 사실과 조우하게 된다.
예를 들면, 일본 최초의 본격적인 철학 사전이라고 일컬어지는
『철학자휘哲學字彙』가 1881년(메이지 14년)에 간행되었는데, 이 무
렵에는 "계몽"이 아닌 "문화文華"로 번역되었다. 또한 1884년(메
이지 17년)의 『철학자휘』 증보판에 의하면, 독일어는 "문화文華"
로 번역했지만, 영어를 일본어로 번역할 때 종교 용어, 불교 용
어인 "대각大覺," 즉 큰 깨달음, 큰 자각이라는 한자를 빌려 표기
하고 있다. "대각" 또는 "문화"는 오늘날 표현으로 "컬처"를 뜻
하는 것이다. 요컨대 "계몽"이라는 번역이 아직 존재하지 않았
던 것이다. 이것은 일본의 근대화의 양상과 관련하여 시사하는
바가 있다고 생각한다.

참고로 후쿠자와 유키치福澤諭吉는 1871년(메이지 4년)에 『계몽

수습지문啓蒙手習之文』이라는 제목의 책을 저술하여 일찍이 "계몽"이라는 말을 쓰고 있다. 그러나 여기서 "계몽"은 지금의 우리들이 자명하게 사용하고 있는 유럽어의 번역어의 의미로 쓰이지는 않았다. 지금과 같은 의미의 용법으로 정착되기까지는 꽤 긴 시간이 걸렸다. 또 philosophy라는 말을 "철학哲學"으로 번역하고, "주관主觀"이나 "객관客觀"이라는 번역어를 만든 니시아마네西周는 1874년(메이지 7년)에 『치지계몽致知啓蒙』이라는 제목의 책을 썼는데, 이것은 실은 논리학에 관한 서적이었다. 그러니까 우리들이 계몽이라는 단어에 대해서 지금 떠올리는 의미와 당시의 그것과는 상당히 달랐다. 즉, "계몽"이라는 개념이 일본 사회에서 정착하기까지 그에 상당하는 계몽사상의 전개가 필요했다고 볼 수 있다.

둘째, 지금까지의 설명으로 어느 정도 이해했으리라 생각하는데, 철학과 관련된 여러 가지 사전과 교과서에 의하면, 계몽사상은 17세기 말 영국에서 시작하여, 그 후 프랑스에서 발전하고, 마지막으로 독일에 정착하는 식으로 주로 18세기의 유럽 철학·사상의 주요 경향을 나타낸다. 즉, 계몽사상은 역사상 어떤 특정 시대, 18세기 계몽 시대의 사상을 나타내는 역사적 개념으로서의 의미를 가진다. 그리고 칸트의 시대를 전후하여 천박한 계몽주의라며 비판의 대상이 된 것은 바로 이 역사적 개념으로서 계몽사상 또는 계몽주의였다. 계몽 시대는 영국에서는 로크 이후의 시대 상황이다. 그러므로 계몽 시대는 영국에서는 독일보다 조금 빠르고, 프랑스에서는 몽테스키외, 볼테르와 디드로, 소위 말하는 앙시클로페디스트들, 즉 백과전서파百科全書派의 사

상가와 더불어 등장한다. 독일에서는 초기 단계에서는 볼프, 그
뒤로 칸트, 레싱과 멘델스존 등이 "계몽사상가"라고 불렸다. 지
금까지 대부분의 경우에 "계몽"이라고 하면 대체로 이상의 두
가지 의미로 이해되어 왔다.

그러나 이 강의에서 염두에 두어야 할 것은 "계몽"의 제3의
의미이다. 즉, 인류의 역사적 과정, 인류사 전개의 흐름을 일관
하는 문명화의 과정으로 "계몽"을 이해하는 것이다. 이런 계몽
관념을 명확히 제기한 사람은 『계몽의 변증법』을 쓴 호르크하
이머와 아도르노였다. 이 책에서 계몽은 "미토스mythos에서 로
고스logos로," "신화에서 철학으로," 혹은 계몽이라는 제1, 제2의
의미와는 다른 의미를 가진다. 오히려 계몽은, 신화로 전락하는
모종의 역설 내지는 변증법을 낳는다는 의미로 사용되고 있다.
『계몽의 변증법』은 그런 독특한 계몽 해석에 의해 관철되고 있
다.

이 책은 조금 전에 언급했던 카시러의 저서보다 출판 연도가
15년 정도 늦다. 다만 두 사람의 저자가 이 책 자체를 상당히 일
찍 집필했다는 것은 익히 알려진 사실이다. 호르크하이머와 아
도르노는 카시러의 책과는 상당히 대조적으로 "계몽"을 파악하
고 있다. 『계몽의 변증법』은 이러한 제3의 의미까지 포함해서
"계몽"의 개념을 사용하고 있다. 따라서 이 강의에서도 "계몽"
과 "계몽사상"은 이상의 세 가지 의미가 미묘하게 얽혀서 사용
되고 있다는 점을 유의해 주기 바란다.

3. 18세기 계몽사상의 일반적 성격

그러면 이상의 사정을 감안하여, 칸트의 『계몽이란 무엇인가』라는 저서의 정확한 이해와 평가를 시도해 보자. 그리고 이를 위해서 18세기 계몽사상의 이상형 내지는 일반적인 성격을 네 가지로 요약하고, 이것들과 칸트의 공통점과 차이점을 살펴보도록 하겠다.

첫째, 계몽사상의 특징적인 반종교성이다. 이것은 자주 지적되는 것으로서, 특히 가톨릭의 강력한 영향아래 있는 프랑스에서 현저하게 나타났다. 18세기 계몽사상의 일반적인 성격 중 하나는 반종교성이며, 특히 기적을 적극적으로 인정하는 계시 종교에 대한 비판이다. 이 사상은 주로 성서에 쓰여 있는 기독교 및 그 교의가 지니고 있는 비합리적 견해와 사회적 모순, 교회의 사고방식 및 억압적 자세에 대한 비판과 반항이 하나의 반종교적 운동 내지는 사상적 작업으로서 드러난 것이다.

계몽사상은 특히 이교도나 이단자에 대한 박해와 억압과 같은 종교적 불관용을 비판하고, 종교적인 관용을, 바꿔 말하면 신앙의 자유를 강하게 주장하면서 등장한 견해이다. 이러한 반종교적 자세의 결과로서, 이 시기에는 종교가 인간에게 최대의 부정을 가하고 있다는 인식이 급속히 높아졌다. 이것은 칸트의 『계몽이란 무엇인가』안에서도 하나의 키워드가 된다. "계몽"의 경우 우선 기본적인 의미는 무지몽매를 계도하는 것인데, 그 계도해야만 하는 "몽蒙"이라고 하는 것이 무엇보다도 먼저 종교적 편견이었다. 이 점에 충분히 주의를 기울여야 할 필요가 있다.

종교적인 불관용의 극단적 형태는 아프가니스탄을 지배하였던 탈레반의 이슬람 원리주의 사상에서 찾아볼 수 있다. 그들은 세계 유산인 불교 유적을 파괴했을 뿐만 아니라, 여성의 사회적 활동을 기본적으로 금지하고, 서양 문화나 이질적인 문화·문명의 영향을 철저히 배제하는 극히 "배타적인 사상" 형태이다. 그런 의미에서 계몽사상이 제기한 반종교성과 종교적인 불관용에 대한 비판은 유감스럽게도 200년 이상 경과한 오늘날도 여전히 유효하며 중요한 기능이 있다고 하지 않을 수 없다. 다만, 칸트 자신은 종교 일반이나 이성 종교에 대해서는 긍정적이었고, 계시 종교에 대해서는 매우 비판적이었다. 그래서 제1강에서 언급했듯이, 보수적인 가톨릭의 영향이 강한 오스트리아의 수도 빈에서는 『순수 이성 비판』이 금서 대상이 되었으며, 후에 칸트 학파의 거점 중에 하나가 된 마르부르크 대학에서는 칸트의 강의가 금지되기도 했다. 그러나 칸트는 이성 종교, 단순한 이성의 한계 내의 종교, 그리고 복수의 실정적인 종교의 존재는 인정하고 있었다. 따라서 칸트는 역사적으로 보면 레싱이 『현자 나탄』에서 설명한 것과 같은 복수의 종교 간의 공존을 인정하는 생각을 가지고 있었다. 현대식으로 말하면, 칸트는 종교적인 수준에서 일종의 다문화주의적인 사고방식을 이미 가지고 있었다.

둘째, 계몽사상의 일반적인 특징으로 과학적 자연주의의 사상 경향을 들 수 있다. 이 과학적 자연주의도 국가와 지역 간의 차이나 그것을 제창하는 사상가에 따라 다양하게 나타난다. 첫번째 특징으로 들었던 반종교성의 문제와 연관해서 보면, 영국의 이신론理神論의 영향으로 초자연주의적인, 소위 말하는 기적을 인정하는 사고방식을 비판하고, 자연과 세계를 초월한 신이나 영혼은 인정하지 않는 과학적인 자연주의적 주장이 제기되었다. 다른 한편으로, 여기서 한 발짝 더 나아가서 유물론적 사고방식을 강하게 주장하는 견해도 나왔다. 그 극단적인 예는 라메트리가 저술한 『인간 기계론』이다. 이것은 환원주의적인 과학적 자연주의의 단적인 표현이다. 실증주의로부터 유물론적 사고방식과 신新 인간 기계론적 사고방식에 이르기까지, 이러한 사고방식은 오늘날 일본의 철학자들 가운데서도 찾아볼 수 있다. 인간의 행위를 물리주의적 언어로 설명할 수 있다는 입장은 일본 안팎에서도, 특히 유럽과 미국에서도 아직 상당히 뿌리 깊게 남아 있다.

이것과 관련해 "물자체"의 개념에서도 이야기했듯이, 칸트는 지나친 과학적 자연주의의 한계를 정확히 파악하고 있었다. 과학적 자연주의에 한계가 있다는 것에 대해서 칸트는 예리하고 엄중한 점검 작업을 시행했다. 과학 기술의 발전이 어떤 의미를 가지는지, 또 인간의 정신과 사회의 존재 양상에 어떤 영향을 미치는지에 대한 깊은 자각과 반성, 그리고 제3강에서 언급할 자연과의 공존 가능성 문제 등도 그의 사색의 사정권 안에 들어 있었다. 하지만, 칸트가 살던 시대의 과학 기술과 오늘날의 과학 기술은 양적 확대라는 의미에서뿐만 아니라 그 이상의 질적인 의미에서도 차이가 존재한다. 과학 기술이 만들어 낸 영향력이나 유효성과 파괴력에서도 질적인 차이가 존재한다. 칸트의 과학 기술에 대한 견해를 살피면서 이 점을 늘 염두에 둘 필요가 있다.

세 번째 일반적 특징은, 계몽사상 고유의 휴머니즘이다. 이 개념은 일본어로 표현하기 힘든 말이므로 외래어 표기 그대로 사용하겠다. 하이데거의 후기 저작 *Über den Humanismus*는 통상 『휴머니즘에 관하여』라고 옮긴다. 그러나 여기서 über라는 말은 "관하여" 외에도 "초월하여"라는 의미가 있다. 이 논고는 제2차 세계대전 직후에 행해진 프랑스의 철학자 사르트르의 강연 "실존주의는 휴머니즘이다"에 대한 통렬한 비판적 응답으로서 간행된 것이다. 따라서 여기에는 소위 사르트르적인 인간주의적 "휴머니즘을 초월하여"라는 의미가 내포되어 있다. 그렇다면 하이데거의 견해는 반反휴머니즘이라고 볼 수 있는가? 그러나 사태가 그리 간단치는 않다. 하이데거의 주장에는 단순히 실존주의적 인간관에 관한 견해 차이 이상이 포함되어 있다. 그것은 계몽사상을 비롯한 전통적인 인간관 내지는 휴머니즘의 근본 전제에 대해 총체적 비판과 재검토의 필요성을 의도하고 있기 때문이다.

그러면 대체 본래 의미에서의 휴머니즘이란 무엇인가? 이 물음은 매우 어려운 문제이고, 오늘날에도 여전히 큰 논쟁적인 상황을 불러일으키는 근본적인 과제라고 생각한다. 그러나 여기에서는 우선 인간의 이성적 주장을 휴머니즘으로 가정할 것이다. 이런 관점에서 보면, 휴머니즘은 내용적으로는 종교적 또는 초월적 권위와 사회나 국가를 포함한 세속적 권력에 대한 복종이나 굴복을 배척하고, 인간성에 바탕을 둔 자유 의지에 의한 윤리학을 구축하여, 인간성을 존중하고 인간의 존엄을 존중하는 견해라고 말할 수 있다. 조금 전의 말을 사용하면, 종교적 관용이라는 견해에 입각하여 윤리학을 종교나 신학으로부터 독립시켜서 인간 개인의 주체적 자유에 의거시키는 것, 예컨대 "사회계약론"으로 대표되듯이 사회나 국가를 인간에 의한 형성물로서 이해하는 입장이라고 우선 이해할 수 있다.

이런 주장은 이후에 다룰 예정이지만, 이것은 이성적 자연법 또는 사회적 공리성에 사회나 국가의 형성과 성립의 기준 내지는 근거를 구하는 견해와도 관련된다. 인간 개인의 자립성, 주체성, 자유 의지의 존중에 근거하여, 사회나 국가를 인간의 의도와 공동의 작업을 통해 형성하고 바꾸려는 개혁이나 혁명의 중요함을 호소하는 주장은, 위에서 언급했던 휴머니즘의 사상과 불가분의 관계를 맺고 있다. 실제로 칸트의 비판철학의 사상 역시 넓은 의미에서의 자연법적 사고와 계약론적 사고방식에 의거하고 있다. 다만, 이것은 일반적으로 이해되고 있는 것처럼 단순하지 않다. 이에 관해서는 기회가 있으면 다루어 보고 싶다. 여기에서는 "휴머니즘"에 대해 "인간성"이라는 표현도 병용했는데, 칸트의 경우에는 특히 주의를 요하는 용어이므로 나중에 보충 설명을 하고자 한다.

계몽사상의 네 번째이자 마지막 기본 특징으로 들 수 있는 것이 진보 사관이라고 불리는 역사관이다. 앞서 설명한 인간 사회의 이해 방식은 역사의 발자취를 둘러싼 견해에 관해서도 확대 적용된다. 즉, 역사가 진보한다는 생각이 급속히 퍼져 정착한 것이 이 시대이다. 역사는 신의 섭리의 표현 과정이 아니라, 인간의 활동 과정이며, 인간의 목적을 실현하는 과정이다. 그리고 인간 정신의 진보와 사회적 발전의 역사이다. 18세기는 이런 사고

방식이 강한 확신 아래 확대된 시대였다. 그러나 이러한 역사관
은 계몽사상과 같이 소박한 형태를 벗어나서 헤겔의 역사철학
에도 나타나며, 헤겔 역사철학의 신학적 배경과 요소를 탈색하
여 과학적 색채를 띤 마르크스주의의 발전 사관에서도 나타난
다. 그리고 이러한 진보 사관은 마르크스주의의 발전 사관이 크
게 퇴조한 오늘날에도 지역주의적인 색깔을 더하여 새로운 형
태로 주장되고 있다. 예컨대, 현대 사회 · 문명의 막다름을 단순
히 서양 사상이나 구미 문화의 막다름으로 해석하여 그 대체 방
법으로 동양 사상이나 일본 문화가 등장할 차례라고 하는 견해
가 그 대표적 예라고 할 수 있다. 그러나 이러한 견해는 계몽 이
전의 잘못된 현실 인식에 의거하고 있을 뿐만 아니라, 오히려 반
계몽적인 배경을 가지는 경우가 적지 않다. 따라서 단순히 "서
양이 안 되면 동양 · 일본이 있다"라는 식의 주장에 대해서는 비
판적인 검토가 반드시 필요하다.

예를 들면, 오늘날 자연 환경이 세계적 규모로 파괴되면서 생
겨난 다양한 문제점이 지적되고 있다. 이에 대해서 자연과학이
만들어 낸 문제는 자연과학의 진보, 발전에 의해 해결 가능하고
극복할 수 있다는 사고방식이 오늘날에도 여전히 강력하다. 이
것은 특히 자연과학계의 전문가나 연구자에게서 많이 볼 수 있
는 견해인데, 이 견해의 밑바닥에도 18세기 이후 역사의 진보에
대한 사고방식, 즉 과학 기술의 진보 · 발전이 인간의 생활을 개
선할 수 있고 인간성에도 이바지할 수 있다는 사고방식, 시대가
나아가면 그만큼 모든 것이 좋아진다는 사고방식이 깊이 뿌리
를 내리고 있다. 최근에 서양의 포스트모더니스트들은 역사의

진보와 과학 기술 발전의 성과에 대해 냉소주의cynicism와 허무주의nihilism의 경향이 강한 부정적 · 회의적 문제 제기를 하고 있다. 그러나 일반 사람들의 생활 의식과 많은 과학자들에게서 볼 수 있는 과학에의 신뢰는, 특히 일본인의 경우에는 변함없이 매우 뿌리 깊은 구석이 있다. 그것은 그저 위기감의 결여에 의한 것뿐만이 아니라, 시대 의식과 사회 구조, 그리고 인간 정신에 대한 비판적 기능과 판단력의 쇠퇴와 결여에 바탕한 것으로 여겨진다. 여기에서도 비판철학의 정신에 새삼 다시 눈을 돌릴 필요성이 제기된다.

사실 칸트는 이런 진보 사관이 상당히 널리 퍼진 시대에 살았음에도 불구하고, 당시 독일 진보 사관의 입장에 선 사람들과는 달리, 단순히 문화나 문명의 전개에 의해 인간성이 개선되어 도덕적으로 선해진다든가 또는 인간 사회가 단순히 진보, 발전한다는 입장을 취하지는 않았다. 물론 칸트 역시 역사의 진보라는 사상을 주장하였다. 그러나 비판철학의 역사관은 복잡하게 뒤엉켜 있어서 18세기의 진보 사관에 환원되지 않는 측면이 있다. 우선, 칸트는 문화나 문명의 진보 · 발전이 가진 부정적 면을 깊이 자각하고 있었다. 그것은 『판단력 비판』 등에서도 지적되고 있는 것인데, 문화 · 문명의 진보를 그는 "찬란한 비참함"이라는 말로 표현하고 있다. 이것은 극히 역설적인 표현이다. 이 지적은 『계몽의 변증법』의 사고방식과도 통하는 측면이 있다. 여기에 관해서는 나중에 다루기로 하겠다.

그러나 그렇다고 해서 칸트가 루소처럼 자연으로 돌아가라고 하는 입장, 즉 인류의 문화 또는 문명화 과정을 전적으로 부정적인 것으로, 즉 단순한 추락으로 생각하는 일종의 문화 멸시의 입장을 채택한 것도 아니었다. 칸트는 분명 루소로부터 그런 문제의식을 받아들이면서도, 자기 나름의 독특한 방식으로 인간의 역사를 새로운 관점에서 살펴보고 있다. 칸트는 Kultur("문화")라는 개념과 Zivilisation("문명")이라는 말을 구별해 사용하고 있다. 칸트에게 있어서 좁은 의미에서의 "문화"라는 것은 인간 능력의 개발·개화를 가리킨다. 이 "문화"에는 개인적인 차원과 인류적인 차원이 있다. 개인적인 차원에서의 능력 개발은 소위 교육에 해당한다. 교육의 과제와 전제는 교육 철학적인 고찰의 대상이 된다. 참고로, 18세기에는 교육학의 전문가가 아직 없었기 때문에 칸트를 포함하여 철학자들이 교육학 강의를 담당하고 있었다. 그래서 칸트도『교육학 강의』를 출간하였던 것이다.

다음으로 인류를 주체로서 봤을 경우, 이것은 지금까지 언급해 온 역사 진보의 문제가 된다. 진보의 담당자가 개인이 아니라 인류 전체이기 때문이다. 이것은 나중에 언급할 아렌트에 의한 칸트의 역사철학 비판의 문제와도 연관된다. 여기서 한마디 해두자면, 개인의 자유, 그중에서도 도덕적인 선을 실현하려고 하는 행위와 인류 전체의 입장에서 본 자연 목적론이 서로 대립 또는 모순 관계에 있다는 비판이다. 이것을 현대적으로 표현하면, 개인의 자유와 전체주의적 입장이 서로 부정합적이라는 비판이다. 이와 관련하여 객체적 의미에서 문화와 문명을 분류하는 사고방식은, 영국이나 프랑스와는 조금 다른, 독일식의 정신주의 경향이 강한 사고방식이다. 즉, 정신문화와 물질문명이라는 분류 방법은 상당히 독일적인 관점이다. 그러나 칸트에게 있어서 "문명"을 의미하는 Zivilisation은 어원적 의미 그대로 시민화, 즉 "키비타스civitas"를 의미하는 말이다. 그런 의미에서 오늘날 "문화"나 "문명"이라고 할 경우, 칸트의 용어법에서는 "문명"이라는 의미로 이해하는 편이 알기 쉬우리라 생각된다.

칸트는 이러한 역사관이나 문화·문명관을 가지고 역사 문제를 고찰하면서, 크게 세 가지 관점에서 논의를 전개하고 있다. 즉, 비판철학 안에는 역사관 ― 당시에는 아직 역사과학이 아니라 역사철학이었는데 ― 에 관하여 첫째, 역사의 기원에 관한 문제, 둘째, 역사의 현 단계의 자리매김에 관한 문제, 셋째, 역사의 미래, 장래에 관한 문제, 이렇게 세 가지 역사 고찰의 관점을 가지고 논의하고 있다. 먼저 역사의 기원에 관해서는『계몽이란 무엇인가』출판 2년 후인 1786년에『추측해 본 인류 역사의 기원』을 썼다. 이것은 역사의 시작 내지는 기원에 관한 논고이다. 다음으로, 역사의 장래에 관해서는『세계시민적 견지에서의 보편사의 이념』(1784)에서 주로 논하고 있으며, 이것은 역사의 목적 내지는 미래, 장래를 염두에 둔 논문이다.

그리고 역사의 현재, 현 단계를 주제화한 것이 이번 강의의 주제이기도 한 "계몽이란 무엇인가"라고 하는 논고이자 문제이다. 칸트에게 있어서 현대, 즉 "계몽"의 시대는 역사적으로 볼 때 어떤 시대였는가? 이미 지적한 바와 같이 칸트는 '이 시대는 "계몽"이 완성된 시대인가'라는 물음을 스스로 제기하고, '그렇지 않고 "계몽"이 완료되었다고는 말할 수 없는, 오히려 아직 계몽의 과정에 있는 시대"라고 진단하였다. 이렇게 칸트는 비판철학의 세 가지 관점에서 역사에 대한 철학적인 고찰을 시행하고 있다. 이 책에서는 지금 말한 관점에서 "계몽"이 가진 의미와 그 사정을 분석했다.

따라서 다음에는 이 질문들의 전제가 되는 칸트의 "계몽"의 정의에 대해 『계몽이란 무엇인가』의 논술 내용을 바탕으로 살펴보고, 오늘날까지도 다양한 논쟁과 칸트 계몽관의 해석·비판의 중심 주제가 되고 있는 논점을 다루어보고자 한다.

2. 『계몽이란 무엇인가』에 대하여

1. 칸트의 "계몽"의 정의와 표어

우선 칸트의 유명한 "계몽"의 정의에 대해 가볍게 훑어보고자 한다. 이 논문의 서두에서 칸트는 계몽이란 인간이 자신의 미성년인 상태, 미성숙한 상태로부터 벗어나는 것이라고 정의하고 있다. 인간이 미성숙 내지는 미성년의 상태로부터 벗어나 성숙된 성년의 상태에 달하는 것이 계몽이라고 말하고 있다. 이 경우, 우선 주의해야 할 점은 바로 미성숙이나 미성년이라는 단어의 의미이다. 이것은 물론 육체적·신체적 의미가 아니다. 어린이가 청년이나 어른이 되는 것을 의미하는 것은 아니라는 것이다. 그것은 정신적인 의미를 가리키는 것이다. 따라서 미성년이나 미성숙의 상태는 인간이 자기 자신의 오성에 따라 생각하지 않고 선입견이나 타인의 의견에 지배받고 있는 상태를 가리키는 것이다. 이 정의는 오늘날까지 수많은 논의와 논쟁을 불러일으킨 문제이다. 이것은, 현대식으로 풀어서 말하면, 자립심을 양성하는 것 또는 자기책임의 중요성을 주장하고 있는 것으로 해석할 수 있다.

또한 칸트의 "계몽"의 정의의 근본에는 이러한 미성숙한 상태에서 벗어남으로써 그곳으로부터 성숙으로 전진한다는, 다시 말하면, 자주 독립의 사고 내지는 정신을 구축하여 무엇이든 자기 스스로 생각하는 것이 중요하다는 생각이 담겨 있다. 이러한 생각은 일본의 교육 현상이나 사회 형편을 되돌아볼 때 가장 결여된 부분이며, 지금 가장 필요한 부분이기도 하다. "세간世間"의 정체불명의 선입견이나 암묵적인 사회적 규제나 폭력적 질서에 스스로를 맡기고 그런 것들에 의해 지배받는 것에 익숙해져 있는 사람들이 생각보다 많은 것이 일본의 현실이다. 이러한 현실을 감안할 때, 칸트의 "계몽"에 대한 정의는 문자 그대로 현대 사회의 성숙도를 비추어내는 거울의 역할을 한다고 할 수 있다.

더욱이 칸트는 "계몽"의 표어로서, "현명하라," "자기 자신의 오성을 사용할 줄 아는 용기를 가지라"는 독특한 말을 남겼다. 그러나 스스로 생각하라고 하는 것은, 타자로부터 고립하여 서재나 집에 틀어박혀 오로지 혼자 생각하라는 뜻이 아니다. 이 주장은, 단순한 지식의 획득, 사고 능력의 계발이라는 뜻에 그치지 않는다. 오히려 이 주장에는 나중에 다루게 될 실천적 의미가 담겨 있다. 여기에도 칸트의 계몽관의 독자성이 나타나 있다. 앞부분에서 시사한 바와 같이, 18세기의 80년대는『계몽이란 무엇인가』의 끝에 붙은 "주註" 부분에서 칸트 자신이 언급하고 있는 바와 같이 "계몽"을 둘러싸고 여러 철학자, 사상가들이 격렬한 논의를 주고받았던 시기이다. 칸트와 동시대인이면서 서로 존경하던 사이인 모제스 멘델스존도 거의 같은 주제를 다루고 있었는데, 칸트는 같은 잡지에 그러한 사실 관계도 모른 채 이 논문을 실었다.

여기서 주의할 점은 멘델스존을 포함한 많은 계몽사상가들과는 달리 칸트가 "계몽"이라는 개념을 지극히 실천적인 의미로서 이해하고 있다는 것이다. 앞에 시사한 바와 같이, 통상적인 의미로서 "계몽"이란 "무지몽매함을 깨우친다"는 것이기에, 이것은 기본적으로 이론적인 의미로 해석된다. 그러나 칸트는 오히려 실천적인 의미로서 그것을 문제 삼고 있다. 그렇다면, 이경우에 실천적인 의미란 구체적으로 무엇을 말하는 것인가? 이점에 대하여 추적해 보자.

2. 계몽을 곤란하게 하는 것과 촉진시키는 것

우선 칸트의 논증 순서를 따라 설명해 보자. 칸트는 위에 기술한 바와 같은 표어를 내걸면서, 한편으로는 계몽을 곤란하게 하는 이유를 제시하고, 이와 함께 다른 한편으로는 어떻게 하면 계몽을 촉진시킬 수 있을 것인가라는 문제를 동시에 해결하는 방법을 채택하고 있다.

첫째, 계몽을 곤란하게 하는 이유라는 표현을 전체적으로 이해하기 위해서는 바로 "성숙" 또는 "성년"이라는 단어의 의미

를 올바로 이해하는 것이 중요하다. 성숙" 또는 "성년"이라는
단어가 갖는 자연적인 의미는 보통 성인이 된다는 의미이다. 칸
트는 이런 의미와 오성의 사용과 관련된 "성숙하다" 또는 "성년
이 되다"라는 의미를 구별하여 논의를 전개하고 있다. 대다수의
사람들이 미성숙 또는 미성년의 편안함에 익숙해져 버려서 이
른바 미성년 혹은 미성숙의 상태라면 당연히 법적으로 후견인
이라는 것이 있기 마련이다. 단적으로 말해 보호자라고도 불리
는 이러한 후견인들에게 제어되거나 또는 지도받으면서 성숙
내지는 성년으로 나아가는 것을 번거롭게 여기고 위험하다고
생각하는 것, 바로 여기에 계몽을 곤란하게 하는 첫 번째 이유가
있다고 칸트는 지적하고 있다.

이 견해를 발전시켜 심층 분석하면서 칸트는 인간의 본성인
태만Faulheit을 발견해 낸다. 그리고 자주 "비겁"이라고도 번역되
는 겁 많은 성격이 지적된다. 이 태만과 비겁Feigheit은 인간이 태
어나면서 갖는 본성에 속한다. 칸트는 이것에 계몽을 곤란하게
하는 이유가 있다는 매우 흥미 있는 통찰을 보여 주고 있다. 여
기에다가 가장 만년에 간행된 『인간학』에서는 허위Falschheit, 거
짓말을 덧붙이고 있다. 이 세 가지 마음의 모습은, 독일어로 셋
다 "F"로 시작한다. 따라서 "세 개의 F"라고도 일컬어지는데, 이
태만과 비겁과 허위, 이것을 인간의 세 가지 배덕이라고 신랄하
게 비판하고 있다.

요컨대, 계몽이 곤란한 것은, 한마디로 말해, 인간의 본성에 바
탕을 두고 있기 때문이다. 그래서 계몽을 진척시키는 일이 곤란
하고, 따라서 드물다고 칸트는 지적하고 있다. 여기서 "강한 의

지를 가져라," "용기를 가져라"라는 표어가 나오게 되는 것이다. 이러한 태만이나 비겁은 일반적으로 말하면, 의지의 나약함, 결단력의 결여에 의한 것이다. 여기에서 칸트는 "계몽"의 곤란함이 단순히 시대적 제약에 제한된 것이 아니라, 시대나 사회를 초월한 인간의 성격, 특히 의지나 결단력의 나약함에 기인한 것임을 말하고 있다.

다만, 칸트가 이해한 인간의 본성이나 의지 및 결단력의 내용이 오늘날 어디까지 타당한 견해인가 하는 것에 대해서는 당연히 얼마든지 의문이 제기될 수 있을 것으로 생각된다. 그러나 지금까지 살펴본 것만으로도 칸트의 "계몽"에 대한 이해가 결코 18세기의 유럽에만 타당한 견해가 아니라는 것은 자명한 일일 것이다. 일찍이 사르트르는,『변증법적 이성 비판』의 서론인「방법의 문제」에서 "아는 것은 변하는 것이다"라고 설파하였다. 이 주장은 칸트의 견해와 가장 깊은 부분에서 겹쳐진다고 생각한다. 지식을 얻어 그것을 아무리 쌓아 올린다고 해도, 인간이 조금도 변하지 않는다면, 안다는 것이 무슨 의미가 있겠는가? 칸트가 주창하는 "계몽"에 대해서도 똑같은 말을 할 수 있다. 무지몽매를 일깨우는 일은 인간의 본성에 깃들어진 태만한 성격을 바꾸고, 행해야 할 행위를 실행하는 강한 의지와 용기를 요구하는 것임에 틀림없다.

그렇다면 어떻게 하면 계몽을 촉진할 수 있을까? 계몽을 촉진하는 것은 무엇인가? 결론부터 말하면, 칸트는 이성의 사용법을 개인적 사용법과 공적인 사용법, 2가지로 구별함으로써 계몽을 촉진시킬 수 있다고 언명하고 있다. 이 착안은 매우 흥미로운 논의인 동시에 문제를 내포하고 있는 견해이기도 하다. 이 경우 칸트는 개인적인 수준과 대중적인 수준, 그리고 전 인류적인 수준으로 나누어서 고찰하고 있다. 말하자면 "계몽"의 주체를 『순수이성 비판』의 범주(카테고리) 표에 대응시키면, 단일성, 다수성, 전체성에 대응하는 것과 같은 방식으로 고찰하고 있다. 특히 다수성과 전체성의 구별은 칸트 논의의 약점이며, 반드시 명확하게 구별되는 것은 아니다. 이것에 대해서는 제3강의 주제인 다원주의 및 가류주의可謬主義의 문제에서 다루도록 한다.

우선 칸트는 개인의 수준에서 한 사람 한 사람이 개별적으로, 단독으로 미성숙한 미성년의 상태에서 벗어나는 일은 어렵다는 진단을 내리고 있다. 하지만 왜 그런 것인가? 그 이유는 간단히 말하면 여러 가지 사회 제도 혹은 생활 형태가 한 사람 한 사람의 인간이 미성숙의 상태로부터 벗어나는 것을 방해하고, 미성년 상태를 존속시키는 장애물이 되기 때문이라고 칸트는 지적하고 있다. 이 설명은 앞에서 지적한 점과 그다지 다르지 않은 것 같다. 우리 시대의 상황으로 옮겨 생각해 보면, 세상에는 여러 가지 규칙과 의리나 속박이 있게 마련인데, 그러한 것들을 우리들이 한 사람 한 사람 개인적인 차원에서 일거에 변혁해 나가는 일은 매우 어려운 일이다. 실제로 커다란 저항이나 장애가 있어, 이른바 체면이나 의리, 인정처럼 눈에 보이지 않는 세속적인 구속력이 강하게 작용하고 있을 뿐만 아니라, 동시에, 아니 그보다 앞서 자기억제가 작용하는 경우도 없지 않다. 이렇게 보면 한 사람 한 사람이 개인적으로 이러한 기존의 제도, 즉 자립을 방해하는 질서나 규범에 대항해 가는 것이 매우 어렵다는 것은 오늘날에도 마찬가지이다. 게다가 18세기 유럽의 개발도상국인 동프로이센 땅에서 생활하였던 칸트의 생활 조건 아래에서는 현대 사회보다 월등히 어려웠을 것임을 쉽게 짐작할 수 있다.

그러한 점에서 칸트가 주목한 것은 대중 수준에서의 변혁의 가능성이었다. 칸트는 대중의 자기 계몽이 가능하며, 오히려 용이하다는 진단을 내리고 있다. 즉, 인간에게 자유를 주기만 하면 반드시 계몽은 실현된다. 이렇게 그는 단언하고 있다. 그러나 왜 그런 것인가? 칸트에 의하면, 대중의 후견인으로 임명된 사람들, 예를 들어 학자들 중에서도 그 자신의 키워드인 Selbstdenker, "스스로 생각하는 사람"이 있기 때문이다. 이것을 칸트는 다른 논문에서 "철학자"라 바꿔 말하고 있는데, 이렇게 "스스로 생각하는 사람"이 있기 때문에 대중 수준에서 계몽이 가능하다. 이러한 사람들이 미성년 상태로부터 탈출하면, 이윽고 다른 사람들에 대해서도 계몽하려는 작업을 수행한다. 이러한 사람들의 계몽 활동의 영향으로 다수성 및 전체성 수준의 계몽이 가능하게 된다는 것이다. 즉, 칸트는 계몽을 추진하는 주체라는 것을 다수성 내지는 전체성 수준에서 고려하고 있다. 이 다수성 및 전체성 수준에서의 주체에 대한 신뢰에 대해서는, 특히 인류라는 전체성의 범주에 계몽의 추진이라는 역사의 담당자로서의 역할을 부여하는 것에 대해서는 오늘날 커다란 논란의 대상이 되고 있다.

이렇게 계몽을 달성해 나가는 데 있어서 필요한 것은 인간이 자유로워야 한다는 것이다. 그러나 "자유"라는 말은 지극히 다의적이다. 실제로 칸트에게 있어서도 "자유"는 다양한 의미로 사용되는 용어인데, 이러한 경우 자유란, 이성을 공적으로 사용하는 자유를 의미한다. 그렇다면 이성을 공적으로 사용한다는 것은 무엇인가? 사적인 이성의 사용 방법과 어떤 차이가 있는가? 어떤 식으로 이성을 공적으로 사용함으로써 계몽을 추진할 수 있는가? 이러한 의문에 대한 답이 다음 과제가 된다.

3. 이성의 사적 사용과 공적 사용

이러한 논의는 칸트의 독자들을 혼란스럽게 할 가능성이 있다. 왜냐하면 칸트는 오늘날의 통상적인 이해와 어떤 의미에서는 정반대의 내용을 논의하고 있기 때문이다. 그러므로 칸트 자신이 다루고 있는 실례를 사용하면서 이야기를 전개하는 편이 적절하지 않을까 생각된다. 여기에서 이성의 공적 내지 공공적인 사용이라는 것은 단적으로 말하면, "세계시민Weltbürger"의 입장에 서서 이성을 사용하는 것을 뜻한다. 여기서, 칸트와 그 시대에 사용된 "공공적"이라는 단어의 용법에 유의할 필요가 있다. 우선 유럽의 공통 언어는 라틴어인데, 특히 학자, 지식인의 세계가 그러한 공공권公共圈으로 간주된다. 세계시민은 그러한 공공권에 참가하는 사람들, 즉 우리들이 말하는 학자, 지식인을 이르는 말이었다. 그러한 학자, 지식인들을 칸트는 세계시민이라고 칭하고 있다. 국경을 넘어, 근대의 국민 국가의 틀을 초월한 "세계시민"이라는 긍정적인 의미로 이 말을 사용하게 된 것은 훨씬 후대의 일이다.

그렇다면 이성의 공적 사용이란 유럽의 학문 세계를 중심으로 한 순전한 학자 내지는 지식인인 "세계시민"의 입장에서 대중에게 이성을 사용하는 것, 즉 의견을 내놓거나 논평한다는 의미가 된다. 다만 여기서 말하는 학자는 반드시 직업적인 의미로서의 학자만을 의미하는 것은 아니다. 따라서 칸트는 만인이 그러한 시민이 될 수 있다고 생각하고 있었다. 이것은 중요한 포인트이다. 즉, 모든 사람이 "세계시민"이 될 수 있는 가능성을 가지고 있다는 것이 중요하다. 여기서 "세계시민"은 실제로 존재하는 지식인층을 가리킬 뿐만 아니라, 만인이 그러한 시민이 될 수 있는 가능성, 즉 실현되어야 할 이념의 의미로도 사용되고 있기 때문이다.

그러면 이성의 사적 사용이란 무엇인가. 칸트에 의하면, 일정한 닫힌 공동체 혹은 조직의 직무에 있어서 그러한 조직, 공동체의 구성원인 대중에 대하여 그 구성원의 일원으로서 특정한 입장에서 자신의 이성을 사용하는 것, 이것을 이성의 사적 사용이라고 한다.

이러한 설명만으로는 아직 모호한 점이 있다. 『계몽이란 무엇인가』를 읽어 보지 않은 사람에게는 이해하기 어려울 수도 있다. 칸트가 제시한 구체적인 예를 들어 설명해 보자. 그는 군대라는 조직의 장교, 세금을 징수하는 재무관, 교회 제도의 성직자를 들고 있다. 장교는 자유롭게 논의해도 좋다. 세계시민의 입장에서 "이러한 군대 제도는 이상하다"고 비판하는 것과 같은 여러 가지 논의를 얼마든지 개진해도 좋다. 다만, 자신이 군 장교로서 군의 규칙을 지켜야 할 입장에 있을 때에는 그것을 엄격하게 지켜야만 한다. 재무관도 마찬가지이다. 그리고 성직자들도 마찬가지이다. 재무관의 경우, 대중의 납세는 거부할 수 없는 것이며, 국민인 이상 납세의 의무를 이행해야만 한다. 하지만 재무관은 한편으로 "세계시민"의 입장에 서서 이성을 공적으로 사용할 수도 있고, 다른 한편으로는 이성을 사적으로 사용할 수도 있다. 재무관은 이성의 사적 사용의 장면에서는 직무에 충실하지 않으면 안 된다. 그러나 재무관은, 학자로서 "세계시민"의 입장에서 납세의 옳고 그름이나 부당성, 문제점을 서류로 작성하여 독자에게 견해를 공표하는 일이 허락된다. 자유롭게 논의할 권리가 보장되어 있는 것이다. 즉, 언론이나 출판의 자유는 보장되어야 한다. 이것이 바로 이성의 공적 사용이다. 따라서 직위상의 사용이라는 것은, 오늘날 우리가 통상 "공직" 또는 "공무" 등을 지칭할 때 해당하는 것이지만, 칸트의 용어법에서는 역으로 사적 사용으로 불리게 된다.

그러므로 칸트가 사용하는 "공적" 또는 "사적"이라는 용어법은 군대, 교구, 국가와 같은 조직의 공간적인 전개와는 관계가 없다. 우리들은 보통 개인이나 국가와 같은 공간적으로 한정된 경우를 "사적"이라고 하며, 사회적 지위나 직무상의 경우를 "공적"이라고 이해하고 있다. 하지만, 여기에서는 거꾸로 해석해야 할 필요가 있다는 것에 유의해야 한다. 또한 여기에서는 어느 한 인간이 두 가지 입장에 모두 서 있을 수 있다는 것을 이해하는 것이 중요하다. 특정한 직무상의 입장에 서 있는 경우에, 그 사람의 이성은 사적으로 사용되고 있는 것이다. 그러므로 그의 언동은 그 직무를 수행한다는 의무를 벗어날 수 없으며, 그것에 한정되어야만 한다. 이런 경우에는 여러 가지 제한을 피할 수가 없

다. 그러나 특정한 직무를 떠나서 이른바 세계적인 관점에서 볼
때, 즉 "세계시민"의 입장에 설 경우에 그 사람의 이성은 공적으
로 사용되고 있는 것이다. 그러므로 그는 직무에 대해서 자유롭
게 여러 가지 비판이나 의문을 제기할 수 있으며, 또 그러한 자
유는 보장되어야만 한다. 그러므로 이성의 공적 사용은 언제나
무조건적으로 자유로워야만 하고, 언론·출판은 제한되어서는
안 된다. 그것에 비해 사적 사용이란 때에 따라서 분명하게 한정
될 수도 있다. 나아가서 칸트는 이성의 사적 사용으로 인해 계몽
의 진보에 방해받는 일이 있어서는 안 된다고 언명하고 있다.

　그러나 이러한 칸트의 설명에 의문을 갖는 사람들도 적지 않
을 것이다. 이 두 가지 이성의 사용이 모순 없이 정합적으로 조
화를 이룰 수 있는가? 이에 대해서는 당연히 논란의 여지가 있
으며, 이것을 납득할 수 없다고 생각하는 독자도 적지 않을 것이
다. 우선, 이런 점에서 주의를 촉구하고 싶은 것은, 칸트 자신도
이미 어느 정도 이러한 문제를 자각하고 있었다는 점이다. 둘째
로, 칸트는 이성의 공적 사용과 그것을 최대한 활용함으로써 계
몽을 추진해 나가는 것에 역점을 두고 있었다는 점이다. 군인은
직무상 군무를 충실하게 수행해야 하지만, 다른 한편으로 학자
로서 군사 평론가의 입장에 서서, 즉 "세계시민"의 입장에서 군
사 제도의 결점이나 문제점을 비판할 수 있는 자유를 갖는다. 이
것이 공적 사용의 자유이며, 이것은 보장되어야 한다는 것이다.
마찬가지로 성직자는 교회 조직의 한 역할을 담당하는 자로서
교회의 신조나 교리문답에 따라 설교하는 의무를 위반할 수 없
다. 그러므로 이성의 사적 사용은 제한된다. 하지만 다른 한편으

로 신학자로서 그것에 대해 의문이 있으면 책을 저술하여 공표하고 비판할 자유를 갖는다. 이것이 제한되어서는 안 된다. 그러나 칸트는 이러한 교회의 신조와 자기의 내면적 신앙과 모순되는 일이 없어야 한다고 주장하면서, 만일 자신의 신앙과 교회의 신조가 모순될 때에는 직업을 그만두어야 한다고 말하고 있다. 여기서 칸트는 이성의 사적 사용보다 공적 사용을 우선시해야 하며, "세계시민"의 입장에 서야 한다고 주장하고 있다.

여기서 자기 자신에게 솔직해야 한다는 것과 양심에 따라야 한다는 것의 중요성을 읽을 수 있다. 이것은 칸트의 도덕주의적인 사고방식의 표현이라고 볼 수 있다. 또한 앞에서 언급한 18세기 계몽사상의 특징 중 하나인 반종교성이나 종교적 관용과의 관련도 지적할 수 있다. 칸트 자신도 1790년대 전반에 『단순한 이성의 한계 내에서 종교』라는 논고를 발표하였는데, 이것이 검열에 걸려서 종교 문제에 대한 강의나 출판 활동에서 표현의 자유를 제한당하는, 이른바 언론 탄압을 당하였다. 『계몽이란 무엇인가』는 이 사건이 있기 약 10년 전에 쓰여진 것인데, 그것을 예고하고 예언하는 듯한 일이기도 했다. 이런 식으로 계몽의 주체, 계몽의 추진이 기본적으로 인류적인 입장에서, 그야말로 역사철학적인 관점에서 언급되고 있다.

방금 전에 제시한 계몽을 추진할 때에 가장 유해한 것이 두 가지 있다. 하나는 성직자의 교회 제도이다. 이것은 방금 전에 이야기한 것의 연장선상에서 이해해 주길 바란다. 즉, 종교상의 문제인데, 신앙 그 자체의 문제라기보다 당시의 교회 제도의 문제이다. 당시의 언론의 자유를 통제하던 검열 제도의 담당자는 실제로 성직자였거나, 신학부의 교수들이었다. 특히 독일과 같이 문화적·정치적으로 미성숙한 국가에서는 종교와 관련된 교회의 제도를 비판하거나, 통설이나 공적으로 승인된 성서 해석과 이질적인 해석을 주장하는 일은 매우 위험한 일이었다. 교회나 성직자들은 시대의 변화와 상관없이 대중에게 허용된 교의만을 강제로 가르치려 한다. 이것은 인류에게 있어 계몽의 진보를 가로막는 매우 유해한 방법임을 칸트는 강조하고 있다. 칸트는 그것이 인류의 신성한 권리를 침해하는 것이라고 잘라 말하고 있다. 인간의 본성에 대한 범죄라는 것이다. 이러한 견해만으로도 교회 측이나 계시 종교를 적극적으로 추진하는 사람들의 눈에는 칸트가 매우 위험한 인물로 보이기에 충분했을 것이다. 오늘날에도 "신"에 대한 "모독"이라는 이유로 많은 사람이 생명의 위협을 받거나, 신변의 위협을 받는 것이 현실이다. 이런 것으로 보아 안타깝게도 칸트의 이 비판은 오늘날에도 여전히 유효하다고 말할 수밖에 없을 것이다.

　다른 하나는 독일의 후진성과 불가분한 관계에 있는 군주의 역할에 대한 문제이다. 칸트는 현대, 즉 자신이 살고 있는 시대가 이미 계몽된 시대인가라는 물음에 대하여, '그렇지 않다, 아직 계몽이라는 것이 완전히 실현된 시대가 아니며, 계몽이 이루어지고 있는, 계몽이 진행되고 있는 시대'라는 인식을 제시한 바 있다. 그때, 군주의 역할, 즉 국왕인 프리드리히 대왕의 역할을 상당히 적극적으로 평가하고 있는데, 그 근저에는 입헌 군주제를 염두에 두고 있는 것이다. 군주의 입법적 권위는 기본적으로 전 국민의 의지를 자신의 의지로 총합시키는 데 있다. 즉, 군주의 의견이라는 것이 실은 전 국민의 의지를 대표하고 있는 것이며, 또 그래야만 한다는 것이다. 그리고 칸트는 프리드리히 대왕이 이성의 공적 사용, 언론의 자유나 신앙의 자유 등을 기본적으로 보장하고 있다는 인식을 가지고 있었다. 그래서 그는 현대는 계몽의 시대이며, 프리드리히의 시대라고 천명하였던 것이다. 이 주장은 군주제를 긍정하는 보수적인 사상으로 여겨져 왔다. 후에 마르크스주의자를 비롯한 좌파 사상가들로부터 특히 혹독한 비판을 받았다.

이 비판은 당장은 잘못된 것이 아니라고 할 수 있다. 하지만 이것만으로는 표면적인 해석에 그치고 있다고 생각된다. 칸트의 진의는 계몽 군주제의 존재를 후진국 독일의 현상에서 일단 긍정하고, 그것을 통해 오히려 국왕의 역할을 교묘하게 제한하는 것이었다. 즉, 국왕, 군주가 하는 일이 국민의 상호 행복의 증진을 저해하지 않도록 하는 것이다. 오히려 국민의 복지나 행복을 촉진하는 것에 국왕의 역할이 있으므로, 국민의 의견에 간섭하거나, 국민의 저작을 정부가 검열하여 출판을 금지하는 일이 있어서는 안 된다. 그리고 그러한 일은 국왕의 존엄성에 어긋난다. 이렇듯 군주의 역할을 견제하는 데에 목적이 있었던 것이 아닌가 생각된다. 칸트는 표면상으로는 군주제를 제도로서 승인하면서도 교묘하게 군주의 역할을 제한해 나가는 식으로 극히 전략적인 방법을 사용하고 있었다고 생각하는 편이 적절하다. 이런 식으로 그는 현대가 계몽이 진행되고 있는 시대라고 말했다. 바꿔 말하면 정치 제도 자체의 계몽화를 의도하고 있었다고 해도 좋을 것이다. 이것을 하버마스 식으로 표현하면, 근대의 기획이 미완으로 진행되고 있다는 인식과 유사하다고 말할 수 있을 것이다.

요컨대, 이것은 프리드리히 대왕이 입법에 관해서 이성의 공적 사용의 자유를 국민에게 제공해 주고 있다고 칸트가 판단한 것으로부터 발생한 평가이다. 그러므로 [칸트가] 프리드리히 대왕 자신의 언어로써, 예를 들어 국민을 향하여 "그대들은 얼마든지, 또한 어떠한 일에 있어서도 의지대로 자유롭게 논의하라. 단 복종하라"라고 하였던 것이다. 이 경우에 "의지대로 논의하라"라는 것은 위에서 서술한 이성의 두 가지 구별에 있어서 이성의 공적 사용의 자유를 전면적으로 인정하고 있으며, "단 복종하라"라고 말하고 있는 것은 사적 사용의 제한을 논하고 있다고 해석할 수 있다. 이리하여 칸트는 당시 독일에 대해 계몽이 진행되고 있는 시대라고 주장했던 것이다.

이것은 이후에 다루게 될 『계몽의 변증법』과도 관계가 있다. 이를테면 자유의 역설 문제에 대한 칸트의 언급은 표면적으로 해석하면 보수적인 시각을 지니고 있다고 보일 것이다. 실제로, 종래에는 이것이 정통적인 통설이었다. 한편에서 그토록 자유의 중요성을 제창한 칸트가, 여기서는 시민적 자유가 과도하게 증대하면, 즉 자유라는 것이 남용되면 오히려 계몽에서는 부정적이 된다고 저술하고 있다. 일반적 이해에 따르면, 시민의 자유, 시민적 자유가 확대되면 확대될수록 인간 정신의 자유에 있어서도 유리하다고 생각한다. 그러나 칸트는 그렇게 생각하지 않았다. 그렇게 되면 오히려 인간의 자유에 대하여 극복하기 어려운 제한을 가하게 되고 만다. 즉, 인간은 다른 인간에 대해 자신의 자유를 남용하여 타자를 제한하고 상처 입히게 되는 결과를 낳게 된다는 것이다.

그리고 이것도 읽는 방법에 따라 여러 가지 해석이 가능한데, 칸트는 시민적 자유는 어느 정도 낮은 쪽이 오히려 정신적 자유에 힘을 불어넣어 스스로에게 확충해야 할 여지를 부여한다고, 어떤 의미에서는 자유를 다소 제한하는 듯한 표현마저 하고 있다. 이것도 역시 문제를 안고 있는 발언이라고 생각한다. 칸트가 말하고자 했던 것은 사회 질서와 공적 질서의 중요성과 필요성, 그리고 외부 세계에 있어서 혁명보다 착실한 개혁의 중요성과 필요성을 호소한 것이라고 생각된다.

그에 비해 정신, 내면의 영역 내지는 신앙의 영역에서는 결단 내지 진정한 뉘우침, 즉 정신의 혁명을 주장한다. 그는 이러한 두 가지 사고방식을 사용하고 있었던 것이다. 이것은 칸트의 법론의 문제, 국가 제도, 법질서의 문제의 이해와 깊이 관련되어 있다. 이러한 칸트의 사상은 오늘날 사회철학이나 정치철학에서 계속해서 논쟁이 이루어지고 있는 자유지상주의libertarianism와 공동체주의communitarianism의 상호 비판의 논점과도 연결된다. 칸트의 자유론에 대해서는 다른 기회에 다루어 보고자 한다.

4. 칸트의 "계몽"의 중심에 위치하는 것: 세계시민주의

이 절의 결말로서 "세계시민"이라는 말의 개념사적인 설명과 더불어 "세계시민" 및 "세계시민주의"의 의의에 대하여 위에서 언급한 칸트의 "계몽"의 재평가와 관련하여 알아보도록 하자.

"세계"에 대응하는 독일어 Welt는 "세간世間"으로 번역되기도 한다. "세계"는 그리스어의 "코스모스"에서 따온 것으로, Weltbürger란 "코스모폴리테스"라는 그리스어의 독일어 번역이다. "코스모폴리테스"는 알렉산더 대왕과의 대화로도 유명한 고대 시노페의 디오게네스에게서 유래한다. 디오게네스는 이른바 "준선인樽仙人"이라고 불린 유명한 인물인데, 그가 사람들로부터 "당신은 어느 나라 사람입니까?"라고 질문을 받았을 때에 "나는 세계시민이고, 코스모폴리테스다"라고 대답했다고 한다. 코스모폴리테스는 이 일화에서 유래한 것이다.

세계시민Weltbürger과 관련된 문제는 두 가지이다. 첫째는 칸트 시대의 독일에서 이 말에 대한 이해 방식이다. 둘째는 이 말의 현대적인 이해 방식이다. 이 말(코스모폴리테스)은 지금 언급한 것처럼 어느 특정 폴리스, 즉 고대의 도시 국가에 속하지 않는 인간의 존재 방식을 가리키고 있다. 즉, 특정한 나라, 어느 특정한 시간·공간 안에서 제약된 주민이 아닌, 오히려 코스모스 — 이것은 "우주"나 "질서" 등 여러 가지 의미를 가지고 있는 그리스어이다 — 에 거주하는 시민을 의미한다. 이러한 세계에 거주하는 시민이라는 의미를 가지고 있는 "코스모폴리테스"라는 말이 독일어 Weltbürger로 번역된 것이다. 그러나 이 말은 자주 오해되고 있기 때문에, 속설의 정정을 겸하여 한마디 말해 두겠다.

이 말은 18세기 독일의 계몽 시대에 일종의 유행어였다. 이 말 자체는 당시 자주 사용되었던 말이다. 이 "코스모폴리타니즘"이라는 말은 오늘날에는 약간 다른 의미로 사용되고 있지만, 그 배경에는 당시의 독일이 알다시피 유럽에서도 매우 근대화가 늦은 나라였다는 사정이 자리하고 있다. 일본으로 말하자면, 에도 시대의 번藩과 같이 수백의 작은 영국領國, 공국으로 분열해 있었고, 독일이라는 하나로 통일된 큰 나라는 없었다. 이것이 영국과 프랑스와는 다른 사정이었고, 이른바 독일이 근대화가 늦은 하나의 정치적 배경이 되었다.

그 당시에 "코스모폴리타니즘(세계시민주의)"은 이른바 반교양인의 소아병이라는 부정적인 평가가 대부분이었다. 그것은 지금 말한 바와 같이 당시의 독일인이 의지할 말한 통일 국가를 가지고 있지 않았다는, 알기 쉽게 말하면, 이를테면 뿌리 없이 물에 떠 있는 물풀과 같은 상황을 반영하는 하나인 현상이었다. 그렇게 사용되던 "코스모폴리타니즘"이라는 말이 칸트의 용어법에서는 그 의미가 바뀌었으며, 그것이 칸트의 핵심 사상으로 이해됨에 따라 오늘날까지 적지 않은 영향력을 미치고 있다. 그것은 간단하게 다음 두 가지 측면으로 정리할 수 있다.

첫째, 모든 권위에 대하여 개인의 자유, 특히 그중에서도 인간의 사상, 출판·언론의 자유 실현을 강하게 주장하고 있다. 그러나 그 경우에도 칸트는 사상의 자유를 일반적으로 이해하듯이 개개인의 내면적인 정신의 자유라는 좁은 의미로 한정하여 이해하지 않는다. 오히려 칸트는 사상의 자유를 타자에게 전달하는 자유 및 타자도 그 사상을 다른 사람들에게 전달하는 자유와 불가분의 관계가 있는 공동체 안에서 사유하는 일이라고 주장하고 있다. 바꿔 말하면, 인간으로부터 그 사람의 사상을 공적으로 전달하는 자유를 빼앗는다면, 그것은 동시에 그 사람의 사고하는 자유도 빼앗는 것을 의미한다고 말하고 있다.

여기서 칸트는 "왜 언론·출판의 자유가 소중한가?"라는 물음에 대해 뛰어난 통찰을 보여 주고 있다. 제2차 세계대전 후 일본에서는, 언론과 출판의 자유가 헌법에 따라 보장된 권리라는 것은 일본 국민 누구나가 다 알고 있는 사항이다. 그러나 오늘날이 권리가 현실에서 어디까지 보장되고 있는지에 대해서는 논란의 여지가 있다. 이렇게 보면, 칸트가 지적한 것처럼, 모든 점에서 자신의 이성을 공적으로 사용하는 권리는 오늘날 일본에서도 아직 완전하게 실현되지 않았으며, 실현해야 할 하나의 과제라고 보아야 할 것이다. 그렇다면 우리 시대는 칸트의 경우와마찬가지로 아직 "계몽"된 시대가 아니라고 말하지 않으면 안될 것이다.

이 경우에 주의하여야 할 것은, 경제의 세계화나 인터넷의 세계적인 보급 등, "정보 혁명"에 따른 지식의 세계화 현상이 당장국경을 넘어서 전 지구적 규모의 시민화를 실현할 것 같지는 않다는 점이다. 오히려 현실은 그 반대로 나타나고 있는 것처럼 보인다. 문화 다원주의와 이문화에 대한 이해가 일정하게 보급된것은 틀림없지만, 근년의 국제 정치의 동향은 특히 아시아와 일본에서 현저하게 보이는 것처럼, 반유럽 중심주의의 주장이 다원주의의 입장을 일탈해서, 안으로 향한 자문화 중심의 사고방식으로, 때로는 배외적인 독단론으로 나아가는 경향이 강해지고 있는 것처럼 보인다. 이 사고방식은 칸트가 주장한 세계시민주의의 사상에 전적으로 역행하는 것이다. 칸트 자신의 "세계시민"의 용법에는 여전히 역사적·사회적·지역적으로 한정된측면이 있었지만, 그럼에도 불구하고 유난히 이문화 이해와 다원주의적인 사상 경향을 안에 포함하고 있는 "시야 넓은 생각"이 뒷받침되어 있었다. 이성의 사적 사용과 공적 사용의 구별에는, 그리고 공적 사용을 중시하는 사고방식에는, 특정 민족이나 국가의 틀을 넘으려는, 뛰어난 의미의 세계시민주의 사상이 뚜렷이 표현되어 있음을 알 수 있다.

둘째, 칸트는 공정하게 영속해 가는 국내 질서와 마찬가지로 세계 평화의 기초를 지탱하는 철학적 원리를 이 계몽의 추진이란 관점에서 동시에 생각하고 있었다는 점이다. 이것은 칸트가 폭력에 의한 혁명을 부정하고 착실한 개혁을 주장한 것과 깊은 관련이 있다. 특히 칸트는 언론의 자유의 방식, 종교와 신앙의 자유라는 문제도 지금 말한 것처럼 정부 비판의 자유를 이성의 공적 사용의 영역으로서 확보하는 방식을 통해서 세상을 확실히 개혁해 간다는 입장을 취하고 있다. 그러나 이와 같은 칸트의 세계시민주의 사상과는 달리, 오늘날의 미국과 일본의 패권주의적 정책 경향을 보면, 국가주의까지는 아니라고 하더라도 애국주의적인 색채를 강화하고 있는 것처럼 느껴진다. 자신의 가족과 똑같이 자국민을 사랑하고 나라를 사랑한다는 소박하고, 대다수 사람들이 긍정하는 입장이 과연 세계시민주의의 입장과 양립할 수 있는가? 아니면 세계시민주의의 입장에 서는 것은 국가주의와 애국주의의 입장과는 양립하지 않고 모순되는 관계에 있는 것인가? 이러한 문제는 칸트 시대에는 아직 직면하지 않았던 물음이지만, 오늘날에는 큰 과제가 되고 있다. 이 절실한 과제에 대해서는 나중에 고찰하고자 한다. 칸트의 세계시민주의에 대한 생각은 영구평화론의 사상을 전제하고 있기 때문에, 그

때 다시 다루기로 한다.

칸트에 의한 "계몽"의 이러한 기본적 이해에 대해서는 오늘날에 이르기까지 여러 논의가 있으며, 실로 다종다양한 비판이 있다. 그 대표적인 비판적 견해를 살펴보자.

3. 계몽사상의 한계와 현대의 계몽의 과제

1. 독일 낭만주의와 헤겔의 계몽 비판

일찍이 칸트의 비판철학은 1780년대 전반에 제자인 헤르더에게 비판받았다. 그 후 괴테와 독일 낭만주의에 속하는 사람들 사이에서 극심한 계몽사상 비판이 일어났다. 게다가 헤겔 등의 철학자들도 철학적으로 체계적인 관점에서 [칸트의 비판철학을] 비판하였다. 특히 독일 낭만주의의 계몽 비판이나 헤겔의 계몽 비판에 의해 지적된 몇 가지 문제는 20세기에 들어와서도 아도르노와 호르크하이머의 『계몽의 변증법』이나 마르크스주의의 계몽 비판에서 보는 바와 같이 여러 가지 방법과 입장에 편입되어서 새롭게 전개되었던 만큼 간과할 수 없다. 칸트의 비판철학이 계몽사상 일반과 반드시 일치하는 것은 아니라는 점은 이미 지적한 바 있다. 그러나 후세의 사람들로부터 칸트는 계몽사상의 대표적인 철학자 · 사상가로 간주되었으며, 이로 인해 계몽사상에 반대하는 사람들에 의해서 전력을 다해서 대결해야만 하는 상대로 인식되었다. 여기에서는 우선 독일 낭만주의의 칸트 비판 및 계몽 비판에 대해서 살펴보고자 한다.

먼저 독일 낭만주의가 제기한 계몽 비판의 큰 논점은, 앞서 소개한 과학주의의 전제인 기계론적 자연관에 대한 비판이다. 독일 낭만주의는 간단히 말해서 계몽주의에 대한 반동적인 사상이라고 할 수 있다. 계몽주의의 자연관은 기본적으로 갈릴레오 갈릴레이와 데카르트, 뉴턴 등의 강한 영향아래 형성되어 발전했다. 칸트는 특히 뉴턴을 높게 평가한 사람 중의 한 명이다. 뉴턴은 프랑스의 계몽주의에도 커다란 영향을 주었지만, 칸트에게도 큰 영향을 미쳤다. 칸트는『순수 이성 비판』에서 여러 차례 뉴턴적인 자연과학, 물리학을 철학적 · 이론적으로 기초하고자 했음을 밝히고 있다. 확실히 이 책은 원리적으로는 기계론적인 자연관, 인과 필연성에 지배된 자연상의 고찰에 기울어져 있다. 이와 같은 자연관에 대해 낭만주의는 강한 반발과 비난을 퍼부었다.

그 안티테제로서 등장한 것이 독일 낭만주의의 목적론적 자연관이다. 즉, 계몽사상이 제시한 이른바 "죽은 자연"에 대해 "생명을 가진 자연," "산 자연"의 모습을 부활시킨 것이다. 계몽사상은 이와 같은 자연의 참모습을 잘라 버리고, 자연이라는 것이 소위 인간의 구성물에 지나지 않는다고 간주한다. 이를테면 기술적, 인위적 관점에서 자연을 파악해, 그 결과 자연의 풍부한 생산력 · 생명력 · 창조성 등을 흔적 없이 지우고 말았다는 것이다. 이것이 낭만주의의 계몽주의에 대한 비판이다. 자연은 결코 시계와 같은 기계와 유비적類比的으로 파악되는 메커니즘이 아니라, 본래부터 그것과는 이질적인 생명체이다. 참된 자연이라는 것은 생명을 가지고 있으며, 물질이나 정신의 공통 원천이다. 이러한 견해를 주장한 대표적 인물은 괴테와 셸링을 들 수 있다.

그런데 이 사고방식에는 사실 칸트의 『판단력 비판』 제2부 목적론적 비판력과 그 원리인 "자연의 객관적 합목적성" 및 "자연의 기교"의 영향력이 작용하고 있다. 또한 이 자연관은 괴테와 셸링을 거쳐, 딜타이 등의 "생철학"으로 흘러들어간다. 이것은 일본에서는 별로 알려지지 않은 사실이다. 물론 괴테와 셸링은 자연 안에 초자연적인 것, 신과 영혼, 생명과 정신, 이런 것들이 내재한다는 일종의 유기체론적인 자연관, 생명론적인 자연관을 전개하였다. 그리고 셸링은 그것을 철학적으로 체계화하려고 하였다. 그러나 이렇게 되면 칸트가 인간 이성에 금지한 불가지의 영역에 들어서 버리는 커다란 대가를 지불하게 된다.

이와 같이 계몽사상과 칸트의 이론 철학에서 주제로 다루어지는 자연관에 대한 비판은 오늘날 우리들의 관점에서 보아도 기계론적 자연관의 일면성을 찌르는 날카로운 지적일 뿐만 아니라, 자연과 인간의 공존·공영이라는 환경 윤리학 상의 논의를 선취한 면이 보인다. 그러나 여기에서 주의해야 할 것은 앞에서 카시러를 예로 들어 언급하였듯이, 독일 낭만주의가 계몽사상을 — 모든 것을 단순한 합리성에 의해 직선적으로 명쾌하게 결론 내리는 — 천박한 합리주의라고 낙인을 찍은 것은 과도한 비판이라는 점이다. 그리고 이러한 과도한 평가가 아직도 존속하고 있다는 점이다.

확실히 낭만주의자들이 비판하는 것처럼, 계몽주의가 개척한 합리성, 과학성은 단지 사항의 일면을 파악한 것일 뿐이지, 결코 그 전체를 파악한 진리는 아니다. 그런 의미에서 계몽주의의 합리성이 충분한 설득력을 가진 견해라고 말할 수는 없다. 그러나 그렇다고 해서 낭만주의자들이 주장하는 것처럼 계몽주의가 개발한 과학적인 태도를 무시하거나 멸시하는 것은 결과적으로 과학적인 객관적 인식 그 자체를 왜곡하는 결과를 가져오게 된다. 이러한 견해는 자연관뿐만 아니라 계몽사상 전체에 대한 평가로서도 공평하지 않다.

특히 계몽사상에서 발생한 근대 과학은, 칸트적인 표현으로 말하면, 존재Sein의 법칙과 당위Sollen의 법칙, 이른바 가치의 법칙을 엄격히 구별하며, 그것을 필수 조건 내지 전제로 하고 있다. 낭만주의는 이 구별을 애매하게 만들어 버렸다. 그래서 존재와 당위, 존재의 법칙과 당위의 법칙을 혼동하는 위험에 처하고 말았다. 이것은 매우 위험한 사상이라고 말하지 않을 수 없다. 왜냐하면 자연과학과 정신과학의 구별이 사라지고, 과학적 지식 내지 객관적 지식의 진리성이 흔들릴 뿐만 아니라, 두 영역의 한계 설정의 가능성도 결과적으로 상실되기 때문이다.

확실히 낭만주의자들이 지적한 것과 같이, 계몽사상이 이성을 너무 편중시켰다는 비판은 적절할 것이다. 그러나 그것에 대해 너무나 반동적으로 작용한 결과, 낭만주의는 이성을 버리고 감성에 편중하는 입장을 취한다. 물론 오늘날에는 이성이라는 개념을 18세기적인 의미 그대로 사용할 수는 없다. 그러나 그렇다고 해서 넓은 의미의 합리성, 합리적인 태도, 이성적인 태도를 버릴 수는 없다. 우리들이 의사소통을 행할 수 있는 것도, 언어와 여러 가지 기호를 사용하고 있기 때문이고, 거기에는 언어 사용의 규칙·기호를 사용할 때의 규칙 등이 전제 조건으로서 작용하고 있기 때문이다. 이와 같은 의미로 인간은 대화와 논의가 이루어지고 있는 장면에서는 물론이고, 대화와 논의가 단절된 전쟁 상태에서조차도 모종의 합리성을 전제하면서 대립 상태를 넘어서 보다 높은 차원에서 모종의 양해와 이해를 추구한다.

칸트도 일찍이 자각했듯이, 이성에도 한계가 있기 때문에, 이성과 합리성의 제한·한계를 자각하면서, 다른 한편으로 이성과 감성의 관계, 또는 양자의 종합을 고차원적인 수준에서 요구할 필요가 있다. 그렇기 때문에 낭만주의적인 방법만으로는 현실 세계의 파악에 있어서 충분하지 않다는 것을 확실히 해둘 필요가 있다. 오늘날에도 서구적인 합리성의 한계를 지적하는 데 몰두한 나머지, 동양적인 비합리주의나 일본적인 감정론, 낭만주의의 극단적인 주장에 경도될 우려가 적지 않다. 따라서 이 과제에는 신중한 대응이 필요하다고 생각된다. 특히 "계몽"이전의 상태를 보이고 있는 일본의 현상을 되돌아볼 때, 이 사상사적인 교훈에는 아직 배워야 할 것이 적지 않다고 생각된다.

독일 낭만주의가 제기한 계몽 비판의 두 번째 주요 논점은 자유주의적인 시민사회론에 대한 비판이다. 18세기에는 요소주의적인 사고방식이 계몽사상가의 사고 양식의 근본 전제였다. 그에 대한 비판적 대응으로 19세기의 낭만주의 사상가는 유기체론 내지 전체론적인 사고방식을 전개하였다. 이러한 요소주의적 사고방식은, 구체적으로 말하면, 개인의 자각이나 개인의 자주·자립이라는 사상을 낳는다. 거기에서 계약론에 근거한 정치론, 즉 자유로운 개인이 계약이라는 행위를 통해서 사회와 국가를 형성한다는 결론이 도출된다.

오늘날의 선거제도, 대의제는 주지하는 바와 같이 이러한 정치사상을 전제로 하고 있다. 자유로운 한 표의 투표 행위에 의한 의지 표명이 그것을 대리하는 절차에 따라 국가의 제도를 구축하고, 우리의 의지가 국회라는 장소에서 반영되고 있다는 "원칙"이 정통화되어 있다. 물론 그것이 현실에서 얼마만큼 정확히 반영되고 있는가 하는 것은 별개의 문제이다. 그러나 [그것은] 법질서의 문제로서, 자유로운 개인과 그 의지에 따라 사회와 국가가 형성되어야 하고, 사회와 국가는 개인의 행복 실현을 위한 수단이라는 사고방식이 확립되어 온 것은 틀림없다.

이에 대해서도 낭만주의는 신랄한 비판을 퍼부었다. 낭만주의에 따르면, 개인과 개인의 자유로운 의지에 앞서 국가와 전체, 혹은 민족이라는 것이 존재한다는 것이다. 낭만주의는 칸트의 세계시민주의에 대하여 민족주의, 내셔널리즘 경향을 매우 강하게 내세웠다. 낭만주의 사상가는 인류나 보편적 이성과 같은 개념을 배척한다. 그것들은 매우 추상적인, 전혀 실체가 없는 이념에 지나지 않는다고 본다. 이런 개념들보다는 오히려 역사적으로 형성되어 온 민족과 국민성에 근거하는 것이 현실적인 파악 방법이라는 것이다. 즉, [낭만주의는] 계몽사상의 추상성, 비역사성을 날카롭게 비판한다. 이와 같은 사상은 현실에 존재하는 국가의 구체적인 모습을 무시한 지극히 추상적인 사고방식에 지나지 않는다는 것이다.

그렇기 때문에 유럽에서 국민 국가가 확립되어 가는 과정에서, 특히 근대화가 늦은 독일에서는 독일 민족, 독일 국민, 국민정신의 표현인 독일어, 이런 것들을 매우 중시하는 사고방식이 낭만주의로부터 나왔으며, 이러한 운동의 일환으로 보편주의적 계몽사상을 비판한 것이다.

셋째, 낭만주의는 계몽사상의 자연법사상에 대해서도 비판의 화살을 겨눈다. 자연법은 신의 법이나 실정법과 달리 인간 본성에서 기인하는 법이다. 자연법은 고대 이래로 유럽에서 오랜 전통을 지닌 법사상이다. 이 사상은 자연권의 문제와도 깊은 관계가 있는 중요한 문제이다. 계몽사상가 또는 계몽주의의 완성자로 불리는 칸트의 윤리사상과 법사상 안에는 자연법사상의 영향이 강하게 작용하고 있다.

실정법은 자연법과는 대조적으로 모든 인간에게 자연의 본성으로서 갖추어져 있는 법이 아니라, 특정 시대, 특정 사회에서 여러 가지 절차를 거쳐 결정되는 상대적인 성격을 가진 법률이다. 낭만주의 사상의 관점에서 보면, 인간이 태어나면서 가지고 있다고 일컬어지는 "사람을 죽이지 말라," "거짓말을 하지 말라"와 같은 자연법이라는 것 역시 앞에서 서술한 것처럼 매우 추상적이고 비실증적이고 비역사적인 허구에 지나지 않는다. 오히려 경험과 관찰에 의해 증명 가능한 것을 강조하는 실증주의적인 사고방식 — 실정법으로 번역되는 독일어 positives Recht는 직역하면 "적극적인" "실증적인" 법이라는 뜻이다 — 이, 달리 말해서 실증주의 법사상의 표현인 "실정법"이 자연법을 대치한 것이다. 자연법은 비실증적, 비역사적, 추상적, 이념적, 공상적인 것에 지나지 않는다는 식으로 단죄되었으며, 서서히 법 사상의 무대에서 모습을 감추게 되었다. 이런 이유에서 실증 법 학과 역사 법학이라는 것이 19세기에 들어서면서 번창하게 되 었다.

그 이후 인류 최대의 만행인 나치에 의한 유대인 대학살에 대 한 재판이나 동경 재판, 그 후의 전쟁 범죄를 심판하는 국제 법 정의 개설을 둘러싼 논의가 다시 자연법의 타당성과 유효성에 눈을 돌리는 기회를 제공하였다. 국내법에 의거하여, 국내에서 실정법에 따라 정당한 절차를 거쳐서 행해진 행위가 국제적으 로 볼 때, 혹은 다른 국가의 국민으로서 볼 때, 인류에 대한 범죄 라는 비판이 어느 정도 타당하고, 어떠한 근거에 의해 그것을 범 죄로서 재판할 권한이 있는가? "이기면 충신, 지면 역적(도리에 맞지 않아도 이기면 정의)"이라는 주장을 명백히 수미일관한 논리 로 반박할 근거가 국제법이나 자연법 외에 어디에서 찾을 수 있 을까? "왜 사람을 죽이면 안 되는 것인가"라는 소박하지만 본질 적인 의문에 대해서는 실정법과 자연법, 하물며 성서와 신의 법 을 근거로 제시한다고 해도 모든 인간을 납득시키기는 어렵다 는 것은 많은 사람들이 익히 알고 있는 것이다. 그러나 자연법의 의의에 대해서는 칸트의 법사상도 관련이 있으므로 낭만주의의 비판을 포함해서 재검토·재평가되어야 하지만, 이 책의 범위 를 넘는 주제이기 때문에 여기서는 생략하겠다.

마지막으로, 헤겔의 계몽 비판에 대해 다루어 보자. 헤겔은 계 몽사상에 대해서 가장 먼저 체계적이고 근본적인 비판을 전개 한 철학자였다. 이런 의미에서 헤겔의 논의를 무시할 수 없다.

우선 헤겔의 계몽 비판의 기본 특징을 살펴보자. 젊은 시절의 헤겔은 칸트의 사고방식에 대해서 적극적으로 공명하였지만, 셸링의 영향을 시작으로, 헤겔 자신의 사상이 변화하면서 서서히 계몽사상으로부터 거리를 두고, 칸트에 대해서도 비판적이 되었다. 헤겔이 명확한 형태로 계몽사상을 비판해 나가는 것은, 예를 들면 1793년에서 94년 사이에 집필했다고 알려진 『민족 종교와 기독교』라는 유고에서 보인다. 딜타이의 가르침을 받은 헤르만 놀이라는 인물이 헤겔의 『초기 신학론집』을 정리했는데, 그 안에서 헤겔이 이미 계몽 비판을 행하였다는 것이 밝혀졌다.

거기에서 헤겔은 일차적으로 계몽은 필요하다는 입장을 취하고 있다. 일반 대중은 여러 가지 선입견과 잘못된 견해를 지니고 있기 때문에, 그러한 것을 교정하고 무지몽매함을 깨우치기 위해서 계몽이 필요하다는 것이다. 헤겔은 칸트의 영향아래 일단 계몽을 긍정적으로 파악하고 있다. 그러나 문제는 여기에서 멈추지 않는다. 헤겔은 칸트도 다른 계몽주의자와 함께 싸잡아서 비판하였다. 이것은 역사적 사실에 비추어보면 약간 왜곡된 비난을 퍼부은 것이지만, 지금 이 문제를 언급할 필요는 없다. 두 번째로 주의해야 할 것은 칸트의 계몽의 표어에 대한 헤겔의 비판 방법에 있다. 즉, 계몽이나 이치는 확실히 인간의 무지몽매함을 깨우쳐, 인간을 총명하게 할 수 있다. 그렇지만, 이것은 인간을 보다 좋게(선하게) 하지 않는다. 인간의 영혼에 대한 작용은 계몽으로 할 수 없다. 이와 같은 관점에서 헤겔은 계몽이 가진 한계를 엄격하게 지탄하고 있다.

한마디로 말하면, 계몽과 오성에 대한 비판은 계몽의 행위가 인간을 이제까지보다 총명하게 할 수는 있지만, 인간을 보다 선량하게 만들 수 없다는 한계를 지적하고 있는 것이다. 바꿔 말하면, 헤겔은 지혜Weisheit와 지식Wissenschaft을 구별하고 있다. 계몽은 지식을 증대시키지만 지혜를 증진할 수는 없다는 것이 첫 번째 비판적 논점이다.

두 번째 계몽주의 비판의 포인트는 계몽주의가 기본적으로 공리주의적 입장에 그친다는 지적이다. 즉, 계몽이란 억지 논리이며 타산적인 공리주의라는 해석을 제시하고 있다. 세 번째 비판은 계몽을 통해서는 영혼 — 이것은 Seele라는 독일어의 번역어이다 — 을 고양시키지 못한다는 것이다. 영혼의 고양은 지혜의 입장이 아니면 할 수 없다는 것이다. 그리고 이것이 바로 자신의 사명이라고 헤겔은 말한다.

이상 세 가지 비판의 논점, 즉 지혜와 지식을 구별해서, 계몽은 기본적으로 억지 논리를 부리는 타산적인 공리주의의 입장이기 때문에 인간을 총명하게 하지만 선량하게, 즉 도덕적으로 선하게 만들지는 않으며, 계몽으로는 영혼을 고양할 수 없다는 사고방식은 헤겔의 대표적인 저작인 『정신 현상학』에서 더욱더 역동적으로 논의되고 있다. 거기에서 헤겔은 매우 정교하고 치밀한 논의를 전개하고 있는데, 그 주장은 앞에서 언급한 유고와 기본적으로 다르지 않다. 이러한 헤겔의 계몽관은 이 강의의 뒤의 논의와도 깊은 관련이 있기 때문에, 몇 가지만 덧붙여서 언급하고자 한다.

첫 번째로 계몽의 입장이란, 헤겔의 용어로 말하면, 순수한 통찰을 의미한다. 이 "통찰"이란 Einsicht라는 독일어의 번역어이다. 즉, 순수한 형태로 통찰할 수 있는 사태를 독특한 의미를 포함해서 논하고 있는 것인데, 18세기적 이성이 가지는 의의와 제한을 헤겔 유의 변증법을 사용해서 설명하고 있는 것이다. 이와 관련하여 우선 지적되어야 할 것이 계몽과 신앙의 관계이다. 18세기의 계몽주의가 신앙에 대해 비판적이었다는 것은 상세하게 언급한 바 있다. 그러나 헤겔은 역사철학적인 관점을 도입하여 『정신 현상학』을 전개하는 가운데, 감각적 확신에서 절대 정신까지 발전하는 논리를 전개하는 과정을 밝히면서, 그 역사적·논리적 단계로서 계몽 운동과 신앙의 대립과 투쟁을 당연한 것으로 인정하고 있다.

그러나 계몽 운동과 신앙은, 전자는 과학적인 합리주의에 의거하고, 후자는 반합리주의적인 입장을 근거로 하는 것이 보통이기 때문에, 필연적으로 서로 대립·투쟁하는 사태가 발생한다. 다만 헤겔의 인식에서 양자는 원래 하나인 것이 변증법적으로 분열하여 대립해 있는 것이다. 당연히 계몽과 신앙의 투쟁에서 신앙은 과학의 입장에 대해서 지식 수준에서는 이길 수 없다. 신앙의 입장은 과학의 입장을 이길 수 없기 때문에, 계몽은 신앙에 대해서 승리한다. 사실 역사적 사실로서도 그렇다. 따라서 신앙은 오류의 나라라는 결론이 도출된다.

그러면 계몽이라고 불리는 것의 내실內實, 진리는 어디에 있는가? 이것이 두 번째 문제이다. 요점을 간단히 말하면, 계몽은 결국 이성의 전능함, 혹은 과학주의의 전능함을 믿는 것이기 때문에 일종의 이성 숭배, 현대식으로 말하면 과학 신앙이다. 무엇이든지 과학으로 풀린다고 생각하면, 이것은 하나의 신앙이다. 그러한 사고 형태가 이미 18세기의 계몽사상 속에 있었다. 즉, "계몽"은 신앙과 종교를 비판하고 부정하여 승리했지만, 계몽의 알맹이, 그 진리, 내실이라는 것은 이성 숭배이다. 이성을 신앙하고 있는 것이다. 그러나 어디까지나 이성의 입장은 신앙의 입장과는 다르고, 구별하지 않으면 안 되는 것은 아닐까? 우리는 지금도 종교적인 권유를 받으면서 신에게 빌면 이익을 얻을 수 있다는 말을 자주 듣는다. 신은 이익을 가져온다는 발상, 이것이 바로 신앙이다.

그렇다면, 계몽은 어떠한 의미에서 이성 숭배이자 신앙으로 볼 수 있는 것일까? 헤겔의 설명에서 계몽은 결국 물질에 대한 집착을 가져오는 공리주의이기 때문에, 물질과 소유물에 관해서 이익과 이윤을 가져온다. 즉, 주식과 여러 가지 부동산 등을 소유하여 사용하는 것에 이익이 된다. 공리주의는 최종적으로는 이것들만을 믿는 입장이기 때문에, 이것은 일종의 물신 숭배이다. 이것은 명백히 종교이다. 신앙의 존재 양식이다. 계몽의 진리는 유용성의 신앙이다. 신앙이 신을 숭배하는 것은 이익을 가져오기 때문이다. 따라서 계몽이 이성 숭배에서 공리주의적 사고방식에 근거하는 한, 결국 신앙과 계몽 양쪽 모두 유용성을 신앙하고 있는 것이다. 이 점에서는 계몽도 신앙도 마찬가지이며 다르지 않다. 이러한 점을 헤겔은 날카롭게 지적하고 있다.

요컨대, 헤겔이 본 계몽의 한계는, 프랑스 혁명의 말로에서 보는 바와 같이, 자유로운 권리 주장이 결국 테러리즘과 현실에 대한 부정적 태도를 낳게 한다는 것이다. 그리고 계몽은 공리주의의 유용성에 멈추어 선다. 여기서 결국 시민 사회란 욕망의 체계라는 유명한 결론이 도출된다. 오늘날 우리들의 생활양식에서 알 수 있듯이, 다양한 광고는 남녀노소 모든 계층의 인간의 욕망을 확대 · 재생산하고, 그것들을 다양한 방향으로 이끌고 있다. 이처럼 오늘날 현재화顯在化된 문제점을 이미 헤겔은 확실히 꿰뚫어보고 있었다고 할 수 있다.

또한 이러한 근대의 주체주의의 사상운동은 18세기의 계몽철학에 한정되지 않는다. 그것은 근대의 시민 사회가 지닌 욕망의 체계라고도 불리는 계몽주의 운동으로서 관철되고 있으며, 역사를 관철하고 있는 운동이며, 근대의 근본적인 모습이며, 불가피한 특징이라고 헤겔은 지적한다.

이와 같은 계몽 비판이 오늘날 어느 정도 유효한가라는 물음에 대해서 단순한 단정은 곤란하다. 확실히 계몽사상을 공리주의 사상으로 간주하는 해석은 역사적 사실에 부합하며, 오늘날에도 타당하고 뛰어난 통찰력이라고 할 수 있다. 그럼에도 불구하고 헤겔의 계몽 해석은 너무 좁은 해석처럼 보인다. 또한 헤겔의 계몽관은 이 강의의 첫 부분에서 지적한 계몽의 첫 번째 의미에 그치고 있다. 게다가 일본의 현상에 적용해 보면, 이와 같은 계몽 이해는 계몽의 결함을 강조하다 보니 그 필요성을 놓치는 위험성이 훨씬 높은 것으로 생각된다. 마지막으로 칸트의 비판철학에 대한 비판으로서도 얼마만큼 유효한가라는 의문이 제기되는데, 칸트의 비판철학이 "계몽사상"과 다른 만큼 헤겔의 계몽 비판은 칸트에게는 타당하지 않다고 말할 수 있을 것이다.

2. 마르크스주의의 계몽 비판

20세기로 제한할 경우, 칸트 철학을 중심으로 한 계몽주의에 대한 마르크스주의적 입장에서의 비판은 우선 레닌의 『유물론과 경험 비판론』(1909)에서 전형적으로 볼 수 있다. 거기에서 레닌은 우선 칸트의 "물자체"를 둘러싼 문제를 비판하고 있다. 칸트의 철학이 물자체를 불가지한 것으로 만들었다는 이유로, 칸트는 로크를 이은 영국의 철학자 조지 버클리 등과 함께 모든 물질적 실재를 최종적으로 주관적 관념으로 환원하는 주관적 관념론의 사상가라고 비판하고 있다. 또한 칸트 철학에 대한 근본적인 평가로서는 그것이 유물론과 관념론의 화해 내지 두 이론의 타협의 산물이었으며, 이질적이고 대립하는 두 가지 철학적 방향을 하나의 체계 속에서 결합했다는 이유로 부정적으로 평가하고 있다. 그 이유는 칸트가 관념 밖에 물자체가 대응하는 것을 인정한다는 점에서 유물론자이고, 다른 한편으로 물자체를 인식 불가능한 초월적인 것으로 간주한다는 점에서 관념론자라고 비판하고 있다. 이 책의 목적은 칸트 철학의 비판에 있는 것은 아니었다. 물자체의 비판을 비롯하여 이와 같은 비판의 관점은 이미 지적한 바와 같은 오해도 적지 않고, 오늘날에는 칸트에 대해서는 말할 나위도 없고, 버클리에 관해서도 적절한 이해가 아니라는 인식은 거의 상식이 되고 있다.

제2차 세계대전 후에는 루마니아의 철학자 루시앙 골드만이 『기독교적 시민과 계몽』(1968, 일어 역 『계몽정신과 변증법적 비판』)을 간행하고, 거기서 마르크스주의의 입장에서 칸트를 비롯한 유럽의 계몽사상가를 비판적으로 논하고 있다. 골드만은 젊었을 때 칸트 연구에 전념하다가, 20세기 최대의 마르크스주의 사상가 중의 한 사람인 게오르크 루카치의 영향을 받았다. 골드만에 의하면, 서양의 근대적 세계관은 비극적 세계관, 계몽주의적 세계관, 낭만주의적 세계관, 변증법적 세계관의 네 가지 세계관으로 정리할 수 있다.

여기에서는 계몽주의적 세계관에 속하는 칸트에 대해서 조금 언급하고 있다. 저자는 우선 계몽사상의 기본 이념을 편견과 권위에 의해 인도되어서는 안 되며, 자기 자신의 이성 내지 오성에 의해서만 판단의 내용을 규정해야 한다는 점에서 찾고 있다. 저자는 이 기본 이념의 보다 명확한 표명을 이미 언급한 『계몽이란 무엇인가』에 제시된 칸트의 정의에서 찾고 있다. 또한 저자는 비판철학이 계몽의 정의를 포함한 몇 가지 견해 속에서 계몽사상을 뛰어넘는 훌륭한 점이 있다는 것을 지적하고 있다. 예를 들면, 전통적인 기독교 비판의 관점이나 이성의 공적인 사용의 중요성 등에 대해서 언급하고 있다. 그러나 골드만은 칸트의 이 논문에서 독일 현실의 사회적·정치적 상황에서 유래하는, 바꿔 말하면 독일 부르주아지의 취약함에서 유래한다고 보이는 독특한 뉘앙스가 있다는 것도 놓치지 않았다. 거기에서 프랑스의 급진적 계몽사상가와의 차이를 발견하고 있다. 여하튼 골드만은 계몽사상이 — 비판철학도 포함해서 — 지식과 교육의 보급에 의해 인간을 해방하고 사회적 악을 폐기, 극복할 수 있다고 상정하는 점에 그 본질이 있다고 판정하고 있다. 이 계몽 비판은 이미 지적한 바와 같이 매우 도식적이고 형식적인 비판 방식의 전형적인 실례를 보여 주고 있다. 골드만의 여러 저작 가운데 가장 내실이 빈약한 논의라고 생각된다. 결국 이 계몽 이해는 이미 서술한 계몽의 첫 번째 의미를 중심으로 두 번째 의미를 비평한 견해의 대표적 예라고 할 수 있다.

그런데 이 책과 같은 해에 출판된 구 동구권의 철학자인 만프레드 부르와 겔트 일리츠의 『이성의 요구』(1968)라는 책에 계몽 및 칸트에 대한 비판적 평가가 전형적으로 나타나고 있다. 이 책의 목적은 마르크스주의의 입장에서 이 시기의 근대적 이성에 대한 해석과 비판을 제시하는 것이다. 부제목은 "마르크스주의의 이론적 원천으로서 고전적ㆍ시민적 독일 철학"이다. 여기서는 특히 칸트, 헤겔, 셸링과 괴테를 상세하게 다루고 있다. 또한 이른바 마르크스주의를 하나의 사상적 발전의 결과로 보는 점에 이 책의 큰 특징이 있다. 여하튼 당시의 이러한 마르크스주의적 입장에서 본 계몽 비판이 어떤 성격을 가지고 있으며, 현대인들이 봤을 때, 특히 칸트와의 관계를 염두에 두었을 때, 어떤 의의와 한계가 있는가를 확인해 두는 것은 이후의 논의 전개를 위해 중요한 의미를 지니고 있다.

첫 번째로 지적할 것은 계몽적 이성의 위상을 둘러싼 논의에 관한 것이다. 이것은 자율적 이성의 의의와도 관련된다. 그들은 마르크스주의적인 입장에서 봤을 때, 근대의 시민적 세계관의 중심 개념, 키워드가 이성의 개념이라는 점에 주목하고 있다. 즉, 그들이 말하는 고전적인 부르주아 철학의 여러 체계는 결국 이성이라는 개념에서 출발해서 이성이라는 개념으로 이끌려간다는 것이다.

그 경우에 그들이 평가하는 것은 칸트적인 이성을 포함해서 이성이 가진 비판적 능력이다. 요컨대, 전통적인 사회나 사고방식에서 인간의 이성을 해방시키는 비판적 능력으로서 이성의 활동을 높이 평가하고 있다. 구체적으로 말하면, 이 이성의 비판적 능력이 봉건적인 절대주의적 이데올로기와 전통적 사회 질서를 시민적 사고방식, 시민 사회적 발전이라는 의미로 개혁하고 개조한 하나의 원동력, 에너지, 힘이라고 본 것이다. 이러한 사상가의 대표적 인물로서 디드로와 칸트를 깊이 고찰하고 있다.

이와 같은 비판적 능력이란 칸트 식으로 말하면 이론 이성, 바꿔 말하면 인식하는 능력이고, 또한 행위하는 능력, 실천 이성이기도 하다. 그러므로 자율적 이성의 경우에는 적어도 이와 같은 이중의 의미가 있는 것이다. 결국 새로운 시민적 사고방식이란 이성을 자율적인 것으로 세워 능동적인 이성으로서 전개해 나가는 것이다. 그리고 이성이라고 불리는 행동은 이와 같은 진보 발전의 원동력으로서 고전적인 시민(부르주아) 철학에 있어서 이른바 전부를 나타내는 표어가 된다. 그 시대와 거기에 살고 있는 인간의 정신을 표현하는 키워드가 된다. 특히 이성은 인간의 주체, 능동성, 활동성, 혹은 인간의 다양한 활동의 모든 것을 포함하는 의미를 가지고 있다. 즉, 이성은 존재하는 것의 비판의 수단, 혹은 자연의 지배와 사회를 형성하는 능력이라는 기능을 가지고 있는 것이다.

결국, 자율적 이성의 의의는 어디에 있는 것인가? 그것은 인간을 전통적인 이데올로기로부터 자유롭게 하고, 자연을 지배하고, 전통적인 사회 질서를 개혁·변경할 수 있는 상태로 바꾸는 힘이고, 그러한 기능의 총체이다. 이것이 자율적 이성이라고 불리는 것의 내실이다. 이러한 이성은 자연과 사회, 양자를 합리적으로, 이성적으로 지배하려고 하는 요구와 동의어이다. 이것으로부터 이 책에 『이성의 요구』라는 제목이 붙여진 의도를 충분히 이해할 수 있다.

근대 유럽 세계에 출현한 "이성의 요구"란 시민 사회가 발전하는 과정에서 인간이 모든 권위와 모든 주어진 것 또는 기성 질서에서 독립해 자유로이 자율적으로 이성의 힘에 의하여 자연이나 사회를 합리적으로 지배하고자 하는 그러한 요구와 같은 의미를 가지고 있다. "이성"이라는 말은 사실 이러한 의미라고 주장하는 것이다.

따라서, 단적으로 말하면, 기존의 것을 비판하는 능력이 이성의 기능이고, 그것은 완전히 이성의 요구에 속하는 것이다. 게다가 이 요구의 큰 특징은 어떠한 것에 의해서도 제약을 받지 않고, 어떤 것도 전제하지 않고, 전혀 의거할 것 없이 자신의 이성의 기능에 의하여 자연을 지배하거나 사회의 기초와 근거가 될 수 있다고 주장한다는 점이다. 이러한 비판의 시대에 이성의 비판적 행위의 가장 대표적 인물로서 칸트와 돌바흐 등의 철학자를 들고 있다. 독일 출생의 프랑스 계몽사상가인 돌바흐는 『자연의 체계』라는 책을 간행한 바 있다. 칸트와 함께 돌바흐를 들고 있다는 점에서 마르크스주의적인 시각의 특징이 나타나고 있다.

그러면 이와 같은 고전적인 시민 철학의 한계 내지 문제점은 무엇인가? 다음으로 이 문제가 명백해지지 않으면 안 된다. 단적으로 말하면, 두 가지 논점이 있다. 하나는 이성 신앙의 문제이다. 이것에 대해서는 먼저 언급한 헤겔의 계몽 비판을 상기해 주기를 바란다. 현실이라는 것은 그것 자체가 이성적이어야 한다고 그들은 주장하고 있다. 실은 이것에는 헤겔 자신의 견해, 즉 "이성적인 것은 현실적이고, 현실적인 것은 이성적이다"라는 유명한 『법철학』에서 표명된 사고방식에 대한 비판도 깊숙이 들어 있다. 논의가 복잡하게 뒤얽혀 있지만, 계몽사상의 큰 특징이 이성 숭배라는 점을 날카롭게 비판하고 있다.

요컨대, 고전적·시민적 사고방식은 이성에 대한 신앙이고, 무조건 이성을 믿는다. 이성을 소박하게 너무 신뢰하는 것이다. 현실은 그것 자체가 이성적이어야 한다는 사고방식, 바꿔 말하면 이성과 현실 사이의 다리를 건너 양자를 중개하는 또는 역으로 현실에서 이성으로 다리를 놓는 작업이다. 그런데 이러한 방법은 너무나도 소박하고, 문제의 본질을 꿰뚫어 볼 수 없는 한계가 있다. 즉, 이와 같은 고전적 시민 사회가 가지고 있는 근본적인 문제는 이미 서술한 바와 같이 자연과 사회에 대한 인간의 합리적 지배에 있고, 이것이 철학적으로 기초가 만들어져 있다는 점을 지적했다.

마르크스주의의 입장에서 보면, 이와 같은 계몽 철학의 고전적이고 시민적인 철학적 이성 개념은 상술한 바와 같이 이성이라는 개념을 전제 없이 전개하고 있지만, 이것을 명확히 하여 일의적으로 포괄적으로 규정하는 것에 실패했다는 결론에 이르게 된다. 즉, 계몽 철학은 이성이라는 개념을 너무 과대평가하여 그것에 지나치게 의지하고 있지만, 이 이성의 내실을 확실한 형태로 규정하고, 전체적인 입장에서 파악할 수 없었다는 것이다. 이것이 두 번째 문제이다. 이것은 근본적인 문제점이라고 할 수 있을 것이다.

이상의 논의를 계몽 비판이라는 이 강의의 주제에 맞게 정리하면, 다음의 두 가지 관점으로 정리할 수 있을 것이다. 첫째, 그들의 설명은 매우 이데올로기적인 개념을 사용한다는 특징이 있다. 그것에 따르면, 이제까지 살펴본 자율적인 이성의 내실은 부르주아적인 이성이다. 즉, 계몽적인 이성, 혹은 고전적이고 시민적인 사고와 사유에 의해 생각되는 이성은 항상 보편적인 인간 이성으로 여겨지고 있지만, 이것은 자본주의적인 사회 질서가 확립된 후에는 부르주아적 이성인 것이 명확해진다. 이것은 칸트의 이성에 대해서도 같은 해석이 성립된다고 본다. 칸트를 포함한 계몽사상가들은 그것을 보편적인 인간 이성으로 보고 있지만, 실은 노동자 계급의 입장에서 보면, 그것은 노동자 계급을 배제한 부르주아적 이성이고 계급성을 가진 이성이라는 것이 판명된다. 계몽적 이성이 보편적 인간 이성이라고 주장하지만, 그 본질은 부르주아적 이성에 지나지 않는다. 즉, 계급 구성에 따라서 제약받고 있다. 계몽의 이성이 정말로 이러한 결함을 가지고 있다면, 이 결함은 치명적일 것이다. 이상이 이성 비판에 관한 마르크스주의의 계몽 비판의 첫 번째 논점이다.

두 번째 논점은 이와 같은 이성에 의해 기초된 시민 사회에 관한 비판이다. 이 비판은 첫 번째 계몽적 이성에 대한 비판과 불가분의 관계에 있다. 시민 사회는 최고로 비이성적인 질서를 나타낸다고 신랄한 비판을 받았다. 이것은 노동자 계급의 입장에서 본 이데올로기적 시각이다. 이성에 근거한 시민 사회라는 것은 실은 최고로 비이성적인 질서를 가지고 있다. 간단히 말하면, 그것은 인간 소외를 가져온 것이다. 마르크스주의적 개념을 사용하여 보충하면 이렇다. 따라서 그것은 조금도 이성적이지 않다. 보편적이지도 인간적이지도 않다. 반대로 비참한 빈부의 차를 만들어 내고, 노동자를 소외시켰다는 의미에서 비이성적인 기능을 발휘하며, 오히려 바른 사회 질서를 혼란에 빠뜨리고, 불평등과 계급 차별을 낳으며, 그것을 첨예화시킨다.

마지막으로, 계몽사상은 이성의 나라라는 이상적인 표현을 썼지만, 그것은 어디까지나 부르주아지의 이상화된 나라에 지나지 않는다. 그것은 프롤레타리아트, 노동자의 나라가 아니다. 그것은 노동자에게는 결코 이상 국가일 수 없고, 착취와 예속에 묶인 상태에서 해방된 상태일 수 없다는 결론이 나온다.

그러므로 부르와 일리츠는 프리드리히 엥겔스의 「공상이 아닌 과학으로서 사회주의의 발전」이라는 유명한 논문을 인용해서, 이와 같은 계몽적 이성의 개념을 비판하고 있다. 즉, 오늘날 우리들이 알고 있는 이성의 나라라는 것은 부르주아지의 이상화된 나라에 지나지 않는다. 이것이 보편적인 인간적 이성이라고 일컬어지는 것의 진짜 정체이다.

이와 같은 계몽사상과 계몽적 이성이 역사적 제약이나 계급의식의 특징과 제약을 지닌다는 비판은 마르크스와 엥겔스 이래로 20세기 후반까지도 강한 호소력을 가지고 있었으며, 마르크스주의자뿐만 아니라 많은 자유주의자들에게도 받아들여지고 있다. 그러나 여기에서 말하고 싶은 것은 이것이 아니다. 여기에서는 우선 그들에 의한 계몽 비판의 관점은, 골드만의 견해와 마찬가지로, 기본적으로 계몽의 첫 번째와 두 번째 의미에 한정되어 있다는 사실을 지적하고자 한다. 이 사실은 세 번째 의미를 파악하기 어렵게 한다는 한계를 가진다. 그것과 관련해서 18세기의 계몽사상 전체를 이데올로기적인 허위의식으로 환원해 버렸다는 문제점 내지 과도함도 지적하고자 한다. 이런 문제점은 앞에서 소개한 골드만의 계몽 비판뿐만 아니라 다른 마르크스주의적 입장에서의 칸트 철학 비판에 대해서도 그대로 타당하다고 할 수 있다.

그러나 여기서 마르크스주의적 입장에서의 계몽 비판이 오류이며, 고려할 만한 가치가 없다고 말하고 싶지는 않다. 오히려 주목할 점은 현대의 사회 상황을 냉엄히 주시했을 때, 유감스럽게도 근대의 계몽사상이 호소해 온 주장 내용이 아직도 많은 점에서 타당하다는 것이다. 그러나 동시에 마르크스주의자들이 비판한 것처럼, 보편적인 이성 기능의 전면적인 전개 과정과 그 작용의 결과가 그들이 주장했던 것과 똑같은 것은 아니며, 오히려 새로운 불평등과 자유의 억압, 차별과 편견을 낳았을 뿐만 아니라, 나아가 지금까지 인류가 직면한 적이 없는 새로운 폭력성을 낳았다는 것이다. 게다가 그것이 인간 밖의 자연과 인간 안의 자연, 양자를 파멸적이라고 할 만큼 대규모로 파괴해 온 것도 역시 사실이다. 자연의 억압이라는 문제와 관련해서 볼 때, 인간 밖의 자연의 지배와 억압, 예를 들면 자연 환경의 파괴는 자본주의와 사회주의의 체제 차이와 관계없이 보편적으로 자행되어 왔으며, 이는 오늘날 전 지구적 과제가 되고 있다. 더욱이 자연 환경의 파괴는 사회주의자들의 주장과는 달리 구 사회주의 및 현 사회주의 국가 쪽이 더 심하며, 그것에 대해 충분한 환경 대책을 실시하지 못하고 있다. 또한 인간 안의 자연, 즉 인간 정신의 억압 또는 마음이나 감정의 억압과 관리는 오늘날 국가 체제의 차이를 넘어서 지극히 심각한 상황을 초래하고 있다. 이와 관련해서도 사회주의 국가의 경우, 개인의 표현이나 신앙의 자유, 그리고 정치 제도 등에 대한 비판의 자유, 칸트의 표현을 빌리면, 이성의 공적 사용이 유감스럽게도 아직 실현되지 않고 있다.

더욱이 일본의 경우 정보와 지식의 범람이 오히려 적절한 정보 선택을 어렵게 만들고 있으며, 그에 따라 현실적인 여러 과제에 대해 유익한 정보와 지식을 활용하여 상황에 맞는 행위를 할수 있는 판단력을 약화시키고 있다. 이와 같이 위기관리를 발휘할 수 없는 판단력의 결여 사태가, 국가 수준에서 지역 공동체, 학교 교육 현장, 그리고 가정과 개인까지 모든 수준으로 침투하고 있다. 이런 점에서 일본에서는 스스로 생각해 판단한다는 계몽의 가장 기초적인 테제마저 실현되지 않고 있다. 오히려 계몽의 퇴행이라고 볼 수 있는 사회 현상이 증가하고 있는 것처럼 생각된다.

3. 호르크하이머와 아도르노의 계몽 비판

다음으로 제2차 세계대전 중에 씌어진 『계몽의 변증법』(1947년판)의 두 명의 저자, 이른바 프랑크푸르트학파의 대표적 인물인 막스 호르크하이머와 테오도르 아도르노의 논의로 눈을 돌려보자. 이 책은 오늘날의 포스트모더니즘, 포스트모던의 사상가들에게 큰 영향을 미쳤을 뿐만 아니라, 동시에 마르크스주의의 계몽 비판과도 서로 중첩되는 중요한 문제 제기를 하고 있다. 『계몽의 변증법』에서 전개된 계몽 비판을 둘러싼 문제는 대단히 이해하기 어려운 주제이다. 따라서 이것을 간단하게 다루는 것은 매우 어려운 일이지만, 지면의 제약상 비판철학과 직접 관계되는 범위에 한정하여 다루고자 한다. 따라서 이 난해한 책의 전체적인 개관이나 논의의 줄거리를 일괄하여 개관하는 방법을 취하지는 않을 것이다.

우선, 계몽의 다원성이라는 문제부터 시작하기로 하자. 이 논제를 고찰하는 데 있어서 이미 언급한 계몽의 세 가지 의미를 상기해 주기를 바란다. 여기에서는 지금까지 논의되어 온 계몽의 첫 번째 및 두 번째 의미가 아니라, 계몽 내지 계몽사상의 세 번째 규정이 주제이며, 이것은 막스 베버의 말을 사용하면 "세계의 탈마술화," "탈주술화" 상태에 해당한다. 일반적으로 표현하면, 근대화 · 합리화는 자연의 세계에서 신화적 요소를 전부 제거해 간다는 의미로, "신화에서 계몽으로," 미토스(신화)에서 로고스(이성)로의 전개 과정으로 이해할 수 있다. 여기서의 계몽 이해는 이러한 의미로 이해해야 할 것으로 생각한다. 칸트의 계몽관은 이러한 견해의 요소를 이루는 첫째 및 둘째의 계몽 이해에 속한다고 할 수 있다.

문제는 오히려 계몽의 세 번째 함의와 관련된 복잡한 문제이다. 『계몽의 변증법』이라는 책 이름에서 짐작할 수 있겠지만, 이 책의 주제는 왜 인류는 참으로 인간적인 상태에 들어가는 것이 아니라, 대신에 모종의 새로운 야만 상태에 빠지는가라는 문제이다. 바꿔 말하면, 이 논문집의 주제는 종래의 계몽 이해와는 역으로 계몽의 과정이 신화를 만들어 내고, 계몽의 행위가 신화로 전락하는 역설을 제시한 점이라고 할 수 있다. 그것에 대해서는 이미 다양한 각도에서 많은 논의가 이루어지고 있다. 뿐만 아니라 이 책은 이해하기 어려운 논문과 유고를 모은 것이기 때문에 칸트 비판에만 논점을 맞추기가 어렵다. 그런 까닭에 여기서는 간단하게 요점만 지적하고자 한다.

둘째, 이러한 주장의 배후에는 파시즘의 대두와 제2차 세계대전의 발발과 격화로 이어지는 그 시대 고유의 역사적 상황에서 영향을 받은 비관주의적인 퇴폐 사관이 배후에 잠재하고 있다. 이 역사관은 분명히 낙관적인 진보 사관에 대한 비판, 특히 계몽주의적 역사관을 근본적으로 부정하는 철저한 반계몽주의적 역사관으로서의 성격을 가지고 있다. 이 점에서도, 칸트의 역사관과는 근본적으로 대립하는 견해이다. 이 점에서 호르크하이머와 아도르노는 마르크스주의자인 게오르크 루카치 ―『역사와 계급의식』의 저자로 앞에서 잠시 언급한 헝가리 출신의 현대 마르크스주의자 ― 의 영향을 받았음에도 불구하고, 발전 사관에 기초한 정통적인 마르크스주의자와는 본질적으로 다른 입장에 서 있다.

셋째, 신화와 계몽의 관계는 역사적으로 볼 때, 계몽이 신화의 대립 개념으로서 합리화나 문명화, 근대화, 바꿔 말하면 세계의 탈주술화, 탈마술화, 즉 세상을 합리화시켜 가는 과정이라는 의미를 가진다. 이것이 계몽이 진보 발전이라는 역사관과 기저 부분에서 깊게 통하고 있는 이유이다. 그렇다면 여기서 제기되는 의문은 이러한 계몽이 어떻게 해서 역설적으로 변증법적 부정의 결과, 즉 신화를 만들어 내는가 하는 것이다. 즉, 어떻게 해서 신화를 극복하려는 계몽의 행위가 재차 신화를 만들어 내고 비합리주의를 만들어 내는가 하는 의문이다. 그 해답은 역사적 사실, 즉 제2차 세계대전 중에 나치 독일에 의한 유대인 대학살의 만행, 구소련 시대의 스탈린의 대숙청과 강제 수용소의 존재, 히로시마 · 나가사키에 대한 미국의 원폭 투하, 일본군에 의한 남경대학살 등의 역사적 사실에서 찾을 수 있다. 더욱이 계몽의 변증법에는 두 저자의 망명지인 미국 문명의 타락한 사회상에 대한 엄중한 비판적 경고의 의미도 포함되어 있었다. 다만 이 책이 집필된 시대에는 홀로코스트의 사실이 알려지지 않았다. 그러나 이것이 오히려 이 책의 설득력을 높이는 결과를 낳았다.

이들의 논의에는 앞서 언급한 카시러의 계몽사상에 대한 논의나 평가 방법과 중복되는 부분과 상이한 부분이 있다. 카시러의 계몽 해석과 호르크하이머나 아도르노의 계몽 해석의 결정적인 차이점은 계몽 평가의 방법에 있다. 간단히 말하면, 계몽의 긍정적 면을 어느 정도 평가하느냐에 있다고 할 수 있다. 호르크하이머나 아도르노의 계몽에 대한 부정적 평가는, 헤겔 변증법의 논리학적 용법을 차용해서 표현하면, 신화와 계몽의 관계는 비동일성과 동일성의 관계로서 정식화된다.

좀 더 구체적으로 말하면, 종래의 신화의 세계 이래로, 동서고금의 다양한 창조신, 세계를 제작한 신들 ─ 아마테라스 오미카

미天照大神나 구약성서의 신과 같은 — 이 세계를 창조하고 제작
했다. 즉, 창조하고 제작한 신에 의해서 세계가 생겨나게 되었
다. 이것은 예로부터 신화의 전형적인 예이다. 그러나 계몽의 시
대가 되면서 그러한 신화적 요소는 과학적 합리주의의 영향에
의해서 삶의 세계에서 쫓겨나는 운명이 되었다. 신화적 요소 대
신에 계몽의 과학주의, 합리주의의 사고방식, 이성 만능의 사고
방식이 생겨났으며, 자연과 사회를 질서 있게 만드는 것은 인간
의 주체, 정신의 작용이라는 생각이 지배하게 되었다. 인간이 자
연과 사회를 형성하고, 질서를 만들고, 인간의 힘에 의해서 그것
들을 좌우할 수 있다. 지금 유행하는 말로 표현하면 자연 지배이
며, 파괴된 자연 환경을 인간이 마음대로 변화시킬 수 있다는 신
념이다. 인간이 지배하고 파괴한 자연을 인간 및 합리적 이성과
그것에 기초한 과학 기술의 힘에 의해서 해결 가능하다고 하는
사고방식은 이성 만능의 사고방식, 이성 신앙이다. 이것은 하나
의 신화를 의미한다. 이러한 문제는 종래의 마르크스주의의 주
장처럼 사회 제도나 생산 관계를 변혁한다고 해도 결코 해결할
수 없는, 지극히 어려운 문제이다.

　그러나 저자들의 주장은 여기에 머무르지 않는다. 자연을 의
인화하는 신이나 신화 속에 이미 이성적인 것, 로고스가 잠재되
어 있다는 것이다. 자연을 초월한 신들은 실은 자연을 외포하는
인간 정신의 반영이며, 인간 정신이 투영된 또 다른 모습이라는
것이다. 따라서 세계를 창조한 신과 자연을 지배하는 인간은 본
질적으로 동일한 논리 구조를 갖는다는 것이다. 요컨대, 종래의
계몽과 대립하여 계몽에 의해 극복되어야 하는 것으로 생각되

어 온 신화는 실은 그 자신이 세계나 자연들을 질서 있게 통일하는 체계적 통일의 근거인 한, 근대 주체주의, 특히 계몽적 이성의 사상과 본질적으로 다를 바 없다는 것이다. 바꿔 말하면, 신화란 실은 계몽과 다른 것이 아니라는 것이다.

그러나 이상의 설명이 타당하다고 하더라도, 계몽이 단순히 고대의 신화로 다시 되돌아가는 것을 의미하지는 않을 것이다. 그러한 주장은 납득하기 어려울 것이다. 그러면 어떠한 근거로 계몽이 현대의 신화로 역전하는 것일까? 인간이 정말로 자유로이, 그의 생각대로 자연과 사회를 만들어 바꾸는 것이 가능하다면, 어떤 근거에서 그런 주장을 할 수 있을까? 앞에서 언급한 헤겔의 논의를 상기하면 한층 이해하기 쉬울 것으로 생각된다. 그 근거는 첫째, 과학 기술의 진보와 발전이다. 인간은 과학 기술의 진보와 발전을 바탕으로 증대된 욕구에 맞게 자연을 개조해 뜻대로 지배할 수 있는 자유 의지의 주체라는 것이다. 자연은 인간의 욕망을 충족시켜 주는 대상이자 소재에 지나지 않으며, 나아가 인간의 여러 활동의 산물이자 그 반영의 결과에 지나지 않는다는 것이다. 이것은 새로운 신화이다. 둘째, 이 사상은 이 신화적 행위에 의하여 모든 것을 수량화하고, 인간을 마음대로 조종하여, 도덕적 · 법적 수준에서도 인간의 지배를 산출한다. 그리고 마침내 민족조차도 정화하는 결과를 낳는다.

덧붙여 말하면, 독일어로 "순수"는 rein이며, 여기에 igen을 덧붙인 reinigen이라는 단어는 "무엇인가를 깨끗이 하다," "순수하게 하다," "정화하다"를 의미한다. 이러한 사고방식이 과학 기술의 최고 성과와 인간 지배의 극단적 형태인 "민족 정화," "순혈주의" 사상과 연결되었을 때, 철저히 효과적인 시스템에 의거한 나치즘의 유대인 대량 학살을 지지하는 사상이 나오게 되며, 그것이 실제 현실로 나타났던 것이다. 민족 정화의 사상은 현대에 있어서도 가장 극단적인 신화이다. 현실적으로 일본이 "야마토 大和 민족"으로 이루어진 단일 민족 국가이며, "만세일계萬世一系"의 전통을 가진 "순혈주의" 국가라는 신화는 아쉽게도 전적으로 과거 역사에 속하는 일만은 아니다. 이러한 사상은 지금도 더 복잡한 형태를 띠면서 서양 중심주의에 대한 안티테제로서 자문화 중심주의와 지나치게 원리주의적인 배외사상으로 나타나며, 다양한 종교적·경제적·정치적 요인과 얽혀서 일상생활의 도처에서 다양한 비극을 재생산하고 있다. 이러한 사태는, 칸트의 표현을 차용한다면, "찬란한 비참"의 현대판에 다름 아니다.

이런 점에서 볼 때, 포스트모더니즘 이후의 21세기에 18세기 계몽사상이 주장한 자유와 관용 사상의 의의는 반드시 새롭게 재조명되어야만 한다. 이것은 극히 비극적인 하나의 역설이다. 게다가 이 비극적 역설은 계몽사상의 중심 사상인 자유로운 주체로서 인간 활동의 역사적인 귀결이며, 안과 밖의 자연 지배의 결과로서 생긴 것이라는 점을 잊어서는 안 된다. 여기서 단순하게 역사적 개념으로서의 계몽사상의 부활이나 그 중요성을 소리 높여 주장하는 것만으로는 문제의 해결은커녕, 문제의 소재 자체를 파악하지 못하는 오류에 빠질 위험이 있다.

일찍이 낭만주의는 앞서 지적한 대로 계몽의 요소주의적 사고방식이나 분석적인 사고 방법을 비판했다. 오늘날의 정치 제도에서 요소주의적 사고방식은 자신의 의지를 타인이 대리하고, 대표할 수 있다고 하는 전제에서 찾아볼 수 있다. 민주적인 정치 제도로서의 대의제는 이러한 전제에 의해서 성립하고 있는 것이다. 그러나 정말로 타인이 자신의 의지를 대리할 수 있는가? 이것은 신화가 아닌가? 다수결 원리에 의해서 전체의 의지를 결정하는 선거 제도는 인간의 의지를 전부 수량화할 수 있고, 모든 의지를 등가로 교환할 수 있다는 사고방식을 전제하고 있다. 하지만 이러한 주장의 근거는 어디에 있는가? 이와 같이 지나치게 수량화된 합리주의적 사고방식은 현대의 신화가 아닌가? 그러나 저자들은 "계몽의 비진리"는 낭만주의가 비판하는 이러한 계몽의 요소주의적인 환원 사상에 있는 것이 아니라, 계몽이 일체의 사고를 합리화해 수학화하는 데 있다고 주장한다. 따라서 그들의 칸트에 대한 비난 역시 그 수학적 방법에 의한 사고의 도구화에 중점을 두고 있다. 순수 이성 비판의 문제점 역시 자연 지배의 영역 내에 사고를 가두는 것에 있다고 주장한다. 이리하여 인간은 자기 보존을 위해, 이성 그 자체를 도구적 이성으로 변환하여 정해진 목적만을 지향하도록 만들어 버렸다.

　이상의 논의를 칸트 철학에 대한 비판이라는 관점에서 정리하면, 첫째, 지금 서술한 대로, 칸트적인 계몽적 이성은 일체를 정당화하고 합리화하는 도구적 이성에 지나지 않는다. 둘째, 모든 것을 이성의 힘에 의해서 규정하고, 체계화해 가는 이성의 움직임을 들 수 있다. 셋째, 질료와 형식의 이원론에 기초한 칸트의 발상에서는 이성이 자연이나 이 세계의 모든 존재자, 소재, 질료를 지배하고 관리할 뿐만 아니라, 나아가 인간을 관리 · 지배하게 된다. 이것은 도덕 철학에서 칸트의 엄격주의라고 불리는 내적인 자연 억압의 사상이다. 넷째, 칸트적 계몽은 결국 과학적인 진리의 학문을 만들어 내는 이성의 작용이며, 이 사상은 최후에 전체주의적인 질서를 만들어 내거나 적어도 그것과 불가분한 관계가 있다. 바꿔 말하면, 보편적인 것과 특수적인 것을 동일시하는 것에 의한 체계의 압박이라는 사태로 귀결한다. 칸트적인 보편주의, 즉 그의 정언명법의 사고방식은, 역설적으로 표현하면, 보편적 규칙에 따르는 아이히만과 같은 "악의 평범함"을 체현하는 인간을 만들어 내며, 종국에는 전체주의를 만들어 낸다. 바로 여기에서 "계몽의 신화로의 전락"이라는 역설적인 사태가 생긴다. 따라서 비판철학적인 도덕학의 키워드인 서로 상대를 존경한다는 의무를 이성의 법칙에서 도출해 내려고 한 칸트의 시도는 비판 속에서 어떠한 기초도 가지지 못한다. 호르크하이머와 아도르노는 칸트의 낙관주의의 근저에는 야만으로 전락하는 공포가 도사리고 있음을 알고 있었다.

이것을 자연 지배의 구조라는 점에서 보면, 계몽사상이 초래한 인간에 의한 자연 지배라는 역설적인 사태는 자연 지배의 주체인 인간의 내적 자연의 깊은 곳까지, 바꿔 말하면 현대의 정신분석학의 대상 영역에 속하는 무의식의 영역에까지 깊이 그 영향을 미치고 있다. 이 자연 지배가 노리는 것은 도대체 무엇인가? 이 경우의 "자연"이란, 우리들이 보통 생각하는 물리적인 "밖의 자연"뿐만이 아니라 인간 정신, 즉 "안의 자연"도 포함한다. 그렇기 때문에 자연 지배의 방식은 한편으로는 밖의 자연, 이른바 자연 환경이라 불리는 자연, 이성과 과학적 합리성에 의해서 자연과학적 지식의 인식 대상이 되는 객관으로서의 자연, 대상으로서의 자연을 지배한다는 의미가 있다. 과학 기술이나 노동에 의해 자연을 가공하고, 인간의 욕구를 실현해 가는 것, 이것이 밖의 자연 지배의 방식이다.

자연 지배의 방식은 다른 한편에서는 안의 자연에 관련되는 것으로, 어떤 의미에서는 밖의 자연 지배보다 더욱 심각하다. 그 이유는 안의 자연 지배는 인간의 억압이라는 사태를 의미하기 때문이다. 바꿔 말하면, 안의 자연 지배는 우선 보편적인 도덕 법칙에 의한 인간 정신의 억압을 의미하며, 두 번째로 권력과 다양한 제도 · 질서에 의해서 인간을 훈련하고 마음을 관리하는 것을 의미한다. 즉, 인간관계, 상호 관계, 의사소통 그 자체를 지배하는 것이다. 그리고 이러한 안의 자연을 억압하여 왜곡함으로써, 인간 지배의 목적인 외적인 인간의 지배나 인간이 사는 것의 목적 그 자체, 혹은 인생의 의미 그 자체도 상실하게 된다. 이 책은 자연 지배의 구조를 분석함으로써 이러한 역설적인 사태를 분명히 밝히고 있다.

이러한 견해는 극히 절망적이며 냉소적인 사고방식이다. 따라서 장래에 대한 희망과 변혁을 위한 전망을 잃어버리게 만든다. 칸트적인 이성이나 자유로운 주체가 불가능하게 될 뿐 아니라, 사회 변혁의 주체가 되어야 할 노동자 계급의 역할이나 역사적 의미의 담당자로서의 인간 행위의 역할까지 상실하고 만다. 인간 이성은 전부 최종적으로 도구적 이성으로 환원되기 때문에, 이러한 계몽의 변증법을 해결해야만 하는 근거를 잃게 된다. 실제로, 이 책에는 비관론자의 대표적 사상가인 쇼펜하우어와

포스트모더니즘의 선구자 가운데 한 사람인 니체의 이름이 종
종 등장하지만, 저자들이 영향을 받은 마르크스나 엥겔스의 이
름이나 그들로부터의 인용을 발견하기는 어렵다. 그러나 호르
크하이머와 아도르노를 호의적으로 해석하면, 근대의 주체주의
적인 사고방식이 자연 지배에 의해 역으로 자연에게 지배받고,
자연으로 전락해 간다는 현실을 분석하는 가운데, 자연과 인간
혹은 문명과 자연 사이의 지배 관계, 혹은 인간과 인간의 지배나
강제의 관계를 어떻게든 해결해 보고자 하는 가능성을 모색했
다고 이해할 수도 있다. 다만, 아쉽게도 이것을 구체적으로 전개
하지 못했으며, 명확한 전망을 제시하지도 못했다. 한마디로 칸
트의 계몽사상 및 비판철학에 대해서, 미美와 숭고의 이론을 제
외하고는, 기본적으로 부정적인 평가로 일관하고 있어서, 칸트
의 계몽사상 및 비판철학을 충분히 정당하게 평가할 수 없었다
고 보아야 할 것이다.

4. 하버마스와 푸코의 계몽관

　마지막으로 호르크하이머나 아도르노와는 대조적으로 칸트
의 계몽 개념을 적극적으로 평가한 위르겐 하버마스와 미셸 푸
코의 계몽관에 대해 언급하면서 제2강을 매듭짓고자 한다. 프랑
크푸르트학파의 다음 세대의 일인자로 간주되어 온 위르겐 하
버마스의 칸트의 계몽에 대한 평가와 비판을 언급하기 위해서
는, 동시에 호르크하이머와 아도르노에 대한 비판적 평가를 언
급해야 할 뿐만 아니라, 나아가서 하버마스와 가장 만년의 푸코

사이에 존재하는 칸트의 계몽에 대한 평가를 둘러싼 차이와 논쟁점에 대해서도 언급해야만 한다. 여기서는 이러한 큰 문제를 정면으로 다룰 여유는 없다. 따라서 우선, 앞에서 언급한 『계몽의 변증법』에서 칸트 비판과 직접 관련된 논의를 간단하게 살펴본 다음, 푸코의 칸트의 계몽 개념에 대한 평가와 비판을 언급하는 데 그치도록 하겠다.

우선, 하버마스의 『현대성의 철학적 담론』(1985)에 의하면, 『계몽의 변증법』의 인상은 그의 표현을 빌리면 기묘한 서적이며, "가장 검은 책이다." 이미 언급한 바와 같이 이 책에서는 계몽사상이나 계몽적 이성이 제기한 과제를 해결하는 능력을 찾을 수 없기 때문이다. 하버마스는 근대(현대)의 미완성의 프로젝트로서 "계몽"의 추진이나 이성의 비판적 기능을 떼어놓는 것은 불가능하다는 입장을 취한다. 그래서 두 선배의 계몽 비판은 인류를 희망 없는 방향으로 인도하고 있다고 부정적으로 해석하였다.

따라서 두 번째로, 이미 서술한 것처럼 자연의 지배, 외적인 자연의 지배와 억압된 내적 자연의 지배에 계몽의 본질이 있다고 하는 사고방식은 니체적인 니힐리즘(허무주의)의 주장이며, 이러한 반계몽의 사상가들, 특히 포스트모더니스트들에게 큰 영향을 준 니체적인 니힐리즘은 고도로 발달한 근대 고유의 산업 자본주의의 목적 합리성이나 체계 합리성에 대항하는 것을 불가능하게 한다. 두 명의 저자가 의거하는 니체의 사상은 계몽에 대한 반항을 철저하게 진행한 반계몽의 이데올로기에 다름 아니라고 하버마스는 혹독하게 비판한다. 앞에서 언급한 호르크하이머와 아도르노의 문화 비판의 내용은 설득력이 없는 의심스러운 추상화와 평면화를 만들어 내고 말았다. 즉, 이성 불신을 만들어 냈다는 점에서 혹독한 비판의 표적이 되었다. 이것은 이성의 의미를 목적 합리성에 근거한 도구적 이성으로서만 이해하고, 이성의 사회적 · 비판적 기능 등과 같은 적극적인 의의를 보지 못했기 때문이다. 하버마스는 이 점을 정확하게 지적하고 있다.

바꿔 말하면 하버마스는 "계몽의 계속으로서 이데올로기 비판"의 역할에 주목함으로써 『계몽의 변증법』의 두 저자의 이성관을 비판한다. 하버마스에 따르면, 『계몽의 변증법』의 두 저자는 목적 합리적인 자연 지배와 충동 지배라는 형태로 이성을 소극적 · 부정적 결과를 초래하는 도구적 기능으로서만 이해하고 있었기 때문에 이성이 스스로 가능하게 만든 인간성을 스스로 파괴하는 오류에 빠졌다고 생각하였던 것이다. 하버마스에 따르면, 오히려 이성의 개념은 인간 본래의 인간적인 관계를 만들어 내며 지탱할 수 있는 기능을 가질 수 있다. 하버마스 자신의 말로 하면, 이성의 전통적 개념을 변환시킨 "의사소통적 이성"은 오늘날 계몽적 역할을 담당하는 이성이며, 이 이성의 이데올로기 비판에 기초해서 오히려 도구적 이성에 대한 비판을 포함해, 포스트 형이상학의 시대에 사회 비판의 기초를 제공하는 역할을 할 수 있다. 하버마스는 학문이나 과학 그 자체를 도구적 이성의 결과로 회수해 버리는 듯한 전면적인 부정적 평가에 분명히 반대한다.

셋째, 하버마스는 근대화 · 문화적 모데르네의 수행과 이러한 행위의 독자적인 존엄, 즉 이성의 비판적 분별의 능력을 포기하지 않는다. 이것은 칸트의 계몽에 대한 재평가와 직결되는 논점이 되는데, 하버마스는 『계몽의 변증법』의 저자들과는 반대로, 칸트의 계몽의 주장과 같이 계몽의 진전을 발전시켜 나가야 한다고 하는 일종의 발전 사관을 주장하고 있다. 물론 이 주장은 이제까지 살펴본 바와 같은 신의 의지에 의한 "섭리"나 "역사의 의도," "이성의 간지," "역사 발전의 법칙"에 의거하는 견해와는 무관하다. 그러나 계몽의 기획을 완성해야 한다고 하는 그의 일종의 사명감의 배후에는 강한 확신이 뒷받침된 발전적인 역사가 전제되어 있음은 부정할 수 없다.

넷째, 하버마스에 의하면, 목적 합리성이라는 신화에서 벗어나기 위해서는 『계몽의 변증법』적인 발상과 그 전제에 있는 비관주의와 니힐리즘을 부정하고 비판하면서 계몽을 계속해 나가야 하는데, 이것은 칸트가 제기한 계몽의 이념을 계속하는 것이다. 이 미완성의 기획을 현대에 계승하여 완성시키는 일이다. 여기서 일단 이성에 대한 불신을 제거하여 잃어버린 이성에 대한 신뢰를 회복하기 위해서는 칸트적인 계몽 개념의 재평가 작업이 불가결하다. 여기서, 앞에서 언급한 카시러의 계몽에 대한 재평가와 하버마스의 근본 의도 사이에 뜻밖의 유사성이 발견된다. 특히 하버마스는 이성의 비판적 기능, 한마디로 말하면 이른바 이데올로기 비판의 기능을 중시한다. 또한 이성 비판 자체의 진리성 역시 어떤 종류의 진리를 중시하는 입장을 취한다. 이것은 그의 생각으로 말하면, 대화적 합리성에 근거한 의사소통적 이성을 주장하고, 그것에 의해 사회 비판을 진행해 나감으로써 근대의 기획의 완성을 향해 노력하는 것이자 칸트가 제기한 계몽의 기획을 그 나름대로 변형시켜서 진행하는 것이다. 여기에는 이제까지의 칸트 비판의 관점과는 달리, 칸트의 계몽 이해의 중심 개념인 "성숙," "성년"이라는 이성에 대한 적극적인 평가가 있음을 간과해서는 안 된다. 칸트의 계몽에 대한 정의는 하버마스의 입장에서 보면 다양한 역사적·사회적 제한을 가지면서도 비판적인 이성의 기능과 불가분의 관계가 있다. 이런 점에서 볼 때 계몽은 18세기라는 특정 시대 상황을 초월한 현대적 과제라고 할 수 있다.

더욱이 여기서 주목해야 할 점은 이성적인 내실을 정당하게 평가하려는 하버마스의 세 가지 비판적 논점이다. 첫째, 이성이 가진 자율적 운동이다. 이에 따라 학문은 기술적 수준에 머무르지 않고, 그것을 초월한 운동을 할 수 있게 된다. 둘째, 법과 도덕의 영역에서 보편주의적 기반을 적극적으로 주장한다는 점이다. 이 기반은 민주주의와 그 제도를 구축하는 의지 형성과 불가분의 관계 속에서 실현된다. 셋째, 미美와 관련된 근본적인 경험에서 생겨난 생산성과 기폭력이다. 이것은 일상적인 인식 활동이나 행위의 규범에서 해방된, 자신의 탈중심화에 의해 얻을 수 있는 경험을 의미한다. 이러한 경험에 의해서 자기실현이 가능하게 된다고 하버마스는 보고 있다.

이 세 가지 논점은 이미 알고 있는 바와 같이 칸트의 『순수 이성 비판』에서의 이론 이성, 『실천 이성 비판』과 『도덕 형이상학』 등에서의 실천 이성, 그리고 『판단력 비판』에서의 미적 경험 등의 비판적 기능을 염두에 두고 이에 대한 비판적 응답으로 시도된 것이라고 해석할 수 있을 것이다. 확실히 하버마스의 비판은 많은 점에서 『계몽의 변증법』의 저자들의 지나침과 일면적인 견해를 날카롭게 지적하고 있다. 이에 관해서는 이미 서술한 점과 하버마스의 견해가 일치하고 있다는 것으로부터도 이해할 수 있으리라 생각한다. 그러나 두 명의 철학자에 대한 하버마스의 이러한 비판을 전면적으로 승인할 수 있는가? 결론부터 말하면, 반드시 그렇지는 않다고 생각한다. 이것을 살펴보기 위해서 다음으로 하버마스의 계몽관을 상대화하면서 푸코가 제기한 칸트의 계몽관에 눈을 돌려보자.

포스트구조주의 또는 넓은 의미에서의 포스트모더니즘의 사조에 속하는 미셸 푸코는 현대 프랑스 철학·사상을 대표하는 인물이다. 미셸 푸코는 하버마스와는 대조적으로 근대성에 대해 부정적인 비판을 가한다. 하지만 칸트의 계몽에 대한 만년의 논고 중에서는 칸트의 표어인 "성숙"이라는 문제를 가지고 푸코 나름의 재평가를 통해 칸트의 비판적인 이성을 재해석하면서 독특한 계몽관을 전개하였다. 먼저 푸코와 하버마스는 칸트의 계몽 개념을 둘러싼 해석에서 몇 가지 공통점을 보인다. 칸트의 계몽에 대한 정의의 내실을 표현하는 "성숙" 내지 "성년"이 현대 내지 근대의 중요한 과제라는 인식에서 일치하고 있다. 따라서 비판적 이성의 역할에 주의를 기울인다는 점에서도 공통점을 가지고 있다. 이 외의 점에서는 양자의 칸트에 대한 이해나 해석의 방법은 극히 이질적이고 교착되어 있으며, 또한 현대 내지는 근대성과 성숙이라는 개념의 이해에 있어서도 이질적이고 대조적인 논의를 전개하고 있다. 푸코는 중기의 저작 『말과 사

물』(1966)에서 "인간은 파도 칠 때의 모래에 그려진 얼굴 같이 소
멸한다"고 쓰고 있다. 이 가장 급진적인 표현을 차용하면, 칸트
와 18세기 계몽 시대의 지知와 인간의 존재 방식은 "파도 칠 때
의 모래에 그려진 얼굴 같이 소멸"하는 운명이다. 이러한 푸코
의 생각에 따르면, 인간 이성의 비판적 기능이나 칸트의 계몽의
내실을 표현하는 "성숙"에 대한 적극적 평가는 생겨날 여지가
없다. 푸코가 인간의 죽음 내지 인간의 종언을 선언하고 주체성
을 부정함으로써 포스트모더니즘의 선구가 된 것은 확실하다.

　그러나 푸코는 1984년, 죽기 직전에 칸트의 계몽에 대해서 초
기나 중기의 저작에서의 주장과 적어도 표면적으로는 모순되는
것처럼 보이는 대조적인 견해를 제시하였다. 그러면 푸코는 그
당시에 어떤 의도에서 어떤 이유로 칸트에 주목했으며, 특히
"성숙"의 개념을 중시한 것인가?

　우선, 푸코가 칸트의 『계몽이란 무엇인가』에 주목한 이유는
칸트의 물음이 지금 살고 있는 이 세계, 이 시대, 이 순간은 무엇
인가라는 의문을 철학적 과제로서 자각적으로 채택했기 때문이
다. 바꿔 말하면 칸트가 특정한 역사적 사건으로서 계몽과 성숙
에 관해서 철학적 관점에서 본격적으로 고찰했기 때문이다.

　둘째, 이 물음은 계몽의 운동에 관련된 자로서 우리는 무엇인
가라는 물음을 제기하기 때문이다. 이 물음은 칸트도 중시한
"인간이란 무엇인가"라는 전통적인 철학적 물음과는 다른 물음
이라는 것에 주의할 필요가 있다. 푸코는 역사를 초월한 보편적
인 "인간" 존재를 일관되게 인정하지 않는다. 그러나 이 물음은
이미 특수한 역사적 존재자에 관한 물음이다. 또한 이것은 칸트

에게 있어서 지금 자신이 생활하고 있는 역사적 상황은 어떤 의미를 지니고 있는가라는 물음을 의미하며, 칸트는 이 물음을 철학적 과제로서 떠맡은 최초의 철학자였다고 하는 사실을 푸코는 중시하고 있다.

셋째, 칸트가 제기한 "자신의 이성을 사용함으로써 인류는 성숙할 수 있는가"라는 계몽의 과제는 모든 사물을 비판적 검토에 노출시키는 이성의 작용 및 그것과 뗄 수 없는 국가에 대한 새로운 물음을 포함하기 때문이다. 이 과제는 푸코에게 있어서 역사 속에서 사는 자기의 태도와 자기 존재의 역사성에 대한 비판적인 물음을 포함하고 있다. 푸코의 관점에서 보면, 칸트의 근대성은 이성의 비판적 기능과 한계의 자각, 적절한 이성 사용의 형태를 제시한 점에 있다.

이와 같이 푸코에게 있어서도 비판의 작업은 계몽의 작업과 다르지 않다. 이 점에 관한 한 하버마스와 푸코는 칸트의 문제 제기의 중요성을 정확하게 파악하고 있다. 다만 푸코의 성숙에 대한 이해는 칸트의 개념과는 약간 다르지만, 푸코의 입장에서 볼 때 칸트의 성숙의 적극적 의미는 현대라고 하는 시대의 관심에 적극적으로 관계하는 것이며, 또한 전통적 규범과 보편적 진리라는 비역사적 이론을 떨쳐버리는 태도이다. 이러한 역사에 대한 자신의 참여 방법이 "성숙"된 행위인 것이다. 이것은 푸코 자신의 사상의 골격을 형성하는 권력론과 그것에 기초한 근대의 과학 기술이나 합리성에 대한 비판적 태도의 표명이기도 하다. 그것은, 칸트의 표현을 빌어서 말하면, 현재 다양한 수준에서 우리들을 제약하는 권력에 대해 자신의 비판적 태도를 유지하면서 "스스로 오성을 사용하는 결의와 용기를 가져라"라는 계몽의 표어를 표현한 것에 다름 아니다. 따라서 푸코가 『계몽이란 무엇인가』의 목적은 계몽 개념의 이론적 분석에 있는 것이 아니라 실천 그 자체에 있다고 해석한 것은 적절한 이해이다. 이 해석이 칸트 자신의 견해에 충실한 것임은 앞에서 설명한 것으로부터 충분히 이해할 수 있으리라 생각한다.

푸코가 제창하는 "윤리"의 개념도 역시 이러한 비판적 태도를 요구한다. 하지만 여기서는 더 이상 푸코의 사상에 대해서 논의하지 않겠다. 그러나 오늘날의 사회 상황은 푸코가 제기한 시대 이상으로 국가 간, 민족 간, 개인 간, 성별 간뿐만 아니라, 가정, 지역, 학교, 사회와 기업 등의 모든 수준에서 눈에 보이지 않는 폭력성이나 권력성이 강화되고 있는 만큼 칸트의 권력 비판과 불가분한 계몽의 정신과 성숙의 의의는 더욱더 증가하고 있다고 할 수 있다.

마지막으로, 지금까지의 푸코의 "칸트 읽기"에 대해 몇 가지 의문을 제기하면서, 제2강을 종료하고자 한다. 푸코에 의한 칸트의 계몽의 재해석 및 재평가의 관점은 지금까지 본 것처럼 칸트 자신의 견해와도, 또한 하버마스 등의 해석과 평가와도 기본적으로 이질적인 입장에서의 평가였다. 푸코는 개인의 "윤리"적 실천을 중시했기 때문에, 그런 점에 있어서는 칸트와 마찬가지로 실천 이성의 우위를 주장한 사상가였다고 간주할 수 있을 것이다. 다만, 그의 새로운 주체성 창조라는 사고방식은 계몽사상이나 칸트적인 휴머니즘과는 이질적이며, 오히려 그러한 견해를 물리치고 있는 이상, 자율적인 자유로운 주체 확립이 엄밀한 의미에서 가능할 것인지가 의문의 대상이 아닐 수 없다.

니체의 비합리주의의 영향과 깊이 연관되어 있는 하버마스의 푸코 비판이 반드시 요점을 제대로 파악한 것 같지는 않다. 그러나 그렇다고 해서 푸코의 칸트론이 타당한 것으로 곧바로 증명되는 것도 아니다. 실제로 푸코의 역사적 비판이나 성숙을 중시하는 견해가 어디까지 수미일관된 현실 비판의 이론이 될 수 있는가 하는 것 역시 쟁점이 될 것이다. 또한 푸코의 주장이 상대주의에 빠지지 않는가 하는 의문도 남는다. 여하튼 칸트가 제기한 이성의 비판적 기능 및 성숙이라는 개념에 대해서는, 기초주의나 보편적 규범을 승인하는 입장에서든, 반기초주의적 입장이나 구조주의 또는 포스트구조주의적 입장에서든, 여전히 적극적인 의의를 지닌 것으로 평가받고 있음을 알 수 있다.

다음으로, 하버마스와 푸코 등의 칸트 평가에 대한 논의를 넘어서 보다 넓은 시야로 칸트의 문제 제기가 가지는 의의를 고찰해 보도록 하겠다.

제3강
칸트의 다원주의와 가류주의

1. 니체의 비판주의

1. 현대의 칸트 비판의 관점

그러면 제3강을 시작하겠다. 먼저 칸트에 대한 종래의 비판 중에서 중요한 비판적 논의를 정리한다는 의미에서 칸트를 포함한 근대 서양 철학 전반에 대한 현대 철학의 비판에 눈을 돌려 보고자 한다. 여기서는 특히 프리드리히 니체의 원근법주의의 영향을 크게 받은 포스트모더니즘과 그 주변에서 제기된 대표적인 몇 가지 비판적 견해를 제시하고자 한다.

첫째, 자주 지적되는 것이 칸트 철학은 주관주의적 관념론이자 전통적인 의식 중심주의적 사고방식이라는 비판이다. 물론 이 비판을 칸트만 받아 왔던 것은 아니다. 이 비판은 오늘날에도 의식의 안과 밖을 구별하여 의식 밖의 존재자를 전제하는 소위 표상주의적인 입장이나, 순수한 의식의 움직임에 의거하는 에드문트 후설의 초월론적 현상학과 같은 초월론적인 입장을 긍정한 견해에는 여전히 타당한 비판이라고 할 수 있다. 이미 언급했듯이, 오늘날에는 철학적인 사색을 할 때에 역사나 사회를 넘어서 존재하는 무제약적인 순수한 의식이나 보편적 이성, 전 인류적 보편성을 가진 인식 주관의 존재를 소박하게 믿는 것이 더 이상 허용되지 않는다.

이러한 비판은 마르틴 하이데거나 그 제자인 가다머에 의해서도 지적되었다. 이것은 이미 어느 정도 언급하였고, 필자 역시 기본적으로 거의 같은 견해라는 것도 언급한 바 있다. 그러나 그렇다고 해서 가다머가 『진리와 방법』(1960)에서 주장한 것처럼 "근대의 모든 주관주의를 날려버리는 것"은 그렇게 용이하지 않다는 것이 많은 현대 철학자들의 지적이다.

둘째, 칸트 철학이나 서양의 합리주의 사상은 이성 중심주의적 사고방식이자, 인간의 신체와 감정을 경시하거나 무시하고 있다는 비판이다. 전통적으로 유럽의 철학은 이성에 편중되어 있다. 이것은 인간의 본질을 이성적 동물로 규정하는 방식에 이미 드러나 있다. 또 이것은 "이성의 타자"라고도 표현할 수 있는 인간의 감정이나 신체 또는 자연을 경시하고 무시하는 순수주의적 사고방식이기도 하다. 이러한 의미의 순수 이성이나 순수 의지의 존재, 무제약적인 이성의 자율적 작용 등을 상정할 여지는 이미 없어졌다고 할 수 있다. 이 문제는 이미 무의식의 존재와 자각적인 자기의식의 한계와 문제점을 폭로한 프로이트학파에 의해서 제기되었다. 예를 들어, 현대 프랑스 사상의 한 가지 조류로 자리 잡은 자크 라캉 등의 정신분석가들은 도덕 법칙의 보편성 안에 잠재된 감성적·경험적 욕망의 작용에 대해서 주의를 기울이고 있다. 또한 최근에는 뵈메 형제가 그들의 저서 『이성의 타자』(1983)에서 칸트를 중심으로 한 계몽적 이성에 대해 신랄한 비판을 가하였으며, 이에 대해 하버마스가 그 비판이 과도하다는 취지의 반론을 제기하면서 논쟁을 낳고 있다.

그 비판의 핵심은, 계몽의 완성자인 칸트의 이성주의나 이성 비판의 입장이 앞서 언급한 이성과는 다른 것으로부터, 즉 무의식이나 욕망으로부터 이성을 분리시켜서 이성을 안전한 장소에 옮겨두고, 이성과 동화될 수 없을 것 같은 이성의 타자를 배제하는 작업이었다는 것이다. 더욱이 "타자"의 문제는 현대 프랑스의 가장 뛰어난 철학자 중 한 사람인 에마뉘엘 레비나스를 비롯한 일군의 철학자들에 의해서 오늘날 다시금 여러 수준에 걸쳐서 칸트의 비판철학에 대한 비판뿐 아니라, 칸트의 이해와 "칸트 읽기"에 새로운 관점과 문제 관심을 야기하고 있다.

셋째, 객관주의적, 보편주의적 고찰 방법에 대한 비판이다. 이것은 언뜻 보기에 조금 전에 말했던 것과 모순되는 것처럼 보이지만 사실은 내용적으로 중요한 견해이다. 이것은 전 인류에 타당한 초역사적 이성에 대한 비판으로서 초역사적 진리나 글로벌한 보편성을 요구하는 도덕에 대한 보편주의적 사고방식이 문화 다원주의를 부정하는 독단론에 빠졌다는 것이다. 인간의 이성이나 의식의 역사성에 대한 자각은 이미 딜타이 이래로 하이데거나 가다머와 같은 해석학적인 철학의 계통에서는 일찍부터 지적되어 온 문제의식이었다. 20세기 초에는 후설 등에 의해 역사주의가 불가피하게 상대주의에 빠지게 된다는 지적이 있었으며, 이것을 비판적으로 극복하기 위한 여러 가지 시도가 있었다. 그러나 오늘날 이러한 시도가 얼마나 성공했는지에 대해서는 보다 많은 검토가 필요하다. 칸트를 비판한 딜타이의 경우에서도 볼 수 있듯이, 전통적인 객관주의 내지는 이성주의적 뒷받침을 배척한 결과로 말미암아 딜타이를 비판한 가다머마저도 상대주의를 탈피하기 위해서 모종의 역사적 이해 속에서 임시

변통하는 식의 편의주의에 빠진 것은 아닌가 하는 의문이 든다. 이것도 마땅히 검토되어야 하는 문제임에 틀림없다. 이 문제에 대해서는 나중에 다시 언급할 것이다.

넷째, 이것도 자주 제기되는 비판인데, 칸트가 방법적 유아론唯我論에 빠져 있다는 주장이다. 이 비판은 하버마스와 카를 아펠의 칸트 비판의 기본적 논점으로서 유명해진 개념이다. 이것은 첫 번째 비판과도 밀접한 관련이 있는데, 오늘날에도 칸트주의적인 발상을 하는 철학자 · 사상가들 사이에서 여전히 이러한 비판을 타당하다고 보는 견해를 찾아볼 수 있다. 이 비판에 따르면, 칸트 철학에서 타자라는 것은 단순히 자기를 일반화하거나 보편화하여 이해한 것에 지나지 않는다는 것이다. 어떤 의미에서 존 롤즈의 『정의론』(1971)도 비슷한 비판을 받고 있다. 이것은 칸트의 윤리학에 기초하고 있는 롤즈의 사고방식이 칸트 철학과 기본적으로 공유하고 있는 전제를 향한 비판일 것이다.

인간을 기본적으로 동형적인 것, 즉 같은 유형의 의식과 정신 구조, 움직임을 가진 존재자로 간주함으로써 이질적인 타자, 즉 자기와는 이질적인 정신 구조나 기능을 가진 비대칭의 동형적이지 않은 타자와 그 존재를 결과적으로 배제시켜 버리고 만다는 비판이다. 실제로 인간은 무자각 내지는 무의식 속에서 타자를 이분법적 관계로서 이해하기 십상이다. 즉, 타자를 자신과 같은 존재자로 전제하고 당연히 상호 의사소통과 합의의 형식이 가능하다고 굳게 믿거나, 아니면 반대로 완전히 대화가 불가능하므로 대결 내지는 무시 · 배제 · 말살해야만 하는 존재로 간주하기 쉽다.

이러한 비판은 정형화된 칸트에 대한 비판, 즉 보편적 이성 비판을 수행한 칸트의 보편주의·이성주의를 향한 비판이다. 그리고 이 비판은 대부분 정확한 비판이다. 다만 이러한 비판은 기본적으로『순수 이성 비판』과『실천 이성 비판』의 사상에 특징적인 초월론 철학의 강고한 기반에 초점을 맞춘 비판이다. 그런데 최근에 칸트에 대한 재평가와 재검토에서 주목받고 있는『판단력 비판』과 앞의 강의에서 자세히 언급했던『계몽이란 무엇인가』와 같이, 종래의 주요한 칸트 해석이나 비판에서 중시되지 않았던 서적이나 문서에서 보이는 칸트의 모습은 지금까지의 칸트 비판이나 칸트 상과는 다른 것이다. 따라서 그러한 비판이 이 저작들에 대해서도 반드시 타당하다고는 할 수 없다. 이와 관련해서는 칸트에 대한 긍정적인 재평가가 가능하며, 또한 필요하다는 점을 강조하고 싶다. 이후의 논의에서는 먼저 칸트 비판에서 가장 날카롭게 기선을 잡은 니체의 사상을 중심으로 지금까지의 통설화된 니체의 칸트 비판을 살펴보고, 이 두 사상가의 관계를 재고할 계기를 제시하고자 한다.

2. 니체의 원근법주의

철학사의 상식적인 이해에 의하면, 원근법이나 원근법주의는 라이프니츠의 단자론의 특징을 나타내는 원근법 사상을 효시로 하여, 그 영향아래 있던 니체의 원근법주의 사상이 유명하다. 그러나 여기에서는 논의의 문맥상 퍼스펙티브perspective, 원근법, 원근법주의라는 표현은 오해를 받을 위험이 있기 때문에, 오해

를 막기 위하여 미리 몇 가지 예비적인 주의를 기울일 필요가
있다.

우선, 원근법 하면 보통 회화의 원근법을 떠올리는데, 이것은
니체의 원근법이나 원근법주의와는 질적으로 크게 다른 것이
다. 중요한 점을 간단히 두 가지 정도 지적해 두겠다. 근대 유럽
세계에서 발달한 회화 기법인 원근법은 ― 엘빈 파노프스키의
『〈상징 형식〉으로서의 원근법』(1924/5)을 비롯하여 여러 사람들
이 지적한 바와 같이 ― 근대의 주체주의 혹은 주관주의의 사상
적 표현이었다. 즉, 인간 자아의 자각 혹은 인간의 시각이나 관
점 중시의 사상적 표현이다. 이 사상이 확립되어 가는 과정에서
회화 영역에서 원근법이 확립되어 갔다. 근대 독일 르네상스를
대표하는 예술가인 알브레히트 뒤러의 해석에서도 볼 수 있듯
이, "원근법perspective"이라는 단어는 "비춰 보다"라는 의미를 가
지는 개념으로서 이해되었다. 더욱이 하이데거는 『니체』(1961)에
서 니체의 원근법에 대해 언급하면서, 여기에서 "원근법은 미리
간파된 예측된 시선"이라는 것, 또 "시선 상에 하나의 지평이 그
때마다 형성되어," "투견透見과 선견先見이라는 성격은 지평 형
성과 하나가 되어 삶의 본질에 속하고 있다"는 특징을 부여하고
있다. 여기에서는 원근법을 단순히 시각적인 성격에 한정하지
않고 있으며, 생성하는 것, 삶의 본질과 불가분한 것으로 정확하
게 서술되어 있다. 이것이 첫 번째로 확인해야 할 것이다.

두 번째로 주의할 점은 근대 철학 사상의 영역에서 이 원근법
은 이를테면 정신의 눈이라는 모습으로 나타난다는 점이다. 철
학적인 고찰에서 이 관점이라는 것은 개인의 신체나 특정한 입

장을 넘어서, 오히려 철학자들의 반성의 시선으로서 주관의 초
월적 내지는 초월론적 정신이나 의식의 관점이나 시좌視座를 나
타내는 의미로 발전해 간다. 내성이나 내관, 초월론적 반성이나
양심이라는 내면의 소리의 작용, 지적 직관 등이 철학이나 논리
학의 기초에 놓여 왔던 것은 이것과 불가분의 관계에 있다고 할
수 있다.

그렇지만 오히려 니체는, 앞에서 언급한 것과 같이, 이러한 의
미로서의 원근법 사상에 대해서 철저한 비판을 가하고 있다. 왜
냐하면 이러한 근대 철학의 정신의 눈이 비대화되면, 그것이야
말로 주체주의적 견해 혹은 주관주의적 사고방식의 기초로 확
장되는 개념이 되기 때문이다. 그래서 니체는 그 자신의 독자적
인 원근법주의 혹은 퍼스펙티브라는 사상을 제시한 것이다. 라
이프니츠가 원근법을 단자의 존재와 관련지은 것과는 달리, 니
체는 원근법 사상을 방법적·기능적 측면에 착안하여 논하고
있다. 이 점에서도 니체의 독자성이 엿보인다.

이 사실은 다음에 언급할 "원근법과 해석," "원근법과 세계의
관계," 나아가 "원근법과 해석의 다의성"이라는 세 가지 논점에
서 명확해진다. 특히 니체는 만년인 1880년대 중반부터 이 용어
를 사용하기 시작한다. "퍼스펙티브"(원근법)라든가 "퍼스펙티
비즘"(원근법주의)이라는 그의 개념은 사물을 해석하는 종래의
방법과 큰 차이가 있다는 사실에 주의해야 한다. 첫째, 그는 유
일한 참된 세계 또는 객관적 현실이나 인식, 객관적 사실이나 참
된 인식, 이런 것들의 가능성을 철저하게 부정한다. 따라서 니체
는 진실과 거짓이라는 전통적인 철학의 이분법, 플라톤주의적

인 "흔들리지 않는 영원의 진리," 혹은 칸트적인 현상과 "물자체"의 구별 속에 전제되어 있는 보편적인 것·객관적인 것을 철저하게 부정하고 있다.

되풀이하지만, 니체가 말하는 원근법주의적 입장에서 세계나 존재에 관한 해석은 유일한 참된 현실 세계를 해석하려는 사고방식을 부정한다. 이것은 종래의 전통적인 형이상학을 배척하는 반형이상학적인 사고방식에서 귀결하는 견해이다. 이것은 동시에 참된 인식이나 참된 해석의 가능성도 부정한다. 반대로 말하면, 모든 것은 가상이며, 더 나아가 말하자면, 진리와 가상이라는 것의 이원성, 구별 그 자체를 흔적 없이 지우는 것이다.

따라서 원근법과 세계의 관계에 대해서도 진리의 존재와 현상의 존재, 앞에 언급한 칸트적인 표현을 사용하면, "물자체"의 세계, 본질의 세계와 현상의 세계, 이러한 세계의 이분법, 존재를 나누는 방법, 혹은 존재자에 대한 이원적인 구별을 근본적으로 배척한다. 따라서 당연히 칸트적인 "물자체"의 존재도 부정한다. 또 원근법과 해석의 다의성에 대해서 언급하자면, 해석하거나 인식하는 자로부터 독립해서 존재하는 것과 같은 "물자체"의 실재성은 엄격히 부정되기 때문에 그러한 존재를 가정하는 세계나 존재자에 대한 종래의 해석은 오류이다. 그렇기 때문에 인식 가능한 수만큼 세계를 해석하는 것이 가능하게 된다. 결국, 인간과 자연, 세계와 세계에 존재하는 것은 모두 해석된 것이며, 그렇게 해석되는 것만이 존재한다. 따라서 인식 가능한 것들의 수만큼 세계의 해석도 가능하게 된다. 일의적인 세계 해석이나 일정한 보편성과 객관성을 갖는 세계 해석은 불가능해진다. 이것은 지극히 급진적인 상대주의의 주장이다.

다만 니체 자신의 사고방식에서 보면, 이것은 생을 긍정하고, "권력에의 의지"라는 그의 의지 실현을 위해 니힐리즘 극복이라는 목적을 실현하기 위한 도구이다. 이와 같은 세계의 해석을 살려가자는 의도를 지닌 견해이다. 이것은 이른바 니체의 실용주의적 사고방식의 단적인 표명이라고 할 수 있을 것이다.

니체는 이 같은 방법으로 삶의 방향을 잡아가고자 했던 것이다. 니체의 경우, 원근법이나 원근법주의는, 한마디로 표현하면, 삶의 근본적인 조건을 형성하고 있다. 또 원근법의 방법이나 원근법주의라는 입장을 통해 삶을 긍정하고, 니힐리즘을 초월하고자 하는 것이 그의 기본적인 생각이다.

이와 같은 사고방식은, 방금 언급했듯이, 칸트의 비판철학의 사상과는 정면으로 대립하는 것이다. 제1강에서 다루었던 "물자체"의 해석에서도 니체의 칸트 철학에 대한 신랄한 비판은 근본적으로 일관되고 있다. 요컨대, 이러한 니체의 비판 이후 그 영향에 의하여, 칸트의 이성 개념뿐만 아니라 대개의 서양의 이성 개념이나 자율적인 주체의 개념은 지금까지 서술해 온 바와 같이 오늘날에는 말하자면 곰팡이 쓴 창고 안의 과거의 지적 유물에 불과하게 되었다. 하지만 이와 같은 "칸트 읽기"는 오늘날 과연 적절한 것인가? 이것은 충분히 검토하지 않으면 안 되는 과제임이 분명하다. 그래서 다음은 이 의문을 해결하기 위한 단서를 탐색해 보고자 한다.

3. 들뢰즈의 니체 해석

현대 프랑스의 철학자이자 포스트구조주의, 포스트모더니즘의 사상가로도 불리는 질 들뢰즈는 『니체와 철학』(1962)에서 니체와 칸트의 이성 비판의 시도를 적극적으로 관련짓고 있다. 종래의 통속적인 철학사 해석에 익숙한 사람들에게 이것은 뜻밖의 것으로 여겨질 것이다. 들뢰즈의 표현을 빌리자면, 니체와 칸트의 관계는 마치 마르크스와 헤겔의 관계와 유비적인 관계에 있다. 즉, 들뢰즈는 칸트 비판의 기본적인 관점으로, 니체가 오히려 칸트보다 칸트의 이성 비판을 더 철저하게 한 인물이라는 흥미로운 견해를 내세웠다. 요컨대 들뢰즈의 표현을 빌리자면, 니체는 "칸트 철학을 급진적으로 변용한 것, 칸트가 추구하면서 동시에 배반하기도 한 비판을 재구축하는 것"에서 자신의 "영원회귀의 사상"과 "권력에의 의지의 사상"의 실현의 방향성을 찾고 있었던 것이다. 그러므로 니체는 비판의 기획을 칸트와는 다른 새로운 기초와 개념에 의거하여 수행하려고 했다고 평가할 수 있다.

이러한 시도에서 들뢰즈가 주목한 것은 니체가 정신병에 걸리기 불과 수년 전인 1887년 말경에 썼던 『도덕의 계보』라는 책이다. 이 책의 부제목은 「하나의 논박서」로 되어 있지만, 니체 연구가의 일반적인 견해에 따르면, 니체의 지인이었던 파울 레의 저술 『도덕적 감정의 기원』(1877)을 비판한 책으로 여겨지고 있다. 하지만 이런 관점에 대해서도 여러 가지 해석이 가능하지만, 여기에서는 이런 문제는 다루지 않고 본론으로 들어가겠다.

여하튼 먼저 주의해야 할 것은 니체의 책이 대부분 격언 형식으로 적혀 있는데 반해서, 이 책은 장문의 서론과 3개의 논문으로 가지런히 구성되어 있어서 다른 것들과 구별된다는 점이다. 이런 의미에서 이 책을 니체의 저서 중 가장 체계적인 것으로 보는 해석은 타당하다고 생각된다. 또한 이 책은 첫 번째 논문 「선과 악, 좋은 것과 나쁜 것」에서 기독교적인 심리학 비판을 의도하고 있다. 니체의 용어로 말하면, 르상티망, 즉 약자가 강자에 대해서 갖는 감정인 원한을 논하고 있다. 두 번째 논문 「마음의 빛, 양심의 가책, 그런 종류의 것들」은 양심의 심리학 비판이고, 일반적으로 양심이라 믿고 있는 "인간 내면의 신의 소리"의 실체를 폭로하고 있다. 이것은 외부로의 발산이 불가능하게 되어 반대 방향으로 향해진 잔인성의 본능에 다름 아니라는 것이다. 세 번째 논문 「금욕주의적 이상은 무엇을 의미하는가?」는 사제의 심리학 비판을 의도하고 있다. 일반적으로 이상이란 실현되어야 할 바람직한 것을 의미하지만, 여기에서는 이러한 이상이 유해한 것이며, 데카당스의 이상을 의미하는 것임이 폭로된다. 요컨대, 이 책은 제목에서 엿볼 수 있듯이 서양의 전통적인 도덕적 의식이나 가치관에 대해 엄밀한 비판을 의도하고 있으며, 모든 가치의 전환을 시도하는 논거라 말할 수 있다. 또한 이런 비판적 견해는 이미 본 것처럼 니체의 독자적 원근법의 입장에서 발전된 것이다.

그런데 들뢰즈는 이 논문과 그 구성을 앞에서 언급한 것과 같은 의도아래, 기본적으로 칸트의 『순수 이성 비판』의 초월론적 변증론의 주요한 세 가지 내부 구성과 대비적으로 이해하고 있다. 우선 첫 번째는 파라로기스무스, 즉 "순수 이성의 오류 추론" 또는 "오류 추리"로 변역되는 제1편이다. 즉, 니체의 이 저술 중 첫 번째 논문은 르상티망에 관련된 하나의 오류 추론을 포함하고 있는 이론이다. 자기 자신이 할 수 있는 것으로부터 분리된 힘이 행하는 오류 추리를 의미한다. 두 번째 논문은 니체의 양심론에 해당된다. 이러한 꺼림칙한 양심은 본질적으로 이율배반적인 것으로서 자가당착적인 성격을 지니고 있다. 즉, 칸트의 변증론과 대비해 보면, 이것은 두 번째 "순수 이성의 이율배반"이라는 과제에 대응된다. 이것은 자기 자신에 적대하는 힘을 표현한 것이다. 그리고 세 번째 논문은 금욕주의의 이상이 주제이지만, 이 주제는 신의 존재 증명을 다루고 있는 "순수 이성의 이상"에 대응하는 것이다. 이 이상은 인식이나 도덕에 관한 모든 허구를 포함하는 좀 더 깊은 속임수로 인간을 이끄는 것이다. 이러한 관점에서 들뢰즈는 칸트가 『순수 이성 비판』에서 수행하려고 한 시도가 성공적으로 끝나지 않았기 때문에 니체가 『도덕의 계보』를 통해 그것을 고쳐 보려고 한 것이라고 해석하고 있다.

그렇다면 이것은 어떤 의미에서 칸트의 이성 비판의 시도가 불충분하다고 여겨 그것을 고쳐 보려고 한 것인지에 대해서 살펴보자. 이것은 칸트의 이성 비판 혹은 칸트가 누차 『순수 이성 비판』의 "이성의 법정"이라는 재판 장소 설치의 방법과 이러한 이성의 비판적 행위 자체가 참으로 철저하지 못했으며, 그렇기 때문에 칸트가 본래 수행하려던 목적을 잃어버렸다는 것이다. 따라서 니체는 이 이성 비판의 시도를 철저하게 하려고 했던 것이다. 이와 같이 들뢰즈는 칸트의 재구성, 『순수 이성 비판』의 이성 비판의 재구성을 니체에게서 찾고 있다.

즉, 칸트는 비판의 작업이 진정한 의미로 비판을 수행할 수 있는 능동적인 법정을 찾지 못했다. 칸트가 『순수 이성 비판』에서 자신이 실행했다고 말하고, 또한 이율배반론을 비롯하여 이성이 불가피한 운명으로 빠지는, 말하자면 이것을 조정하여 해결했다고 한 행위는 사실은 실패하였다. 칸트는 비판을 철저히 한 것이 아니라, 오히려 타협했다는 것이다. 이성 비판의 작업이 철저하지 않았다는 것이다. 니체는 그것을 알아차리고 철저하게 비판의 작업을 계속해 고쳐 나간 것이다. 니체는 인간이나 자기의식, 이성, 도덕, 종교 속에 나타난 감동적인 힘을 칸트의 이성 비판이나 "이성의 법정"의 작업은 결코 극복하지 못했음을 지적한 것이다.

이렇듯 니체의 문맥 속에서 분명해진 칸트의 오류, 칸트의 이성의 법정의 문제점, 혹은 이성 비판의 불철저성이란 것을 들뢰즈는 니체의 문맥으로 재평가하고 재비판한 것이다. 이러한 들뢰즈의 논점은 칸트와 니체의 대립이란 관점에서 대체로 다음 다섯 가지로 정리할 수 있다. 첫째, 칸트와 니체의 사상은, 현대철학의 문맥으로 바꾸어 표현하면, 지금까지 기회가 있을 때마다 언급한 것과 같이 보편주의와 상대주의의 대결로 볼 수 있다. 바꿔 말하면, 양자의 원리의 차이점은 "초월론적 원리" 대 "발생론적이고 가소적可塑的인 원리"의 차이에 있다. 둘째, "이성 자체가 입법하고 복종하는 사고" 대 "이성에 위배하여 생각하는 사고"가 대립한다. 셋째, "칸트적인 입법자" 대 "계보학자"의 대비이다. 넷째, 비판의 심급Instanz과 관점이 "신과 인간" 대 "권력에의 의지"로 대립한다. 다섯째, 비판의 목적이 "인간이나 이성의 목표" 대 "초인"이라는 점에서 차이가 난다. 요컨대, 비판이 필요한 이유가, 칸트는 정당화에 있었던 데 비하여 니체는 다르게 느끼는 것, 다른 감성에 있었던 것이다.

그렇다면 이러한 니체나 들뢰즈의 해석은 얼마나 타당한 견해인가? 여기서는 우선 칸트의 비판철학에 대한 들뢰즈의 니체적인 시각을 검토하고, 그 전제에 주의하고자 한다. 요컨대, 이 책에서 니체와 들뢰즈의 칸트 비판은 모두『순수 이성 비판』이나『실천 이성 비판』의 사상을 중심으로 전개되어 있다는 사실이다. 여기에 두 사상가의 칸트 비판의 특징과 동시에 그 한계가 있다. 계속해서 이들의 견해와 대비되는 주장과 대조해 보고자 한다.

2. 칸트의 원근법주의

1. 초월론적 원근법주의의 가능성

흥미롭게도, 라이프니츠와 니체의 연구자이면서 동시에 칸트 연구자로서 뛰어난 업적을 세운 프리드리히 카울바흐는『원근법주의의 철학』제1권(1990)에서 역시 니체로부터 차용한 "원근법주의"라는 사고방식을 칸트의 초월론 철학과 접합시켜서 칸트의 비판철학은 초월론적 원근법주의의 사상이라는 대단한 해석을 제시하였다.

덧붙여서 말하자면, 카울바흐는, 칸트 탄생 200년인 1924년부터 5년간 도호쿠제국대학東北帝國大學에서 철학과 그리스어와 라틴어를 강의했으며, 일본 문화에 깊은 이해와 관심을 나타냈고, 독일 귀국 후『활과 선禪』(1948) 등을 간행한 오이겐 헤리겔의 가르침을 받은 인물이다. 빈델반트나 리케르트 등의 신칸트학파의 영향아래 있던 헤리겔은『칸트와의 한판 대결』제1권 "가감계可感界"(1929)라는 칸트론을 저술하였다. 하지만 카울바흐가 스승의 이런 연구 결과에 얼마나 영향을 받았으며, 그것을 자신의 만년의 철학적 체계에 얼마나 반영시키고 있는지는 분명하지 않다. 그러나 칸트 연구자로서 카울바흐가 스승 헤리겔의 업적을 능가하는 것은 틀림없는 사실이다. 또한 어떤 경위와 계기가 있었는지에 대해서도 자세히 알려지지 않았지만, 들뢰즈가 헤리겔의『활과 선』을 읽었다는 설도 있다. 그러나 유감스럽게도 여기에서는 그런 흥미로운 철학자 세 명의 개인적 · 사상적 접점에 관해서는 언급할 여유가 없다.

한편, 이러한 카울바흐의 주장은 통상적인 철학사의 이해에서 보면 쉽게 납득할 수 없는 견해이다. 하지만 이 해석에서 라이프니츠나 니체 연구의 성과를 칸트 이해에 활용하려고 한 것은 매우 흥미로운 생각이라고 할 수 있다. 그의 기본적인 입장을 이해하기 위해서, 이미 언급한 "물자체" 강의에서 소개한 부분을 상기해 주기 바란다. 칸트는『순수 이성 비판』에서 객관을 이중의 의미로 이해하고 있다. 즉, 객관을 현상으로 이해하거나 아니면 "물자체"로 이해하는 이중의 이해 방법이 가능하다. 이런 이중의 이해 방법이 칸트가 직면한 난제인 안티노미, 즉 이율배반을 해결하는 관점이며, 말하자면 코페르니쿠스적 전환을 수행하여 비판철학의 지평을 개척하는 방법적 입장이다.

이 이중의 이해 방법을 카울바흐는 칸트의 원근법의 두 가지 입장으로 보고 있다. 대상에 대해 주관이 취하는 입장은 객관을 현상으로 이해하는 퍼스펙티브와 객관을 "물자체"로 이해하는 퍼스펙티브, 두 가지 원근법이 가능하게 된다. 그러한 일정한 입장을 취하는 방법에 의해 객관을 현상으로 이해할 것인가, 그렇지 않으면 "물자체"로 이해할 것인가라는 두 가지 견해가 가능해진다는 것이다. 칸트의 용어로 표현하자면, 인간이 객관을 표상하는 두 가지 표상 방법이 있는데, 이것이 사물을 고찰하는 두 가지 퍼스펙티브라는 것이다.

이런 경우에 칸트의 원근법의 주체, 인식 주관이란 도대체 무엇을 의미하고 있는가? 칸트 자신의 말로 표현하면, 그것은 바로 인간 이성에 다름 아니다. 원근법의 주체는 이성이다. 그리고 이러한 칸트의 원근법을 성립시키는 사고방식은 각각의 개인을 초월한, 단순한 경험적 이성이 아닌 보편적 이성의 입장에 서는 원근법 사상이라고 정리할 수 있다. 이러한 뜻에서 카울바흐는 지금까지 보아 왔던 칸트의 원근법의 입장을 초월론적 원근법주의라고 부른 것이다. 여기에는 또한 사물의 이해에는 퍼스펙티브라는 관점이 불가결하지만, 그럼에도 불구하고 자기의 퍼스펙티브와 타인의 퍼스펙티브의 입장의 교환을 통하여 "나"에서 "우리"라는 공통성으로의 통로를 개척할 수 있게 하는 목적이 있다고 볼 수 있다. 게다가 라이프니츠와 같이 신의 작용을 전제한 예정조화설에 빠지는 일 없이, 또한 니체와 같이 신의 존재를 전면적으로 배척하는 상대주의에 빠지는 일도 없이, 양자의 과제를 동시에 떠맡아 극복하기 위해 고려된 독자적인 문제 해결 수단이었음을 미루어 짐작할 수 있다.

다시 이러한 해석은 한편으로는 퍼스펙티브의 중요성에 착안하여 칸트의 보편주의적인 제한을 극복하려는 의도가, 다른 한편으로는 초월론적 관점을 유지함으로써 이른바 원근법주의의 결함, 즉 니체와 같은 원근법주의가 걸려든 상대주의의 결함을 극복하려는 의도가 있었던 것으로 짐작된다. 이 추측이 틀리지 않는다면, 카울바흐가 의도했던 것은 훌륭한 착안이었다고 할 수 있다.

그러나 유감스럽게도 그의 생각에는 큰 문제가 내재되어 있다. 다음으로 카울바흐의 해석을 보충해 나가면서, 필자의 입장에서 카울바흐의 견해를 비판해 보고자 한다. 이러한 카울바흐의 해석은, 방금 말했듯이 기본적으로 인식 주관, 즉 순수 이성에 대해서 어떠한 견해를 가질 것인가, 칸트 자신의 표현을 빌리자면, 어떤 표상의 방법을 가질 것인가에 대한 주장이다. 그리고 이 입장은 보편적인 이론 이성, 인식 주관에 기초해 있기 때문에 신체를 가진 특정 장소에서 사물을 보는 방식이 아니다. 이러한 의미에서는 니체가 말한 원근법주의와는 완전히 다른 것이다.

그런데 카울바흐의 해석에 따르면, 사건을 인식하고 평가하고 감상하는 각 개인은 타자와는 다른 인식, 평가, 감상의 기준을 가지고 있어야 하는데, 그의 해석에서 타자와 구별되는 특정 개인의 신체와 신체가 위치하는 장소나 존재의 고유성은 실제로는 완전히 사라져 버리고 만다. 즉, 일정한 입장이나 일정한 관점은 인간이 구체적인 실체로서 신체를 가지고 어느 특정의 장소에서 사물을 보고 있다는 것을 전제하고 있다. 예를 들면, 마이크를 가지고 말하는 발표자를 눈앞에 둔 청중이 그 인물을 보는 관점은 청중 한 사람, 한 사람 모두 조금씩 다르다. 이것은 한 사람 한 사람의 청중이 제각기 다른 위치에 있으며, 보고 듣는 장소와 그 관점이 다른 사람과는 조금씩 다르기 때문이다. 이렇듯 사물을 보고 판단하는 경우, 인간의 인식이나 비판·평가·감상의 방식은 그 사람이 지금 구체적으로 생활하는 장소, 대상을 인식하는 주체의 신체 위치나 사회적 위치, 나아가 그 당시 살아 있는 정신적 상태, 기분 등에 의해 가지각색으로 규정된다. 카울바흐의 경우에는 이러한 생활자의 구체적 장면이나 생활자의 입장으로부터 인식, 판단의 방식을 정확하게 파악하지 못하고 있다.

이것은 두 번째 해석의 문제인 주체의 자세와도 관계가 있다. 즉, 초월론적인 원근법주의라는 표현에서 알 수 있듯이, 카울바흐는 초월론적인 수준에서 원근법주의 사상을 도입하려고 하였다. 그러나 이러한 견해는, 칸트 자신의 용어로 표현하면 초개인적인 "의식 일반" 혹은 보편적 이성에 머무르고 있는 것이며, 방금 말한 바와 같이 신체나 감정을 가지고 특정한 입장에서 우리들이 사물을 보는, 그러한 개인 각각의 주체와 그 존재 양식이 결여되고 마는 결과를 낳는다. 그러나 첫 번째 문제에서도 언급했듯이, 해석의 주체의 존재 양식은 역사적·사회적 제약에 의

해 조건을 부여받을 뿐만 아니라, 그 해석자가 놓여 있는 공동체
인 지역, 서클, 가정환경, 나아가 개성적 요소나 성격, 현대의 최
첨단 과학인 뇌 과학에 의한 설명 방법으로 표현하자면, 부모로
부터 받은 유전자·DNA의 영향 등에 의해 적지 않게 좌우된다.
극단적인 예를 들면 어떤 비극적인 체험을 한 사람이나 그것에
의해 마음 깊이 상처를 받은 사람은 그 사람 고유의 세계·사
회·사물에 대해 비판·평가의 방법이 극히 특이할 것이다. 이
러한 점에 대해서는 독자들도 무언가 떠오르는 부분이 있을 것
이라 생각된다.

요컨대, 해석의 주체는 과학적 인식의 영역에서도 생활 세계
의 여러 가지 조건에 의해 당사자가 자각하고 있는 것보다 훨씬
여러 가지로 제약받고 있다는 사실을 확인해 두고자 한다. 단,
이러한 제약들 역시 해석자, 행위자가 역사나 사회, 지역, 가정
등의 공동체에 대해 여러 가지로 작용한 결과라는 사실을 잊어
서는 안 된다.

셋째, 그렇다면 니체와 칸트에게 있어서 해석의 방법도 완전
히 다른 성격을 갖는다고 할 수 있다. 니체의 경우에 해석은 그
야말로 삶에 대한 의지로서의 원근법이며, 삶을 확대·확장·
긍정하며 니힐리즘을 초극超克하고자 하는 인간이나 자연의 존
재자가 살아가기 위한 수단, 도구를 의미한다. 이와 달리 카울바
흐의 칸트 해석의 방법은 보편적인 순수 오성 개념에 의한 세계
의 구성이라는 의미로서의 해석 방법에 머무르고 있다. 이것은
자연 세계의 인식이나 도덕적 행위 세계의 실천적 인식과 관련
해서 칸트 자신에게 충실한 보편주의적 세계 해석이라기보다는

오히려 세계 인식의 수준에 머무르고 있다고 하는 것이 정확할 것이다. 그러나 이러한 해석에도 자연이나 행위의 세계, 사물의 평가와 감상의 방법에 큰 제약이 따르게 된다. 실제로, 방금 전에 예를 들어 말한 것처럼, 발표자의 발언을 듣는 청중 쪽의 해석 방법에 따라 발언 내용은 다양한 방법으로 이해되지, 결코 똑같이 이해되거나 받아들여지지는 않는다.

따라서 결론적으로 카울바흐의 해석에서 지知의 "방향을 정하는" 방법은 — 현대식으로 말하면 니체와는 완전히 대조적으로 — 오히려 객관주의적인 과학적 진리의 기초 부여 이론에 머물러 있다고 말할 수밖에 없다.

2. 칸트의 다원주의

그러면, 칸트에게는 정말로 원근법주의적인 사고방식은 존재하지 않는가? 정통 칸트 연구자나 철학사 연구의 입장에서 보면, 앞에서 언급한 들뢰즈의 견해를 포함하여 칸트를 니체와 관련시키거나 칸트에게서 원근법 사고를 읽어 내려고 하는 해석은 도저히 인정할 수 없는 잘못된 칸트 읽기 방식이라고 생각될 것이다. 또한 『현대성의 철학적 담론』에서 니체를 포스트구조주의에 속하는 신보수주의자로 간주한 하버마스와 같은 철학자의 입장에서 보아도 칸트의 비판철학을 이렇게 해석하는 것은 용납될 수 없는 것이다. 한편 칸트는 그의 영향을 받은 현대 철학자 중에서도 특히 아펠이나 하버마스로부터 방법적인 유아론에 빠져 있다고 비판받아 왔다. 게다가 칸트는 근년에 활발한 발언이 끊이지 않고 있는 페미니스트들로부터 여성을 경시하는 남성 중심주의적인 보편주의의 대표자에 다름 아니라는 가차 없는 비난을 받고 있다. 즉, 아동은 자연적으로 미성숙한 상태이고, 부모는 아동의 자연적인 후견인이며, 여성은 어떠한 연령이 되어도 시민적으로 미성숙하고, 남편이 여성의 자연적 후견인이라고 하는 여성 경시 사상을 칸트가 가지고 있었다는 것이다. 이처럼 여성을 아동과 똑같이 미성년으로 취급하는 칸트는 여성을 가정에 구속시키고 보호의 대상으로 보는 성역할의 이분법에 오염된 계몽이 덜 된 사상가라는 비판이다.

칸트에게 불리한 이런 비판적 견해, 즉 이 양극단의 비판에 대항할 수 있는 다원주의적 사상은 칸트에게 존재하지 않는 것일까? 이것이 다음 과제이다. 이 물음은 칸트의 독자적인 원근법 사상의 탐구와도 겹치는 것이다. 여기서 미리 결론을 말하면, 칸트의 독자적인 원근법주의는 다원주의나 가류주의 입장에서 주장되고 있고, 이 사상은 『인간학』이나 『판단력 비판』에서, 특히 후자의 저작에서 명확한 방법으로 논의되고 있다.

우선, 개인주의 내지 유아론도 아니고, 반대로 보편주의도 아닌 다원주의의 입장이라는 것은 어떤 견해인가? 이 점부터 살펴보도록 하자.

철학사 · 사상사에서의 일반적인 이해에 따르면, 다원주의 혹은 다원론으로 번역되는 플루럴리즘pluralism은, 원래 세계를 성립시키고 있는 원리나 근본 요소, 근원적인 작용이 하나인지 다수인지 하는 세계관 · 존재관의 차이에서 유래하며, 후자의 입장을 총칭하는 사상적 입장을 나타낸다. 예를 들면, 세계의 여러 사상事象이 정신 작용이나 심리 현상까지 포함하여 모두 물질적인 것으로 성립되어 있으며, 이것에 의해 실제로 설명 가능하다고 하는 유물론은 대표적인 "일원론" 사상이다. 한편, 다원주의는 이러한 "일원론"과는 달리, 그러한 것은 하나가 아니라 다수가 있다고 주장하는 "다원론," "다수주의"를 의미한다. 따라서 다원주의는 자주 혼동되는 경우가 있지만, 모든 가치 · 규범 · 진리관의 상대성을 주장하는 이른바 "상대주의"와 명확히 구별되어야만 한다. 상대주의는, 니체의 원근법주의 사상에서 볼 수 있듯이, 최종적으로 진리 · 가치 · 규범 등의 기준이나 존재 그자체를 부정하고, 진위의 구별 그 자체를 제거하는 결과를 낳는다.

하지만 "다원주의"는, 진리 · 가치 · 규범 등의 문화 다원주의에서 볼 수 있듯이, 다수의 진리 · 가치 · 규범 · 문화적인 여러 사상事象의 존재를 적극적으로 긍정하는 입장이다. 실제로 이 사상은 특히 근대 이후 철학적 영역으로부터 정치와 종교를 비롯한 모든 영역으로 확대되어 갔다. 철학이나 세계관의 문제에서는 헤겔이나 신헤겔주의의 대두에 대한 비판과 대항 운동의 일환으로서 이론적 다원주의가 출현하였다. 미국의 프래그머티즘(실용주의) 사상가인 윌리엄 제임스의 『다원적 우주』(1909)로부터 현대에는 "가류주의"를 제창한 칼 포퍼의 지도를 받은 한스 알버트의 『비판적 이성 논고』(1968)에 이르기까지 전통적 철학에 대한 비판적 입장으로서 "이론적 다원론"의 견해가 전개되고 있다. 또한 정치사상 영역에서는 파시즘이나 스탈린주의와 같은 전체주의에 대한 비판적 관점으로서 다원주의가 나타났다.

아렌트는 『전체주의의 기원』(1951) 이래로 전체주의에 대한 대항 원리로서 "다원적 원리" 내지 "다수성의 원리"의 중요성에 주목하였으며, 유고가 된 『칸트의 정치철학 강의』(1982년간)에서는 칸트의 『판단력 비판』 제1부의 미감적 판단력 이론을 다원주의적인 정치적 판단력 기능을 갖는 것으로서 중시하고 있다. 이것에 대해서는 제4강에서 언급할 예정이다. 또한 문화적 다원주의에 눈을 돌리면, 현대 미국의 네오프래그머티즘을 대표하는 철학자인 리처드 로티의 문화론에까지 논의가 확대되는데, 이 문제에 대해서는 여기에서 다루지 않겠다.

여하튼 정보나 경제 활동의 세계화가 진행되어, 특정 강대국의 가치관이나 문화가 지구적 규모로 보편화되고 있다. 이것은 어떤 의미로는 선택의 여지가 없을 정도의 강력한 경향이다. 그러나 이러한 세계화 현상을 그대로 무비판적으로 받아들이는 일은 커다란 위험을 수반하고 있다는 것을 간과해서는 안 될 것이다. 보편주의가 갖는 정신적 · 물질적 강제력이나 그것과 불가분한 패권주의적 독단론에 대해서는 항상 경계가 필요하기 때문이다. 그러나 그렇다고 해서 단순한 상대주의를 내세워 보편주의와 객관주의에 대항하는 것도 역으로 똑같은 독단론의 잘못에 빠지게 될 뿐이다. 이미 말해 왔듯이 다원주의는 이러한 양자의 잘못을 즉시 해소할 수는 없어도, 수정 가능한 방향을 지시해 주는 것으로서 중요하다.

다만, 철학사 · 사상사적으로 볼 때, 이 개념의 용법은 복잡하게 얽혀 있으며, 이 개념의 의미 내용 또한 복잡하고 광범위하기 때문에, 여기에서는 칸트와 그 주변, 그리고 칸트와 관련된 오늘날의 문제들에 대해서만 간단히 언급하도록 하겠다.

그러면 칸트 자신은 "다원주의"라고 하는 개념을 어떻게 사용하고, 이해하고 있는가? 이 점부터 확인해 보도록 하자. 흥미로운 사실은 칸트의 생전에 간행된 저작·논문 중에서는 유일하게 『인간학』에서 "다원주의"라는 말이 사용되고 있다. 다만이 책과 『판단력 비판』에서는 "다원주의"가 형용사로 사용되어이 사상이 설명되어 있기 때문에, 이 두 저작을 중심으로 칸트의다원주의 사상 및 그것과 원근법주의 사상의 관계에 대해 고찰해 보고자 한다.

『인간학』은 정확히는 『실용적 견지에서의 인간학』(1798)이라고 불리며, 이것은 칸트가 생전에 이십여 년에 걸쳐 강의한 원고를 정리한 강의록이다. 이 책은 칸트의 저작 중 가장 많이 읽힌책의 하나로 알려져 있다. 먼저 주목할 점은 칸트 자신의 다원주의 입장이 에고이즘, 즉 유아론, 자아주의에 대한 비판적 관점으로서 등장하고 있다는 점이다. 『인간학』 가운데 "에고이즘에 대하여"라는 제목의 구절에서 사용되는 다원주의pluralism는 "에고이스트(이기주의자)"나 "에고이즘(이기주의)"에 대립되는 용법으로 사용되고 있는데, 이것은 칸트의 선구자인 크리스티안 볼프의 용어법에 영향을 받은 것이다. 하지만 칸트가 철학자를 "에고이스트(이기주의자)"와 "플루럴리스트(다원주의자)"로 구별할때, 그 기준과 분류 방법은 볼프의 경우와는 달리, 칸트 자신의철학이나 인식 능력의 체계적인 구분에 기초한 것이다. 즉, 논리적·미감적·도덕적인 세 가지 수준에서 칸트는 세 종류의 에고이즘, 유아론을 극복하려는 시도를 하고 있다.

그러면 논리적 다원주의, 플루럴리즘의 입장은 무엇인가? 이 입장에 대비되는 것은 에고이즘의 입장, 즉 자신의 생각만이 옳다는 사고방식이다. 이것이 논리적인 에고이즘이며, 논리적인 의미로서의 에고이스트의 입장이다. 이러한 유형의 인간은 자신의 판단을 타자의 오성과 대조하여 고려하는 작업을 쓸데없는 일로 간주하며, 자신의 판단만으로 옳은 인식을 소유하고 있다고 단정해 버린다. 우리가 자신의 판단이나 의견이 어느 정도 적절하고 타당한 것인가를 검토하고 반성할 때, 적어도 한 번은 다른 사람의 판단이나 의견에 귀를 기울이면서, 자신의 판단을 타자의 판단과 대조해 보는 작업을 행하는 것은 흔히 있는 일이다. 하지만 인간은 쉽게 자신이 내린 판단이나 자신이 소유한 지식이나 견해가 옳은 것이고, 자신의 주장이 진리라고 속단해 버린다. 이러한 견해는 자신만이 진리를 소유하고 있고, 타자의 인식은 잘못된 것이라는 "오성의 월권"을 은밀하게 저지르고 있는 것이다. 인간은 누구나 잘못을 범하기 쉬운 유한한 존재자라는 것을 충분히 자각한다면, 이러한 에고이스트는 되지 않을 것이다. 요컨대, 인간에게는 자신의 판단을 타자의 판단과 대조해 보고 검토·반성하는 "진리의 외적인 시금석"이 불가결한 것이다. 이렇게 해서 타자로부터 진리를 배우고, 자기의 오만이나 독선적인 생각을 피할 수 있는 것이다. 이러한 견해를 가지고 있는 사람을 논리적 플루럴리스트(다원주의자)라고 부를 수 있다.

또한 이것은 실천적인 의미로도 해석할 수 있다. 실천적 에고이스트는 자신의 모든 행위의 목적을 자신만으로 한정해 버리고, 자기 자신에게 도움이 되는 것 이외에는 어떠한 효용도 전혀 인정하지 않는 인간을 의미한다. 실천적 에고이스트는 자신의 개인적인 의지가 바라는 목적, 즉 자신의 행복 추구에만 힘쓰는 사람을 가리키는 것이기 때문에 "도덕적 에고이스트"라고도 불리고 있다. 따라서 칸트의 입장에서 보면, 이 세상의 행복주의자라고 불리는 사람은 실천적 에고이스트가 될 수밖에 없는 것이다. 행복의 추구는 인간에게 있어서 예나 지금이나 변하지 않는 자연적인 욕구이며, 칸트도 이러한 자기 행복 추구 그 자체를 부정하지는 않는다. 칸트는 자기의 행복 추구를 부도덕한 것이라고 간주한 엄격주의자라고 자주 비난받아 왔다. 하지만 이 견해는 칸트를 완전히 잘못 읽은 것이며, 오해이다. 실제로 칸트는 자기의 행복 추구에 대해 자연적인 욕구로서 긍정하고 있으며, 타자의 행복 실현은 도덕적인 목적으로 이해하고 있다.

　문제는 자기의 행복 추구의 방법과 그 도덕성과의 관계에 있다. 실천적 에고이스트의 사고방식은 자신의 행복 추구를 도덕 법칙의 기초로 삼아 그것을 원리로 만드는 것이다. 그러나 그렇게 되면 도덕 법칙이나 도덕적인 행위와 목적은 보편타당성을 갖지 못하게 되어 "참다운 의무의 개념이라는 시금석"에 견디지 못하는 자의적인 주장이 되고 만다. 자신의 행위만이 옳은 행위라고 간주하고, 타자의 판단이나 보편적인 의무의 법칙에 귀를 기울이지 않는 사람은 "실천적 관심의 월권"을 저지르고 있는 것이다. 이러한 에고이스트는 오늘날에도 도처에서 볼 수 있는데, 칸트에 의하면 이들은 도덕성의 근거를 잃고, 타자의 행복 실현을 의무로서 명령하는 도덕 법칙에 반하고 있는 것이다. 이러한 사람과는 대조적으로 자신이 세운 법칙을 반드시 따를 수

만은 없는 불완전하고 유한한 인간에게 하나의 명령으로 다가
오는, 정언명법이라고 불리는 도덕적 명령에 대한 존경의 마음
에 기초하여 행위하는 사람만이 실천적인 의미의 플루럴리스트
라고 부를 수 있는 인간이라고 할 수 있다.

게다가 칸트는 자연미와 예술미의 영역에서의 취미 판단에
대해서도 "미감적 에고이스트"의 존재를 지적하고 있다. 예를
들면, "이 꽃은 아름답다"라든지 "이 그림은 아름답지 않다"라
는 미감적 판정 수준에서 취미 판단을 내릴 때에도, 자신의 주장
만이 옳다고 확신하여, 타자의 판단에는 귀를 기울이지 않는 사
람들을 미감적인 의미의 에고이스트라고 비판하고 있다. 이러
한 사람은 자신이 창작한 시, 그림, 음악 등에 대해서 타자가 어
떠한 악평이나 비난을 퍼부어도, 자기 자신의 취미만으로 만족
해 버리고, 타자의 비평은 들으려고도 하지 않을 뿐만 아니라,
자신의 판단을 음미 · 검토하는 일은 생각조차 하지 않는다. 이
러한 사람을 미감적 에고이스트라고 부른다. 그 이유는 지금 이
야기한 것과 같이 "취미의 월권"에 의하기 때문이다. 지금까지
의 두 에고이스트의 경우와 마찬가지로, 이 미감적 에고이스트
의 경우도 자신의 판단에만 의거하여 타자의 판단을 무시하고,
이른바 고립되어 "미美 판정의 시금석"을 자기 자신에게서만 구
하는 독단적 · 유아론적 태도로 일관한다.

이렇게 칸트는 이상의 세 종류의 에고이즘 비판의 관점을 개
인 수준과 인간 전체 수준으로 구별하지 않고 같은 개념으로 논
하고 있다. 또한 에고이즘과 대립하는 플루럴리즘, "다원주의"
를 "세계시민"의 사고방식이라고 주장하고 있다는 사실에도 주

목할 필요가 있다. 칸트는 『인간학』에서 에고이즘 비판과 관련하여 "다원주의"를 "전 세계를 자기 안에 품고 있는 것으로서 자신을 간주하거나 행동하는 것이 아니라, 자신을 단순한 하나의 세계시민으로 생각하고 행동하는 사고방식"이라고 설명하고 있다. 이 다원주의와 "세계 시민"의 사고방식의 관계에 대해서는 이 책에서는 다루지 않았다. 하지만 칸트의 논의로부터 추론해 볼 때 이해할 수 있는 것은, 여기서 주장되고 있는 "다원주의"가 "세계시민주의"와 같은 의미를 가리킨다고 볼 수 있다는 점이다.

　이미 제2강 2절 "『계몽이란 무엇인가』에 대하여"의 결말 부분에서 칸트의 "계몽"의 중심에는 "세계시민주의"가 자리하고 있다는 것을 이야기한 바 있다. 또한 그 부분에서 칸트의 "세계시민주의" 입장이 다원주의적인 사상 경향을 포함하는 것이라고 시사한 바 있다. 여기에서도 "다원주의"라는 것은 의문의 여지 없이 "세계시민주의"의 입장이며, 세계시민의 한 사람으로서 생각하고 행동하는 것이라고 분명히 말하고 있다. 그렇다면 세계시민으로서 생각하고 행동하는 입장이 어떠한 의미에서 다원주의의 입장이라고 할 수 있는가라는 의문이 생기는데, 이에 대해서는 명확한 설명을 제시하지 않고 있다. 따라서 다음에는 지금까지의 칸트 해석에서 ― "원근법주의" 사상과 마찬가지로 주목받지 못했던 ― 다원주의 및 그 다원주의와 불가분의 관계에 있는 "가류주의"의 사상을 실마리로 해서 칸트의 이성 비판 입장에서 다원주의의 가능성을 탐구하고, 그 특징과 의의, 그리고 한계와 문제점을 밝혀 보고자 한다.

3. 칸트의 가류주의

앞서 언급한 것처럼 칸트를 방법론적 개인주의의 입장에서 보편적 이성 비판을 수행한 철학자로 간주하여 비난을 퍼붓는 사람들은 칸트가 가진 다원주의자로서의 측면을 파악할 수 없다. 또한 칸트에게도 중요한 의미를 갖는 "가류주의可謬主義" 사상을 파악하는 것도 불가능하다. 그러나 실제로 칸트에게는 다원주의와 깊이 결부되어 있고 관용의 사상과도 밀접한 관계가 있는 "가류주의" 사상이 존재하고 있다. 여기에서 칸트를 일컬어 계몽사상의 완성자이자 동시에 계몽사상의 극복자라고 하는 이유의 일단을 찾아볼 수 있다. 물론 칸트는 "가류주의"나 "가류주의자"라는 용어를 어디에서도 사용한 적이 없다. 하지만 앞으로 살펴보겠지만, 칸트의 "완전 오류의 불가능성 명제"에는 명확히 가류주의적 사상이 존재하고 있다. 그러므로 우선 이러한 사고방식의 중요성을 간단하게 확인하는 작업부터 시작해보자.

이미 언급했듯이 고도로 정보화된 복잡한 현대 사회에서 사람들은 다양한 입장에서 실로 다양한 지식과 가치·신앙 등을 선택하여 생활하고 있다. 그리고 오늘날에는 넘쳐 나는 정보에 현혹되지 않고 적절한 지식을 바탕으로 현명한 결단을 내릴 수 있는 판단력의 성숙이 필요하다. 또한 21세기에 적합한 인간관의 변혁도 요구되고 있다. 철학의 전통적 용어로 표현하면, 감정의 작용과 연결된 이성의 작용의 통일적인 인간 이해, 바꿔 말하면 인식과 관심의 통일 혹은 지知·정情·의義, 곧 지식과 감정과 의지의 작용을 통일적으로 이해하는 인간관이 요청되고 있다. 이처럼 현대 사회에서도 칸트의 "계몽"이 제기한 "성숙" 내지 "성년"의 개념과 깊이 관련된 "관용" 정신과 이를 실현하는 "다원주의" 사상의 실현이 요구되고 있다고 말할 수 있다.

그런데 "가류주의"란 무엇인가? 동서고금을 불문하고 언제 어디서나 "실수는 인간의 일상사"라고 여겨져 왔다. 그렇기 때문에 지적 · 도덕적 · 법적 오류를 비롯하여 여러 가지 수준에서 인간이 저지른 오류를 바로 잡아 예방하는 방법이나 규범, 규제 등이 고안되어 왔던 것이다. 그리고 이런 오류를 범한 인간이나 행위에 대한 너그러운 대응이나 태도가 필요하게 되었던 것이다. 이것이 일상생활 수준의 상식적 의미에서도 이해되는 가류주의이다. 이에 비해 철학과 학문 영역에서의 "가류주의" 사상의 기본 특징은 인간이 획득할 수 있는 지식은 불변적이고 보편적인 확실한 진리가 아니라 오히려 항상 오류가 일어날 가능성이 있기 때문에 정정되고 변경될 가능성을 가지는 지식이라는 입장이다.

가류주의는 그것을 주장하는 철학자에 따라 조금씩 사상의 내용이나 전제 조건이 다른 것이 사실이다. 하지만 가류주의는 이미 언급했었던 퍼스와 제임스, 듀이에게서도 찾아볼 수 있으며, 비판적 합리주의의 대표적 인물인 칼 포퍼와 현대 미국 철학의 대표자 가운데 한 명인 콰인, 나아가 실용주의의 복권을 주장하는 "네오프래그머티즘"의 입장에 서는 로티 등에게서도 비교적 광범위하게 볼 수 있는 견해이다. 특히, 미국의 칸트라고도 불리는 퍼스는 "가류주의"라는 단어를 처음으로 사용한 인물로, 1897년 이후 자신의 철학적 시각의 방향을 잡기 위해 이 용어를 사용했다. 퍼스는 또한 자신의 "가류주의"를 "비판적인 상식주의"라고도 명명하고 있는데, 실제로 퍼스는 자신의 사색의 전개를 회고하면서 "나의 철학의 모든 것은 가류주의로부터 성장해 왔다"고 서술하고 있다. 칸트의 영향을 강하게 받은 포퍼 역시 『추측과 논박』(1963)에서 종합적인 인식은 원칙적으로 절대적인 확실성을 요구할 수 없다고 주장한다. 이 점에서 포퍼는 퍼스의 견해를 승인하고 계승하고 있다고 할 수 있다.

칸트는 강의나 유고에서 인간의 오성이 빠지는 오류는 모두 부분적인 것에 지나지 않으며, 아무리 잘못된 판단이라 하더라도 항상 무언가 진실된 것을 포함할 수 있다는 주장을 반복하고 있다. 이 사실은 독일의 칸트 연구자이자 철학사가인 노베르트 힌스케가 그의 저서 『현대에 맞서는 칸트』(1980)에서 지적하고 있다. 칸트의 주장은 힌스케의 지적 이상으로 철학사적으로도 그리고 오늘의 사상적 상황으로도 매우 넓고 깊은 영향력과 중요성을 지닌 견해이다. 이 주장의 진의는 어떤 사람의 인식이 참일 수는 있어도, 가령 완전한 참일 수는 있어도, 반대로 완전한 거짓일 수는 없다는 것이다. 그렇기 때문에 많은 오류를 지닌 사람의 견해, 실수를 범하는 사람의 견해라도 늘 무언가 참된 것이 포함되어 있다는 것이다. 이것을 간단하게 압축해서 얘기하면, 인간에게 완전한 오류라는 것은 없다는 "완전 오류의 불가능성 명제"를 주장하고 있는 것이다. 요컨대 칸트는, 완전 오류의 불가능성을 주장한 것이다.

이것은 오류라는 현상에 대한 매우 탁월한 통찰이다. 지금까지 철학의 영역에서는 오로지 진리론이 중시되어 왔다. 진리란 무엇인가? 어떻게 해야 객관적인 진리가 가능할까? 즉, 철학은 진리의 탐구와 진리란 무엇인가라는 물음을 주요한 과제로서 탐구해 왔던 것이다. 그런데 칸트는 오히려 사고방식을 역전시켜서, 이면으로부터 "오류란 무엇인가?" "오류란 어떠한 성격을 갖고 있는 것인가?" "어떠한 의미가 있는가?"라는 질문을 던졌던 것이다. 칸트는 보통 부정적으로 평가되는 일종의 오류론의 탐구를 시도했던 것이다. 요컨대, 칸트는 오류 현상에 대한 탁월한 반성을 행한 사람으로 볼 수 있다.

여기서 주의를 요하는 것은 이것이 단지 인간이 오류를 범하기 때문에 그러한 것에 대해 관대해야 한다는 수준의 이야기가 아니라는 것이다. 혹은 진리를 회의적으로 상대화시켜야 한다는 주장을 하고 있는 것도 아니다. 니체처럼 참과 거짓의 구별을 애매하게 하여 해소시키라고 주장하는 것은 더욱 아니다. 칸트는 오류라는 것을 기본적으로 두 가지 측면에서 보고 있다.

첫 번째는 역사적·사실적·경험적 주장에 관한 오류의 문제이다. 인간은 분명히 이러한 사실을 완전히 잘못 포착하여 오류에 빠지는 경우가 있다. 이런 의미에서 우리가 완전히 틀린 사실 인식을 가지는 일이 일어날 수 있다고 생각한다. 그러나 이성적·합리적 판단에 대해서는, 비록 인간이 오류를 범하고 있다고 해도, 거기에는 반드시 어떤 측면에서 봤을 때 바른 견해 또는 타당한 의견이 포함되어 있다고 칸트는 주장하고 있다. 이 사태를 타자 쪽에서가 아니라 자기 쪽에서 보면, 처음부터 자신의 생각과 판단이 과오에 빠질 수 있는 사태를 자각하고 그것을 전제한 논의라고 말할 수 있을 것이다. 이것으로부터 타자의 견해를 받아들이는 방법 또는 평가·응답의 방법으로서 자신의 견해가 가진 진위, 정당함과 공평함을 검토하는 시금석 내지는 진리의 기준이 반드시 필요하며, 그러한 것은 자신의 판단 내에 있는 것이 아니라 타자의 의견이나 타인의 판단과 대조하는 것에서 찾아야 한다는 결론이 나온다.

역으로 말해, 완전한 오류라는 것이 있다면, 가령 칸트는 이성적인 판단의 경우에는 있을 수 없다고 말하고 있지만, 그럼에도 불구하고 이성적인 판단의 경우에 완전한 오류가 성립한다면, 처음부터 자신의 판단이 오류를 범하고 있다고 통찰할 수 없게 되고, 자신의 판단은 사적인 판단의 영역에 갇혀 버린다. 이른바 오류를 고칠 수 없는 자기 폐쇄적인 사적 공간 속에서 겨우 내성하는 것에만 머무르게 된다. 그렇게 되면 자기의 판단이나 견해가 가지는 불충분성이나 불완전성을 검토·반성하거나, 나아가서 타인과 의견 교환을 하거나 토의하는 가능성이 닫혀 버리게 된다. 칸트는 이와 같은 사태의 중요성을 깨닫고 있었으며, 그렇기 때문에 이것을 문제 삼은 것이다.

오류는 항상 자기 자신의 오류이기도 하고, 타자, 공동체, 국가의 오류일 수도 있다. 일반적으로 자신의 오류는 타자의 오류보다 그 실수를 알아차리기 더 힘들고, 자기가 범했던 과오를 정정하는 것은 더욱더 어렵다. 자신은 남들이 모르는 진리를 인식하고 있다고 확신하는 경우에도 그것이 실제로는 과오에 지나지 않는 경우가 적지 않은 것이 현실이다. 그렇기 때문에 이 같은 자신의 오류를 다른 사람의 판단이나 의견에 비추어서 시정할 필요가 있다. 달리 말해서 공공적인 논의의 장, 대화의 공간을 확보할 필요가 있다.

이러한 견해는 인간의 이성을 어떻게 이해하는가라는 생각과 깊이 관련되어 있다. 이 경우 완전한 오류가 불가능하다는 칸트의 주장을 진리 탐구를 단념하는 회의적인 주장으로 해석해서는 안 된다. 실제로 "완전 오류의 불가능성 명제"에 의거하면, 오히려 회의론이 완전한 오류가 가능하다는 입장이다. 매사에 전반적인 회의를 주장하는 한, 회의를 주장하는 자신의 판단의 정당함에 대해서는 오류를 인정할 수 없다. 따라서 회의론은 자신의 견해만을 오류의 예외로 인정하는 오만한 태도에 지나지 않는다. 한편, 독단론은 거꾸로 자신의 입장이 완전히 올바른 판단을 내리고 있으며, 진리의 담당자라고 단언하는 것이다. 이 주장도 자신의 판단만이 진리라고 주장함으로써 자신과 다른 견해를 주장하는 타자의 판단은 오류라고 간주한다는 점에서 완전한 오류가 가능하다는 것을 전제하고 있다. 여하튼 회의론과 독단론은 서로 대립하는 입장에 있는 것처럼 보이지만, 이렇게 보면, 자신의 판단만큼은 항상 오류의 가능성의 범위 밖에 둔다는 점에서 명백히 지나치게 오만한 태도라고 할 수 있다. 따라서 이것들은 논리적 수준으로부터 도덕적·미감적 수준까지 일종의 에고이즘 내지 자의주의의 입장이라 말할 수 있다. 이미 본 것처럼 자신의 판단과 주장, 자신의 의견만큼은 특별하다고 보고 있다는 점에서 독단론과 회의론은 모두 동일한 에고이즘에 빠져 있다.

여기서 칸트가 회의적 이성이나 독단적 이성에 빠진 에고이즘을 비판하는 논점으로서 다원주의적 견해를 제기한 의의가 분명하게 드러난다. 그러나 오늘날의 "가류주의"와 다원주의의 사상에서 보면, 지금까지의 설명은 소박하고 불충분한 점이 있다. 그래서 칸트를 비롯한 현대의 다원주의의 의의에 대해서 좀 더 보충 설명을 할 필요가 있다. 이 과정에서 이제까지 서술해 온 것이 단순히 남의 이목이나 끌려고 하는 "칸트 읽기"나 독단 적인 "현대 사회 읽기"를 제시한 것이 아니라, 일상생활 속에서 매사에 대해 항상 비판적인 접근을 시도하는 사람들과 함께 생 각하는 "공적인 사고 공간"을 제공하는 데 그 목적이 있다는 것 이 드러날 것이다.

4. 현대 가류주의의 사정거리

"가류주의"의 계보가 퍼스에서 로티에 이르는 미국의 프래그 머티즘에서 주로 나타난다는 것은 앞서 밝힌 바 있다. 그러나 가 류주의가 프래그머티즘만의 고유한 특징은 아니다. "비판적 합 리주의"의 창설자인 칼 포퍼의 사상도 "가류주의"에 속한다. 포 퍼는 일찍이 칸트의 저작들을 가까이 했으며, 특히 초월론적 성 격을 가진 비판적 사고의 영향아래 있었다. 특히 포퍼의 만년의 논문집인 『더 나은 세상을 찾아서』에는 지금까지 서술해 온 칸 트의 가류주의와 다원주의의 사상적 발전으로 볼 수 있는 특징 들이 현저하게 나타나 있다.

여기서 주목해야 할 것은, 첫째, 포퍼도 칸트처럼 진리 탐구에 종사하는 인간은 오류를 피할 수 없다는 점을 지적하고 있다. 오류는 연구자가 아무리 노력해도 피할 수 없는 것이므로 "모든 오류를 회피하라"와 같은 전통적 이념은 오히려 수정되어야만 한다. 둘째, 그러나 그렇다고 해서 포퍼가 오류를 피하려는 인간의 노력을 단념해야 한다고 주장하는 것은 아니다. 오류를 피하는 것은 인간에게 있어서 불가피한 끝없는 과제인 것이다. 오히려 그의 주장의 주안점은 완전한 오류의 회피, 바꿔 말하면 진리의 완전한 획득은 불가능하다는 점에 있다. 셋째, 그렇다면 인간은 스스로 범한 오류로부터 눈을 돌리지 말고 오류로부터 배우는 자세가 필요하게 된다. 넷째, 자신이 범한 오류를 알기 위해서는 우선 가능한 한 자기에 대한 비판적 태도와 지적인 성실함이 요구된다. 그러나 이것만으로는 충분하지 않다. 타자의 지적에도 귀를 기울여야 하며, 타자의 판단을 받아들이려는 넓은 마음의 자세가 필요하다. 포퍼의 표현을 차용하면, 자신의 오류를 지적하는 타자의 지적에 대해, "감사의 마음을 가지고 받아들이는 것을 익히지 않으면 안 된다." 역으로, 타자에게도 이러한 태도가 요구된다. 다섯째, 이렇게 볼 때, 인간이 오류를 발견하여 그것을 고치기 위해서는 타자의 존재와 그 판단이 필요하다는 결론이 나온다.

이것은 자기비판과 동시에 타자에 의한 비판이 중요하다는 것을 의미한다. 이러한 다원주의의 견해는 오늘날 그 의의가 더욱 커지고 있다. 특히, 단순히 과학론이나 학문론, 철학적 학파 사이의 논쟁이라는 한정된 수준을 넘어서 현대의 혼란한 국제 사회의 정세나 일본 사회에서의 인간의 삶에 관계되는 생활자의 수준에서 이 사고방식이 갖는 중요성을 받아들일 필요가 있다.

한편, 포퍼의 비판적 합리주의가 주창한 "합리적 비판"은 칸트의 협의의 이성 비판처럼 이성의 자기비판에 한정되는 것이 아니라, 타자의 이성, 타자의 합리적인 비판에 의해 항상 수정 · 보완되고, 공적인 공간에서 시도되는 영속적인 진리 탐구의 작업이다. 이러한 영속적인 합리적 비판은 당연히 다른 문화와 규범 아래서 생활하는 타자의 비판을 전제하는 것이다. 따라서 이질적 타자, 의사소통이 충분히 이뤄지지 않는 사람들의 비판이나 판단과 의견을 경청하고 받아들이고자 하는 노력과 관용이 반드시 필요하다. 이러한 의미에서 다원주의와 함께 기능하는 가류주의의 입장은 다양한 의미의 관용의 실현을 요구하는 입장이기도 하다. 그리고 칸트 역시 이러한 입장을 그의 이성 비판의 불충분성과 관계없이 공유하고 있었다는 것을 재차 강조하고자 한다.

그러면 이러한 새로운 "칸트 읽기"의 관점을 제시함으로써 지금까지 3회의 강의에서 언급한 오늘날 [우리가] 직면한 여러 과제들을 얼마나 해결할 수 있을까? 이 질문에 답변하는 것은 그리 간단하지 않다. 그러나 흥미롭게도 칸트와 포퍼를 관련짓는 이상의 논의를 통해 지금까지 그다지 주목받지 못했던 논쟁에 새로운 빛을 비출 수 있게 되었다. 그것은 칸트와 포퍼 그리고 포퍼의 제자인 한스 알버트에 대해 카를 오토 아펠이 제기한 비판이다. 이미 언급하였듯이 아펠은 "칸트에게는 이성 비판은 있지만 언어 비판은 없다"고 칸트를 비판하면서, 비판철학이 통각 統覺의 통일에 의한 보편적 인식의 기초 부여(정초)에 실패한 이유는 언어 비판이 결여된 의식 중심주의의 입장 때문이라고 주장하였다. 그 대신에 아펠은 후기 비트겐슈타인의 언어 게임에서 힌트를 얻어서 "초월론적 언어 수행론"을 제창하였다. 여기서는 이 논의를 다시 문제 삼지는 않을 것이다. 여기서 문제 삼고자 하는 것은 아펠이 포퍼나 그 학파의 대표자인 한스 알버트와의 논쟁 중에 포퍼 학파를 향해 비난한 "가류주의 패러독스"의 문제이다.

아펠은『철학의 변환』(1973년에 간행된 논문집)에서 포퍼의 "비판적 합리주의"에 대해 신랄한 비판을 퍼부었다. 그 주요한 논점 중 하나는, 아펠이 주장하는 것과 같은 기초 부여를 승인하지 않는 한, 비판적 합리주의는 그와 반대되는 ─ 비판적 논의의 게임 규칙을 인정하지 않는 ─ 비개명주의와 양자택일에 직면할 수밖에 없으며, 그럴 경우에 비판적 합리주의자는 자신이 주장하는 합리성을 퇴고해 보지 않고 "비합리적"인 "도덕적 결단"에 의해 자기의 입장을 선택할 수밖에 없게 되는 모순에 빠지게 된다는 것이다. 비판적 합리주의는 자신과는 이질적인 타자의 존재를 승인해야 하므로 비합리주의자, 비개명주의자의 존재와 그 주장을 승인할 수밖에 없다. 즉, 비판적 합리주의의 입장에서는 자기모순을 범하는 일 없이 비합리주의자의 존재를 용인하게 된다.

그러나 아펠이 보기에, 비합리주의를 옹호하는 논의는 그 논의 자체가 합리적인 논의 및 그것과 불가분한 게임 규칙을 전제하고 있는 한, 논의를 거부하는 것 자체가 언어 행위에 의해서 자기모순, 수행적 모순을 범하는 것이 된다. 결국, 이러한 포퍼의 비판적 합리주의는 합리적 태도를 받아들이려고 하지 않는 사람에 대해서는 어떤 합리적 논증이나 영향력도 미치지 못하기 때문에 "합리주의자의 테두리" 안에 들어가지 않는 사람들에게는 무력한 것이 되고 만다. 그리고 합리주의와 비합리주의, 양자 사이에서 선택해야 하는 결단의 순간에도 "합리적 선택"과 "비합리적 선택" 그 어느 것도 서로 원리적으로 우위성을 주장할 수 없게 된다. 따라서 비판적 합리주의를 선택하는 것은 단지 "비합리적 결단"에 의해서만 가능하게 된다. 이렇게 해서 비판적 합리주의는 개인의 비합리적 결단주의에 빠질 수밖에 없는 것이다. 이 점에서 아펠은 포퍼의 비판적 합리주의가 일찍이 칸트가 빠졌던 것과 같은 방법론적 유아론에 여전히 얽매여 있다고 지적하고 있다.

영속적인 합리적 비판을 계속해야 한다고 주장하는 포퍼의 제자 알버트에 대해서도, 같은 논법을 통해 아펠은 초월론적 언어 수행론의 입장에 의거하지 않는 한 "가류주의"의 원칙 그 자체가 가류적인 것이 되기 때문에, 그런 한에서 이 원칙은 가류적인 것이 아니면서 동시에 그 반대로 가류적인 것이 된다는 비판을 전개하고 있다. 이 비판은 기본적으로 이미 언급한 회의주의의 주장에 대한 비판 방법과 동일한 것으로 생각된다. 즉, 가류주의의 이 주장이 확실하고 신뢰할 수 있는 것이라면, 가류적인 것이 아닌 무오류성을 주장하는 것이 되며, 그 결과 가류적이라고 하는 자신의 언명을 스스로 배척하게 된다. 한편, 가류주의의 가류적인 성격을 엄격히 인정하면, 자신의 주장의 확실성이나 신뢰성을 스스로 무너뜨리는 결과가 초래되어, 가류주의라고 하는 사상적 입장 그 자체를 배척하게 된다. 아펠이 비판하는

"가류주의의 패러독스"는 이런 식으로 파악할 수 있다. 더욱이 이 비판에는 합리적 비판 내지는 이성적 비판의 가능성의 기초나 범위, 그리고 한계와 관련된 문제 제기가 포함되어 있다.

여하튼 이러한 양자의 대립은 이성과 합리성, 그리고 그 비판의 이해 방법의 차이에서 유래하고 있다고 생각된다. 아펠의 기초 부여에 의한 정당화주의를 채택할 것인지, 아니면 비판적 언명의 수정에 의한 합리적인 비판 가능성을 주장하는 입장을 채택할 것인지, 둘 중 어느 쪽을 채택할 것인지의 차이에서 비롯되는 것이라고 할 수 있다. 그렇다고 아펠이나 하버마스가 "가류주의"를 단순히 배척하는 것도 아니다. 예를 들면, 『현대성의 철학적 담론』에서 하버마스는, 칸트의 비판철학이나 독일 관념론 등의 전통적인 철학에 의한 초월론적인 기초 부여를 비판함으로써 가류주의적인 견해를 시사하고 있다. 번스타인이 『새로운 콘스텔레이션』(1991)에서도 지적했듯이, 하버마스에게 있어서 그의 의사소통적 행위 이론의 보편타당성 요구 주장과 "가류주의"는 모순되지 않고 양립한다고 보는 것이 좋을 것이다. 이 해석이 적절한 것이라면, 지금까지의 칸트 상은 상당 부분 수정할 필요가 있다고 생각된다. 하버마스가 퍼스나 미드, 듀이 등 미국의 프래그머티즘에 매혹되어 있었던 것은 익히 알려진 사실이며, 하버마스도 포퍼나 알버트의 비판적 합리주의의 흐름과 함께 "가류주의"에 관한 한 칸트의 비판철학이라는 동일한 뿌리에서 유래하고 있다고 해도 과언이 아니라 생각된다.

오히려 의외인 것은 현대의 미국을 대표하는 철학자이며 "프래그머티즘적 전환"의 입장을 강력히 추진해 온 로티의 "가류주의"에 대한 평가이다. 로티는 미국의 프래그머티즘의 영향아래 있으면서도 그 사상적 특징인 "가류주의"에 대해서는 부정적이다. 즉, 로티는 문화 다원주의의 입장을 채택한다는 점에서 다원주의적 견해를 가지고 있음에도 불구하고 "가류주의"를 배척하고 있다. 따라서 지금까지 살펴본 경우와는 달리, 로티에게 있어서는 "다원주의"가 반드시 "가류주의"와 연결되는 것은 아니다. 오늘날의 반기초부여주의의 가장 강력한 선도자인 로티에 대한 평가는 그의 주장의 어느 부분을 어떻게 평가하는가에 따라서 크게 달라진다. 여기에서 이 문제에 대해서는 언급하지 않겠다. 로티의 주장을 따를 경우, "관용"의 사상은 "가류주의"와 연결되지 않는다. 이에 대해서 간단히 언급하는 것으로 마무리 짓고자 한다.

이미 계몽사상의 기본적인 특징의 하나로서 "종교적 관용"의 중요성에 대해서 언급한 바 있다. "종교적 관용"의 원리는 현대사회에서도 여전히 혹은 관점에 따라서는 한층 더 일상생활의 장에서부터 국제 사회에 이르기까지 그 필요성과 역할이 요구되고 있다. 특히, 로티가 활동하고 있는 미국은 주지하는 바와 같이 가장 복잡한 사회로서 실로 다양한 민족의 도가니라고 할 수 있다. 미국과 같은 다민족, 다문화 사회에서는 민족이나 성, 종교, 교육의 이상에 대하여 국가적·국민적 규모로 문화 다원주의가 요구되며, 이것들에 대한 "관용의 정신"이 반드시 요구되고 있다. 이러한 의미에서 로티가 관용의 사상을 강조하는 것은 지극히 당연한 일이다. 미국뿐만 아니라 일본에서도 인종 차별, 민족 차별, 동성애자에 대한 성적인 불관용, 특정 질환 환자에 대한 차별과 편견, 직업상의 성적 차별과 같은 "불관용적인 태도"는 일일이 열거하기도 어려울 만큼 많이 나타나고 있다. 칸트도 종교적 관용, 여성에 대한 관용, 아동에 대한 관용의 중요성에 대해 언급하고 있다.

오늘날 다원적인 문화나 다양한 문화적 활동이 활발해지면 활발해질수록 "관용"을 둘러싼 문제는 점점 더 많이 생겨나고 있다. 그리고 인간이 다양한 가치관이나 감성을 가지면 가질수록 역으로 자기와 다른 이질적인 가치관이나 문화를 가진 사람에 대한 혐오감과 거부 반응이 생리적 차원에서 생기게 되는 경우도 점점 증가하고 있다. 그럴수록 "관용"은 더욱 소중한 원리로 자리매김하게 되며, 그것을 제도적으로도 보장할 필요성은 계속 높아질 수밖에 없다. 지역 사회나 직장에서의 소위 "무라하치부村八分"[마을 등에서의 집단 따돌림]나 학교의 "이지메"[왕따]에서 볼 수 있는 배제의 논리는 지금도 그 뿌리가 매우 깊다고 할 수 있다. 필자도 근거 없는 "소문"이나 일방적인 낙인에 의해 배제·편견·차별의 대상이 된 괴로운 체험이 있다. 일본 사회의 폐쇄성과 배타성에 대하여 필자도 한 사람의 인간으로서 다양한 행동으로 맞서 왔으며, 다소나마 이러한 왜곡된 모습을 개선하려고 노력해 왔다. 로티와 많은 철학자·사상가의 주장이 아니더라도, 인간 사회의 개선을 위해서는 "관용의 정신"이 꼭 필요하다는 것은 말할 나위도 없다. 그러나 여기서 강조하고 싶은 것은 관용의 필요성이 아니다. 오히려 여기서는 "관용의 역설"이라고 할 수 있는 사태를 직시할 필요가 있음을 지적하고자 한다.

"관용"이라는 단어는, 『고지엔廣辭苑』 사전[일본의 저명한 일본어 사전]에 의하면, 대략 다음 세 가지 의미가 있다. 첫째, 관용은 마음이 넓고 완만하며 관대한 모양, 사람을 용서하고 받아들이는 것을 의미한다. 둘째, 관용은 기독교 등에서 볼 수 있는 타자의 죄를 엄격히 책망하지 않는 종교적 태도를 가리키고 있다. 셋째, 관용은 종종 이단이라고 불리는 경우가 있는 어떤 소수자의 존재나 의견을 무시하거나 차별하지 않는 것을 의미한다. 계몽사상에서 특히 중시되었던 것은 주로 두 번째 의미이지만, 앞서 문제 삼았던 것은 특히 세 번째 의미이다. "관용의 역설"은 이 모든 것과 관계가 있다. 그러나 특히 관용의 역설이 문제가 되는 것은 도덕적으로 악을 행하는 사람, 법적으로 부정을 범하는 사람에 대한 관용이다. 이런 사람에 대한 관용을 과연 어디까지 진실한 "관용 정신"이라고 해야 할 것인가? 도덕적으로 악한 것이나 법적으로 부정을 범한 것에 대한 "관용적인 태도"는 도덕성이나 법의 정의를 부정하게 되지 않을까? 도덕 법칙이나 윤리적 가치관, 법적 규범 등이 보편적인 것을 요구하면 할수록, 그것들을 부정하고 거절하는 사람들에 대해 불관용적인 태도를 요구해야만 하는 것이 아닌가? 거꾸로 이러한 행위나 태도에 대해서 "관용"적일수록 도덕적인 악이나 법적인 부정을 용인하는 결과를 낳게 되어서, 오히려 본래 "관용적인 태도"를 나타내는 사람들의 존재나 그들의 가치관과 논리가 부정되는 사태가 초래되는 것은 아닌가?

이 문제는 "관용이란 무엇인가?" "관용의 대상 영역과 타당한 범위는 어디까지인가?" "관용의 논리 내지는 원리와 관용의 생리 내지는 감성과의 관계는 어떤 것인가?" "관용에 대한 합의는 성립할 수 있는가?"와 같은 이른바 "관용 이성 비판"의 수행을 요구하는 문제라고 할 수 있다. 그런데 로티가 주장하는 그의 "관용의 원리"는 종종 지적되듯이 그 내용에 있어서 엄밀한 의미에서의 관용이라기보다는 일종의 "무관심"에 가까운 태도인 것처럼 생각된다. 일본에서 생활하고 있는 사람에게는 "너는 너고, 나는 나다"라는 타자에 대한 무관심한 태도가 "관용적인 태도"로 받아들여지기 쉽다. 이 점에서 로티의 견해는 이런 사람들에게는 받아들이기 쉬운, 듣기 좋은 소리일 것이다. 그러나 이러한 무관심한 태도는 많은 경우에 타자에 대한 억압이나 배제의 논리를 무의식 속에 포함하고 있다고 할 수 있다. 그러나 로티는 『우연성, 아이러니, 연대』(1989)에서 타자에게 굴욕을 주는 "잔혹함"에 대한 감성을 확장함으로써 "인간의 연대"를 목표로 하고 있다. 이 점에서 양자의 태도는 이질적이라고 보는 것이 공평할 것이다. 로티는 칸트를 맹렬하게 비판하면서, 칸트가 합리성과 도덕적 의무를 강조했지만 타자의 고통이나 굴욕을 헤아려서 그 도덕성과의 차이를 통찰하지는 못 했다고 주장하고 있다. 그러나 이 비난이 얼마나 타당한 주장인지에 대해서는 판단을 보류하도록 하고, 이하에서는 이러한 문제에 대한 칸트적 사고 방법에서 답변을 시도해 보고자 한다.

5. 칸트의 타자론과 비판적 원근법 사상

그것을 위해서 먼저 칸트가 "타자"라는 말로 어떤 존재자를 생각하고 있었는가라는 문제에 대해 생각해 보아야 한다. 다음으로 로티, 아펠, 하버마스, 가다머와 같은 많은 철학자·사상가들이 비난해 온 것처럼 칸트의 비판철학에는 타자의 고통을 비롯한 타자에 대한 공감·공고共苦와 같은 감정적인 연결이나 타자와의 의사소통을 추구하려는 철학적인 태도나 논리가 정말로 존재하지 않는가라는 의문에 답할 필요가 있다.

오늘날 "타자"라는 말은 꽤 넓은 의미로 사용되고 있다. 인간 존재로서 자기와는 다른, 이른바 다른 사람을 가리키는 "타자"에서부터 자기 내부의 무의식적인 자기, 이성에 대한 감정, 정신에 대한 신체, 인간에 대한 자연 등을 가리키는 "타자"에 이르기까지 그 의미가 다양하다. 또 자국 내지는 자민족 또는 그 문화와 이질적인 다른 문화, 국가, 민족 등도 "타자"라고 표현되는 경우가 있다는 것도 이미 살펴보았다.

칸트의 비판기批判期에 한정해서 볼 경우, "다른 것"이나 "타자"는 비판철학의 체계에 따라 크게 세 가지로 구분할 수 있다. 첫째, 인식 주관으로서의 이론 이성의 "타자"를 의미하는 객관적 대상으로서의 "타자"를 들 수 있다. 이것은 과학적인 지식, 학문지學問知의 대상으로서 법칙적인 인식의 객관을 의미한다. 그리고 이미 자세히 서술한 바와 같이 인식 가능한 대상의 배후에 "물자체"로서의 불가지의 "타자"가 존재한다는 것은 칸트의 이론 철학의 대전제였다. 이 경우, 인간 의지의 자유, 세계 전체, 그리고 신의 존재와 같은 것들은 "물자체"로 표현되고 있기 때문에 이것들은 가지적인 영역에서 배제된 불가지의 "타자"에 속한다고 말할 수 있다. 요컨대, 이론 이성의 대상 영역에 속하는 자연 세계와 거기서 생기는 자연 현상은, 이것들에 대한 인식의 형식이 인식 주관에 의해서 부여되기 때문에 그리고 그것들이 이성의 지배에 복종하는 한, 엄밀한 의미에서 어느 정도 이성의 "타자"라고 말할 수 있는지가 의문의 대상이 된다.

칸트에게 있어서도 이론 인식의 영역에서 "타자"와의 관계는 단순히 인식의 대상 영역에 한정되는 것은 아니다. 획득된 대상지對象知는 인식의 보편타당성 요구를 포함하고 있기 때문에, 인간의 지적 활동, 지적 탐구, 과학적 연구의 성과, 인식의 결과는 우선 이들의 학문 영역에 관련된 연구자 공동체의 합의, 즉 전문가 간의 견해의 일치, 의견의 합의가 필요하게 된다. 이 과제에 관해서 칸트가 『순수 이성 비판』에서 어느 정도로 설득력 있는 논의를 전개하고 있는지는 아직까지도 논쟁이 끊이지 않는 주제이다. 카울바흐처럼 "나"에서 "우리"로의 의사소통의 광의의 논리 전개가 성공했다는 설명에서부터 아펠이나 하버마스처럼 "독백적인" 방법론적 개인주의에 빠져 있다는 실패설까지 실로 여러 가지 해석이 제시되어 왔다. 그러나 여기에서는 이들의 해석의 타당성을 검토하는 전문적인 논의는 하지 않기로 하겠다. 일단 결론부터 말하면, 칸트는 이 문제의 중요성은 어느 정도 눈치 채고 있었지만, 그것을 충분히 정합적으로 논술하지는 않았다고 생각한다. 그 이유에 대해서는 부분적으로 이미 다루어 왔다.

둘째, 실천 철학에 관해서는, 엄밀한 의미에서 실천적 행위의 대상, 즉 도덕적 행위의 대상, 순수 실천 이성의 목적이 "타자"라고 말할 수 있다. 그러나 이 경우에는 오히려 도덕성이나 도덕적 목적과는 이질적인 "타자"로서, 차라리 감성적 욕망이나 무의식의 충동과 그 대상을 "타자"로 간주하는 편이 칸트의 사고방식에 충실하다고 할 수 있다. 그러나 타자와의 공통성이나 도덕적 수준에서의 의사소통의 가능성에 관해서는 칸트 역시 도덕 법칙을 자기와 타자가 공유하는 공동체적 법칙이라고 주장하고 있기 때문에, 자기와는 다른 도덕적 행위의 주체로서의 "타자"의 존재와 그들과의 이른바 공동 존재의 이상에 기초를 부여하려고 한 것이 확실하다.

이 사고방식은 법철학과 윤리학을 다룬 『도덕 형이상학』에서 두드러지게 나타난다. 특히 법 내지 법 권리의 영역에서는 자기의 의지와 타자의 의지 간의 일치·불일치를 따지기 때문에, 당연히 자기의 의지에 반해서 타자에 의해, 즉 다른 개인, 다른 특정 집단이나 공동체, 국가 등에 의해 자기의 신체가 구속되는 것에 대해 시비를 가리는 문제가 생기게 된다. 법적인 수준에서 자기와 타자의 공존은 국내에만 한정되지 않고, 국가 간의 분쟁을 취급하는 국제법 수준에서도 여러 나라들 간의 합의의 형성이 요청된다. 국가 간의 분쟁이나 전쟁을 해결하기 위해서 국제 협정을 체결할 때에는 타 민족이나 타 국가를 의미하는 "타자"와의 의사소통의 가능성을 끊임없이 추구하는 노력이 반드시 필요하다. 칸트도 이것을 영구평화론에서 깨닫고 있었다. 지구적 규모로 진행되는 자연 파괴와 같은 환경 문제의 해결이나 끊이지 않는 대규모의 박해나 학살을 재판해야만 하는 국제형사재판소의 개설을 위해서는 국제적 수준에서 국가 간의 이해와 협력과 합의가 형성되지 않으면 안 된다. 그렇지 않으면 의정서의 결정이나 국제 협정과 같은 것들은 문자 그대로 "그림의 떡"으로 끝나고 만다. 이러한 의미에서도 칸트의 문제 제기의 중요성은 더욱더 커지고 있다고 할 수 있다.

셋째, 자연미와 예술미, 자연 목적론 등을 다루고 있는『판단력 비판』에서 주의할 점은 첫째, "타자"의 영역이 일반적으로 이해되고 있는 것보다 훨씬 폭이 넓다는 것이다. 지금까지는 흔히 이 책이 개체성의 논리를 다루는 것을 의도하고 있다고 해석되어 왔다. 하지만 이것만으로는 이 책의 특징이나 의의를 충분히 표현할 수 없다. 우선 제1부에서는 인간에게 있어 "타자"인 자연 및 인간의 미적 창작품을 감상하는 행위, 칸트의 용어로 말하면, 취미 판단을 고찰하고 있다. 즉, 아름다운 것과 독자가 어떻게 관계하는지를 고찰하고 있다. 이와 같은 미적 판단은 자연 현상에 대한 이론적인 인식 판단과도 그 성격이 다르고 실천적인 도덕적 판단과도 성격이 다르다는 것이 상세하게 논의되고 있다. 또한 제2부의 자연 목적론적 고찰에서도 역시 개체로서의 생물의 인식 가능성을 논하고 있다. 어느 경우이건 미의 감상자나 생물의 유기적인 작용을 판정하는 인간은 "타자"로서 눈앞에 있는 것에 관한 특수한 판단의 형태를 고찰하고 있다.

두 번째로 주의할 것은 칸트가 목적론적 고찰의 범위를 개체의 수준에서 인간을 포함해 자연 세계에 현존하는 모든 피조물의 목적론적 체계로 확대하고 있다는 것이다. 그리고 인류를 주체로 하는 역사철학으로부터 법철학 · 정치철학 등과 관련된 고찰을 거쳐 도덕 신학으로 독자를 이끌어가고 있다. 결국『판단력 비판』이라는 책은 일반적으로 해석되어 온 것처럼 제1부는 미학적 논고이며, 제2부는 자연 목적론을 다룬 서적이라고 단정적으로 해석할 수 없다. 세 번째로, 상당히 흥미롭게도 한나 아렌트는 제1부의 미적 판단력과 그 원리를 정치철학과 그 원리로 해석하면서, 제2부에서 다루어지고 있는 인류라고 하는 "전체성"의 범주에 의거한 목적론이 개인이나 그 도덕성을 부정하는 위험을 내포하고 있다고 지적하고 있다. 한편, 게오르크 피히트는 아우슈비츠와 히로시마 이후의 철학적 탐구의 유효성을 검토하는 일환으로 칸트의 목적론적 고찰의 역사철학적 탐구의 의의에 주목하고 있다. 이와 같은 대조적인 해석에 관해서는 제4강에서 다루기로 하고, 여기서는 이러한 칸트 읽기가 있다는 사실만을 지적하고자 한다.

　보충하면, 자연미나 예술미의 판단, 미의 판단자 · 비평가의 상호 판단 또는 평가를 둘러싼 의견의 대립이나 일치의 가능성, 합의 형성의 가능성에 관한 문제는, 미적 쾌의 감정이나 도덕적 감정과 불가분한 관계가 있는 숭고의 감정의 판단자 간의 보편적 전달 가능성에 관한 문제와 함께, 20세기 후반 이후, 특히 아렌트의 해석뿐만 아니라 의사소통 이론과의 관계에서도 해석학적인 입장에서 주목을 끌고 있다. 특히 숭고의 감정에 대해서는 개별자를 전체성에로 또는 타자를 동일성의 원리로 회수하는 전통적인 사상에 대한 비판적 원리를 포함한다는 점에서, 널리 알려진 대로, 이 점에 착악한 포스트모더니즘의 사상가들에 의해 빈번히 논의되어 왔다. 요컨대, 자기와 타자의 입장을 매개하는 의사소통 이론의 고찰은 칸트의 이론 철학이나 실천 철학에서 도덕 철학의 영역이 아니라, 미적 공간이라는 장소에서 전개되는 취미 판단에 따른 미적 판단과 미적 쾌의 감정의 보편적 전달 가능성의 근거를 명확히 한다는 과제에서 가장 생산적인 실마리가 발견된다.

이러한 관점에서 칸트의 취미론이나 공통 감각론을 검토해 보면, 지금까지의 통설적인 칸트 해석이나 칸트 비판에서 깨달을 수 없었던 새로운 논의의 실마리를 찾을 수 있다. 이 과정에서 칸트의 "원근법 사상" 혹은 칸트의 독자적인 "원급법주의"의 특징을 부각시키고자 하며, 특히 일반적으로 상대주의에 빠진다고 일컬어지는 니체 식의 "원근법주의"와는 다른 다원주의적 · 가류주의적 "원근법주의" 사상의 가능성을 찾아보고자 한다. 이 문제는 동시에 저자가 주장하는 "정감적情感的 이성"의 개념을 해명하는 것과 표리의 관계가 있기 때문에 논점을 후자로 옮겨 논하기로 한다.

3. 정감적 이성의 구축을 향하여

1. 칸트의 공통 감각론으로의 길

먼저 지금까지 언급해 온 "타자"의 이해라는 관점으로부터 칸트의 취미론과 관련해서 공통성과 공동체적 감각의 이론에 대해서 살펴보기로 하자. 이미 이 강의에서는 취미론과 공통 감각론이 칸트의 독자적인 원근법주의 사상과 다원주의의 입장을 나타낸다는 것을 시사해 왔다. 이런 맥락에서 이론을 확대하기 위해 몇 가지 논점에 대한 새로운 "칸트 읽기"의 단서를 제시하고자 한다.

첫째, 지금까지의 일반적인 타자론은, 헤겔에게서 전형적으로 볼 수 있듯이, 그 이후 오늘날까지 철학적 논의의 대부분의 경우에서 자기와 타자 사이의 상호 승인론으로서 전개되어 왔다. 여기에서 타자와의 관계는 우선 타자 이해와 상호 존재와 역할을 서로 승인한다는 점에 논의가 집중되어 왔다. 확실히 이 경향은 현대에서도 아펠, 하버마스, 가다머를 비롯한 많은 논자가 채용하는 입장이고, 이 문제를 탐구하는 데 있어서 불가피한 논점일 것이다. 필자도 이것을 부정할 의도는 없다. 그러나 오늘날 타자와의 관계를 고찰할 때, 지금까지의 고찰의 관점만으로는 여전히 일면적이며 불충분하다고 할 수밖에 없다. 따라서 둘째, 타자의 존재, 타자 이해의 어려움, 공통성의 성립 불가능성 등의 사실을 강조하는 사상 경향, 특히 레비나스 이후 데리다 등의 포스트모더니즘 사상가들이 제기한 문제에도 주의를 기울일 필요가 있다. 즉, 자기와 타자의 자세는 원리적으로 공통의 동형성을 가지고 있는 것이 아니고, 오히려 양자는 비대칭의 관계이며, 타자와의 의사소통이 불가능한 상황이나 통약 불가능한 무서운 현실을 직시하는 것이 중요하다.

더욱이 헤겔적인 상호 승인론이나 아펠이나 하버마스와 같은 타자 이해의 논리가 최종적으로 타자를 자기 쪽으로 회수하거나, 자기와 이질적이며 이해 불가능한 타자의 존재를 배제하고 부정해 버리는 역설로 귀결되는 것도 이미 시사한 바 있다. 자기

와 다른 타자에 대한 이해나 서로의 존재를 상호 승인하는 것
은, 종래의 생각처럼 용이한 것은 아니다. 이것은 감각이나 감정
의 공유 가능성과 관련해서도 비판받을 만한 일이다.

후기의 비트겐슈타인이 제시한 예를 들어 말하면, "나는 이가
아프다"는 언명은 의미 있는 표현이지만, "그는 이가 아프다"라
는 언명은 무의미한 언명이 된다. 그가 느끼는 이의 통증 그 자
체는 언명하고 있는 나의 감각이 아니다. 따라서 나는 그 대신에
그의 이의 통증을 느낄 수도 없고, 그러한 언명을 할 수도 없다.
타자의 아픔, 타자의 괴로움이나 죽음 등을 타자를 대신하여 체
험하거나 공유하는 것은 불가능한 일이다. 이러한 생각은 의심
할 여지가 없는 확실한 사실이다. 따라서 여기서 칸트를 단서로
타자와의 관계 방식이나 타자와 감정을 공유할 수 있는 가능성
을 탐구하는 것이라면, 지금까지 지적했듯이, 두 가지 대립적인
관점을 간과하지 않는 논의가 필요하다. 그러나 과연 칸트의 비
판철학으로부터 이러한 양극단적인 서로 대립하는 관점을 포함
하고 양측 견해를 포괄하는 "읽기"가 가능할까? 이것이 다음에
탐구해야 할 과제이다.

이러한 곤란한 과제를 다룰 때에는 먼저 칸트의 비판철학에
내재하는 넓은 의미의 이성의 두 가지 이질적 역할에 주의를 기
울일 필요가 있다. 첫째, 이론 이성이나 실천 이성의 관심에 근
거를 둔 이성의 비판적 기능이다. 이것은 구성적 원리인 범주나
도덕 법칙을 통해서 자연 세계(물리적 대상)와 정신 세계(행위하려
는 인간의 의지)를 제약하고 지배하는 작용의 근거이다. 한편,『판
단력 비판』에서 처음으로 명확히 제시된 반성적 판단력 — 이것

역시 이성이라고도 불릴 때가 있으므로 광의의 이성 개념에 속한다 ― 의 작용은 이론 이성이나 실천 이성과는 다르며, 자연의 영역이나 정신의 자유의 영역을 제약하고 지배하는 구성적 원리를 소유하지 않는다. 오히려 반성적 판단력은 두 개의 이성, 두 개의 세계를 매개하는 작용을 한다. 즉, 이론 철학과 그 영역인 자연의 개념에서 실천 이성과 그 영역인 자유의 개념으로의 이행의 과정을 나타내는 작용을 한다.

두 번째로 주의할 것은 이 판단력의 원리가 구성적인 객관적 원리를 갖지 않고, 발견적이고 통제적인 주관적 원리를 갖는다는 것이다. 셋째, 여기서 말하는 판단력은 "판단력"이라고는 해도 이론 이성이나 실천 이성을 위해 그 객관적·구성적 원리를 적용하는 능력으로서 작용하는 이론적이고 실천적인 "규정적 판단력"이 아니라, "반성적 판단력"으로서 자기 자신, 즉 주관의 원리에 기초해서 광의의 지知를 통제하고, 미적인 대상을 감상할 때에 생기는 쾌·불쾌의 감정을 제약하는 작용을 한다.

따라서 넷째, 여기에서의 주제와 관련시켜 보면, 이론 이성과 실천 이성의 경우에는 자기 및 타자, 양자의 존재를 일거에 보편적인 원리와 관련지어서 양자의 공통 이해나 의사소통의 형태, 공통성의 근거를 마련하려는 초월론적 철학의 사고법이 전형적으로 발휘되고 있다. 그러나 다른 한편으로 반성적 판단력은 보편적인 원리가 존재하지 않는 경우에 작용하는 판단력이기 때문에, 다양한 복수의 주관이나 "다수성" 혹은 "다원성"의 원리에 기초하여 오히려 보편적인 원리를 가설적으로 탐구하는 발견적인 작용을 한다. 다섯째, 이렇게 봤을 때, 이미 설명해 온 칸

트의 "다원주의"나 "가류주의"의 입장은 반성적 판단력의 작용
에 기초하고 있다.

요컨대, 현대 철학의 주요 경향의 커다란 특징과 관련시켜 구
분해 보면, 칸트에게는 아펠의 초월론적 언어 수행론의 계보와
연결되는 기초부여주의적인 사고법의 사상 경향과 후기의 딜타
이나 하이데거, 가다머, 로티와 같은 철학적인 해석학의 계보와
연결되는 비기초부여주의적인 사고법의 사상 경향의 두 가지
사상 경향이 모두 존재한다. 바꿔 말하면, 이성 비판과 그 기능
에는 순수 이성 및 실천 이성의 비판적 기능과 그것과는 이질적
인 반성적 판단력이라는 이성의 비판적 기능의 두 가지가 있다.
뿐만 아니라 이 반성적 판단력의 기능 안에 칸트의 독자적인
"원근법주의" 사상은 후자의 작용에 의거하고 있다. 뿐만 아니
라 이 반성적 판단력의 기능 안에는 앞의 곤란한 과제에 어느
정도 대답할 수 있는 "정감 풍부한 이성"의 작용이라고도 부를
수 있는 사고방식이 포함되어 있다. 이 점에 대해서 좀 더 생각
해 보도록 하자.

2. 칸트의 공동체적 감각의 사정거리

우선 칸트의 "공통 감각"이라고 불리는 마음의 작용과 이것
이 동시에 "공동체적 감각"이라 불리는 이유부터 고찰해 본 다
음, "공동체적 감각"이라 불리는 작용이 어떤 의미에서 오늘날
에 중요한 문제 제기를 하고 있는지를 다루어 보고자 한다.

이미 자세하게 설명했듯이, 18세기는 "이성의 시대," "계몽의

시대"라고 불린다. 그러나 이 시대는 동시에 "취미"의 작용이나 "취미 판단"이 크게 논의되었던 시대이기도 하다. 다만 이 경우에 "취미"나 취미 판단은 일본어의 "취미"라는 단어로 이해되는 경우와는 의미 내용이 상당히 다르기 때문에 주의가 필요하다. 일본어에서 "취미"라고 하면 보통 "느낌"이나 "풍미," 즉 개인의 어떤 마음의 상태를 가리킨다. 무언가를 느끼는 것이다. 예를 들면, 다도라든가 꽃꽂이는 차를 음미하는 것, 꽃을 즐긴다는 의미로 "취미"라 불린다. 하지만 여기서 문제가 되는 "취미"는 이러한 의미에 한정되지 않는다. 일본어에서 취미는 "느낌을 감수하는 능력"이라는 또 다른 의미가 있다. 그렇기 때문에 "취미"라는 말은 보통의 경우 "느낌"이나 "풍미"라는 인간의 마음이나 상태를 나타내는 의미와 이것으로부터 파생된 그러한 느낌을 받아들이는 능력, 감수하는 능력이라는 의미의 두 가지 의미가 미묘하게 섞여서 사용되고 있다. 하여튼 "취미"의 일본어 용법에는 공동체적 감각이나 공동체의 구성원 속에서 수행하는 역할이라는 "취미"의 적극적인 의미는 읽어 낼 수 없다.

이에 비해서 18세기의 "취미" 이론이나 "취미 판단"은 일반적으로 자연미의 판정이나 예술작품의 감상 등에 관련된 "취미"와 그것에 대한 판단이라는 특별한 의미를 가지고 있었다. 따라서 서양에서 "취미"의 전통적인 용법은 일본어의 용법과는 달리 단지 개인적인 취미 판단에만 제한되지 않는다. 취미는 언제나 존재하는 공동체, 예를 들면 지역, 민족, 국가 등의 여러 가지 수준에서 작용하여 그 속에서 생활하는 자기와 타자, 복수의 인간들 사이에서 작용하는 "공동체적 감각"이라고 불리어 왔다.

즉, "취미"나 "취미 판단"은 전통적으로 사회적인 선악이나 옳고 그름 등의 윤리적·도덕적 선악, 법적·관습적 선악의 판단도 포함하는 매우 넓은 의미로 사용되어 온 개념이다. 게다가 당시는 "취미"의 움직임을 둘러싼 여러 가지 논쟁이 있었다. 극히 도식적인 설명을 해보면, 한쪽은 영국 경험론의 입장에서 "취미"를 감각·감관sense의 작용으로 보았기 때문에 경험주의적 내지 감각주의적 취미론의 경향을 띠고 있다. 다른 쪽인 대륙 합리론은 취미의 작용도 이성주의적인 입장에서 오성이나 이성의 작용으로 보았기 때문에 합리주의적 취미론의 경향이 있었다. 칸트는 어떤 의미에서 이 양쪽의 주장을 조정하고 종합했다고 말할 수 있는 취미 이론을 탐구하였다.

이것이 칸트의 취미론에 나타나는 첫 번째 기본적 특징이다. 두 번째는 18세기 취미론이나 칸트의 취미론에 공통적으로 나타나는 것으로서 취미의 직관적인 작용에 주의를 기울이고 있는 점이다. 취미란 사변적, 관념적인 것이 아니라 직관적인 것 또는 감각적인 성격을 가지고 있다는 것, 이것이 18세기 취미론이 가지고 있었던 공통 이해나 공통 인식이었다. 게다가 여기에 취미가 여러 가지 공동체의 성립이나 유지·발전에 불가결한 역할을 수행하고 있다는 인식이 더해졌다. 인간 사회 전반의 여러 가지 규범이나 규칙, 풍속 습관이나 도덕적인 선, 시간과 장소에 따라서는 진위도 센스나 카먼 센스common sense, "공통 감각"의 작용에 의해 판단된다. 이 강의에서는 유감스럽게도 18세기 전반에 활약했던 이탈리아의 철학자 잔 바티스타 비코의 공통 감각론이나 아리스토텔레스의 코이네 아이스테시스까지 거슬러 올라가는 이 개념의 긴 역사를 살펴볼 여유는 없다. 하지만 18세기 영국의 철학·사상의 흐름은 이 개념사의 전개에서 본다면, 상당히 특징적인 변화를 나타내고 있으며, 칸트와도 복잡하게 얽혀 있다. 이러한 흐름은 카먼 센스 필로소피common sense philosophy, "상식 철학"으로 불린 학파에 의해 철학사의 무대에 등장했다. 전통적인 "공통 감각" 이론의 하나의 귀결로서 카먼 센스, "공통 감각"은 "상식"으로 해석되고 번역되어 왔다.

한마디로 말하면, 이 학파에서 카먼 센스는 흄의 회의주의적인 경향에 대한 경계나 반발 내지 반동에서 생긴 견해로 볼 수 있다. 또한 이와 관련하여 인간 사회의 지식·도덕·신앙·감정 등의 수준에서 공동체적 규범이나 규칙에 근거하여 일정한 보편성을 탐구하고, 자기와 타자와의 관련성이나 연결을 확실한 것으로 만들고자 하는 의도가 있었으며, 그 근거를 일반 시민에게 뿌리 내린 "상식," "공통 감각"에서 구하려고 한 것이다. 그 결과, 제임스 비티를 비롯하여 이른바 상식 철학의 입장에서 "상식"은 전통적인 "감각" 내지 공동체에서 작용하는 센스(감각)로서, "공동체적 감각"이라기보다는 오히려 당시의 실제 기능이라는 점에서 보편적 인간 이성에 가까운 의미로 변용되었다.

여기에서 다시 평범하고 지속적인 상식과 훌륭한 양식으로서의 "상식" 혹은 공동체를 유지·발전해 갈 때 여러 사람들 사이에서 작용하는 "상식"으로서의 사회적인 생활지生活知와 복수의 공동체에서도 타당하고 보편성을 가질 수 있는 "이성"의 작용 사이의 관련성이 나타난다. 보통의 이해 방법으로 본다면 취미는 법칙성이나 규범성과는 관계없는 듯이 보이지만, 실제로는 일정한 법칙 내지 규범성을 가질 수 있는 경향으로 기울고 있다. 그렇기 때문에 영국에서 도덕 감각론moral sense theory을 주장하는 철학자·사상가의 견해에는 도덕 감각의 작용에 대한 여러 가지 해석의 차이를 넘어서 "감각," "감정," 센스가 도덕적인 선악의 판단 기준과 근거를 포함하고 있다는 것이 전제되어 있었다.

이상과 같이 18세기 취미론의 3가지 중요한 계기는 취미가 어떤 직관적인 기능을 가진다는 점, 미적·예술적 영역으로 제한된다는 점, 오성이나 이성의 규칙과는 다른 모종의 법칙성과 규범성을 가진다는 점에 집약된다. "씀바귀 잎을 즐겨먹는 벌레"라는 옛 속담이 있듯이, 취미는 완전히 개인적인 것으로서 공동체적인 규범성이나 타자에 대한 보편성을 가지지 않는다는 사고방식과, 그렇지 않고 취미의 영역에서도 모종의 규범성 내지 보편성을 가질 수 있다는 사고방식의 대립은 동서고금을 막론하고 어디에서나 볼 수 있다. 『판단력 비판』의 취미론에서는 이들 요소를 모두 포괄하여 취미를 둘러싼 대립을 칸트의 독자적인 입장에서 취미의 안티노미로서 정식화하고, 이 안티노미를 다시 해결하고 있다.

칸트의 취미론은 제3비판 전반부의 중요한 주제이다. 이미 말했듯이 『판단력 비판』에서는 『순수 이성 비판』에서 보여 준 자연과학이나 자연의 객관적 인식의 근거를 부여하는 이론 철학과 『도덕 형이상학 원론』이나 『실천 이성 비판』 등에서 시도하고 있는 인간 정신의 자유, 말하자면 도덕적으로 선한 행위의 기초 부여 또는 인간의 공통성, 공동체적인 질서를 확립하는 정신 세계, 즉 도덕적인 자유의 세계와 관련된 실천 철학, 이 두 철학 의 관계에 대해서 논하고 있다. 비판철학의 두 부분은 이론 철학 과 실천 철학에 한정되어 있기 때문에, 목적론은 헤겔 등과는 달 리 철학의 체계에는 포함되지 않는다. 따라서 칸트는 두 철학에 의해 구축된 자연 세계와 자유 세계, 두 가지 이질적 세계를, 말 하자면 현상 세계와 "물자체"의 세계를 어떻게 엮어서 빠짐없 이 완벽한 철학의 체계화를 실현할 수 있는가 하는 어려운 문제 와 싸움하지 않을 수 없었다. 실제로 인간이 살아가는 현실 세계 는 본래 하나다. 칸트는 그것을 이론화하고 체계화해서 설명 · 이해하는 과정에서 세계의 존재 방식을 이질화하여 두 개로 나 눈 것이다. 칸트는 이 양자를 어떻게 통일적으로 이론화할 것인 가 하는 과제에 직면해서 취미론을 양자의 매개로 이용한 것이 다.

요컨대, 칸트는 철학을 이분법적으로 생각해서 두 개의 기둥 을 구축하려고 했기 때문에, 제3비판을 독립된 하나의 철학의 세 번째 부분으로 생각하지는 않았다. 이론 철학과 실천 철학, 자연 세계와 정신의 자유 세계, 이러한 두 가지 세계를 매개하여 하나로 묶는 것이 『판단력 비판』의 역할이고, 이 역할의 중심에 취미 비판이 위치하고 있다. 따라서 철학의 체계는 두 부분으로 구성되어 있는데 비해서, 비판의 체계는 세 부분으로 구성되어 있다. 가다머는 비판의 체계를 이렇게 파악하는 방법이 철학의 중추, 중심 부분에서 취미 능력의 작용을 추방하는 결과를 낳았 다고 칸트를 비판하였다. 다만 칸트의 경험이나 당시 시대의 요청을 감안할 때, 가다머가 칸트의 취지를 오해하고 있는 것이 아닌가 하는 반론을 생각해 볼 수 있다.

하지만 칸트는 이러한 전통적인 취미 판단, 취미의 작용과 "공통 감각"이라는 개념을 앞서 상술한 목적 아래 두었다. 조금 전에 언급했지만 칸트에게 있어서 "공통 감각"의 의미는 크게 두 가지로 나뉜다. 하나는 이른바 사회적인 상식, 예를 들면 어떤 사람에게 상식이 없다고 말할 때의 상식 또는 아이에서 어른으로 성장하는 과정에서 얻는 세간의 앎, 일반적인 상식을 손에 넣고 몸에 익혀 가는 경우의 "상식"을 의미한다. 이것은 지성적인 작용에 기초하는 것이다. 이른바 세간에서 통용되는 상식이라는 의미에서의 공통 감각이다. 이것에도 통속적인 소극적·부정적 의미와 양식이라 표현되는 적극적·긍정적 의미의 두 가지 의미가 있다는 것은 앞서 밝힌 바 있다. 하지만 칸트 자신은 상식을 주로 전자의 의미로 사용하고, 양식을 의미하는 후자의 "상식"에 관해서는 유의하지 않고 있다. 그것이 어디까지 적절한가 하는 것은 당연히 검토되어야 할 문제이다.

공통 감각의 두 번째 의미는 칸트만의 독특한 의미로서 자연의 미나 예술의 미, 자연이나 창작의 아름다움과 관련해서 사용되는 제한적 용법이다. 이런 의미의 공통 감각으로 인해서 우리는 자연의 창조물 — 예를 들면, 가을 단풍이 아름다운 산야 — 이나 우수한 예술가가 만들어 낸 훌륭한 예술 작품과 접촉했을 때 감동하거나 아름답다고 생각하며 경탄하게 된다. 이럴 때 우리들은 마음이 매우 윤택해지고 즐거운 감정을 느낀다. 이러한 역할을 칸트는 어떤 종의 공통 감각, 공동체적 감각이라 말하고 있다. 그것은 우리들이 보통 이해하고 있는 "상식"과는 다른 작용이다. 따라서 이러한 의미의 공동체적 감각은 미적인 반성적 비판의 역할과 그 원리인 합목적성의 원리에 입각하고 있다. 덧붙여서 "합목적성"은 "목적에 들어맞다"는 것을 의미하는데, 여기서 말하고 있는 합목적성이란 실은 "조화"를 의미하는 것으로 이해하는 것이 합당하다. 이것은 유럽적인 미감론美感論의 견해인데, 이 견해에 따르면, 예를 들어 장미와 같은 자연의 꽃을 보고 아름답다고 느끼는 경우, 꽃의 아름다움은 하나의 조화를 이룬 꽃의 형태에 근거하고 있다. 균형을 이룬 미의 존재 양식은 마치 무언가 목적을 실현하기 위해 만들어져 있는 것처럼 생각되는 존재 양식인 것이다. 이러한 "합목적성"이란 일반적으로 이해되는 실천 철학에서의 의지나 행위의 목적과는 관계가 없다. 특히 절대로 도덕적인 의미에서의 "목적에 들어맞다"는 의미가 아니다. 이것이 첫 번째 주의할 점이다.

두 번째 주의할 점은, 칸트의 "공동체적 감각"의 역할이 어디까지나 일종의 살롱과 같은 장소에 모인 사람들이 미적인 대상을, 즉 아름다운 자연의 산물이나 예술 작품을 감상하면서 내리는 비평에 해당한다는 것이다. 하버마스의 『공론장의 구조 변동』(1962)에서 고찰한 관념으로 말하자면, 그것은 대략 "문예적인 공공성"의 장에서 작용하는 비평법에 해당한다. 취미를 공유하는 사람들이 함께 전람회에 가서 "이 회화는 훌륭하군요"라든가 또는 가을 산의 단풍을 보러 가서 "저것은 아름답다," "아니, 이쪽의 색깔이 더 예뻐"와 같은 비평이 여기에 해당한다. 이러한 행위는 미적·예술적 판단이 행해지는 공동체적 공간을 전제하고 있고, 다수의 타자 사이에서 처음으로 성립되는 것이다. 이러한 공동체 사회에서 작용하는 감각, 이것이 칸트가 말하는 좁은 의미에서의 "공동체적 감각"의 내용이다. 이러한 "공동체적 감각"은 취미를 성립시키는 판단력의 능력에 기초하고 있다.

세 번째 주의할 점은 다음과 같이 요약할 수 있다. 이러한 복수의 타자는 당분간 "문예적인 공공성"의 공간 속에서 취미의 능력과 "공동체적 감각"을 발휘해서 자기의 판단의 올바름을 서로 주장한다. 그리고 자기 판단의 올바름과 타자의 판단을 서로 대조하면서 의사소통을 진행한다. 이것이 바로 칸트의 다원주의적 생각이고, 앞에서 언급한 칸트의 원근법주의적 사고방식의 표현이다.

하지만 하이데거의 제자이기도 한 가다머는 현대의 철학적 해석학의 입장을 대표하는 주요 저서 『진리와 방법』(1960)에서 칸트의 취미론을 가차 없이 비판했다. 여기에서는 이에 대해 이 강의 주제와 관련된 문제에 초점을 맞추어 간략하게 언급하고자 한다. 우선 칸트 비판의 주요한 논점 중 하나는 칸트가 18세기의 취미론의 과제를 떠맡아 해결하면서, 취미의 능력을 방금 언급한 미적·예술적 영역에 한정하여 자연미나 예술미를 감상하는 작용으로 좁혔다는 것이다. 가다머가 중시하는 전통적인 인문주의 사조에서, 본래 취미란 것은 도덕적·법적 선·악이나 정·부정부터 미적인 영역을 널리 포함하는, 즉 진선미 모든 것과 관련되는 판단 능력이었음에도 불구하고, 칸트는 그것을 미적인 영역으로 좁게 한정하고 말았다는 것이다.

두 번째로 가다머는 이런 결과로 인해서 철학의 중심으로부터 인간 공동체 속에서 중요한 역할을 하고 있는 취미 능력의 작용을 추방해 버렸다고 칸트를 비판하고 있다. 다만 비판 시기 전의 칸트는 한때 영국의 도덕 감각론의 영향 하에 있었으며, 진선미에 대한 판단에서 법적인 정, 부정의 판단에 이르는 것들을 "공통 감각"에 의해 알 수 있다고 생각하고 있었다. 영국에서는 전통적인 보통 법common law에 따른 정의감의 작용을 중시하는 경향이 있었으며, 인간 사회에서의 평등이나 공정한 원리, 인권 중시나 사회 질서의 준수 등은 이러한 감각의 역할에 의거하고 있다고 보았다. 현대에는 존 롤즈의 『정의론』(1971)처럼 칸트 윤리학과 관련하여 "정의감"이라는 관념을 전개하기도 한다. 그러나 칸트 자신은 역으로 감각에 의한 진위선악의 판단으로부터 보편적 이성에 의한 판단의 구축으로 나아가는 길을 걸었다. 그러나 지금 설명하고 있는 『판단력 비판』의 단계가 되면 체계적인 문제 관심에서 다시 전통적인 감각과는 다른 의미로 "공통 감각"의 중요성에 주목하고 있다.

이렇게 보면, 가다머의 지적에서 알 수 있듯이 "공통 감각," 카먼 센스는 칸트가 생각하였던 것 이상으로 중요한 의의와 넓은 사정거리를 지니는 개념임이 분명하다. 특히 이성 중시, 이른바 로고스 중심주의로 비난받아 온 근대의 철학 사상과 칸트의 사상에도 감정이나 신체의 역할을 중시하는 측면이 있었다는 것을 간과해서는 안 된다. 물론 가다머의 비판에서 알 수 있듯이 칸트의 공통 감각론에 여러 가지 제한이 있는 것도 부정할 수 없는 사실이다. 그러나 칸트의 공통 감각론이나 취미 비판에는 칸트 자신이 생각했던 것 이상으로 훌륭한 견해와 오늘날의 문제를 탐구하는 데 시사하는 주장이 많이 포함되어 있다.

이탈리아의 인문주의를 대표하는 비코는 데카르트적인 이성에 의한 과학적 진리관의 일면성을 비판하고, 근대 과학이 제시하는 "진실한 것"이 아닌 "진실 같은 것"에 의해 키워진 "공통 감각"의 형성이 인간 사회와 사람들의 일상생활 속에서 중요한 역할을 수행하고 있다는 것을 간파했다. 비코는『학문의 방법』(1709)에서 "공통 감각"을 계급, 민족, 국민, 나아가 전 인류가 공유하는, 반성을 전혀 동반하지 않는 판단력으로 보고 있다. 여기에서 수사학을 멸시한 칸트와의 상이점뿐만 아니라 양자의 뜻밖의 공통점도 찾을 수 있다. 칸트 자신도 "공통 감각"이 인간의 사회생활 속에서 작용하는 불가결의 기능임을 통찰하고 있었다. 또한 칸트가 "공통 감각"을 "공동체적 감각"으로 바꿔 말할 때, 칸트가 염두에 두고 있던 공동체는 확실히 세계시민사회였던 것으로 보인다.

다만, 그 이전에 특정한 계층이나 계급, 민족, 국민의 존재를 고려할 때, 여러 가지 "공통 감각"의 작용의 차이 내지 다양한 "공통 감각"의 형태를 볼 수 있다. "그 지방에 가면 그 지방 풍속에 따라라"와 같은 옛날 일본 속담에서도 알 수 있듯이, 공통의 감각은 지역에 따라 다양하다. 정체불명의 "공동체적 감각"과 비슷한 작용은 지금도 대단히 뿌리 깊은 것인데, 그 내실이나 규범적 구속성의 강약은 개인에 따라 또는 지역이나 공통성의 성격이나 수준에 따라, 요즘 말로 하면 하위 시스템부터 시스템의 복합적인 연계 수준까지 여러 작용 형태를 지니고 있다.

게다가 "공통 감각"이 판단력의 작용에 기초한다는 점에 관해서도 칸트는 비코와 원칙적으로 같은 인식을 가지고 있었다. 그러나 칸트가 우선 염두에 두었던 것이 미적인 공간 내지 문예적인 공통성이었던데 비해, 비코는 정치적인 사태를 포함하는 생활 일반에 이르는 공동의 생활공간을 포괄하고 있었다. 이러한 의미에서 칸트가 "공통 감각"과 이것이 기능하는 장소를 좁게 제한하였다는 사실은 부정할 수 없다. 게다가 비코는 "진리다움"이나 "개연적인 지知"의 존재를 당연한 것으로 여기고, 인간의 실천 활동의 지知로서 "사려prudentia"를 중시하였다. 이 라틴어에 대응하는 독일어 Klugheit(사려)를 칸트는 "실천 이성" 중심의 사고방식의 귀결로서 낮게 보았다. 그러나 앞으로 살펴보겠지만, 칸트의 넓은 의미에서의 이성 비판의 요구에 의해서 법의 작용이나 이성의 기능에 대한 그의 사고방식은 사회나 역사라는 공간적·시간적 고찰 영역으로 확대, 심화된다. 이에 따라 칸트의 "공통 감각," "공동체적 감각"의 이론도 단지 이론 이성과 실천 이성의 매개적 통일, 즉 자연의 관념과 자유의 관념의 매개적 통일이라는 사고방식으로는 파악할 수 없는 인간의 사회생활 전반과 관련된 사정거리를 가지게 된다.

그 결과, 방금 언급한 가다머의 칸트 비판이나 그 주장을 추종해 온 많은 연구자들의 이해와는 달리 칸트의 "공통 감각," "공동체적 감각"의 이론은 비코의 공통 감각론 이상으로 넓은 시야와 심층적인 문제 제기를 포함한 이론임을 알 수 있다. 그러면 마지막으로 이 논점에 맞추어서 제3강을 마무리하고자 한다.

3. 정감적 이성의 가능성

우선 "정감적 이성"이란 말에 관해서 간략하게 설명하고자 한다. 이 말에 대응하는 독일어는 칸트의 서적이나 논문, 강의 등에는 어디에서도 사용되지 않았다. 그렇기는커녕 지금까지의 칸트 연구 문헌뿐만 아니라 국내외 다른 철학·사상의 관련 문헌에서도 본 적이 없다. 관련된 개념으로는, 필자가 알고 있는 한, 주저인 『존재와 시간』의 속편이라 할 수 있는 『칸트와 형이상학의 문제』(1929)에서 하이데거가 아주 독특한 칸트 해석으로서 인간의 순수 이성을 순수한 "감성적 이성sinnliche Vernunft"으로 간주한 견해뿐이다. 하이데거는 감성적 직관과 오성 내지 이론 이성을 통일적으로 파악하려 했고, 그 기초에 있는 상상력의 역할에 착안하여 이 개념을 생각해 낸 것이다.

그러나 하이데거의 이 용어는 "초월론적 상상력"에 기초한 이론 이성을 중심으로 고안된 관념이기 때문에 여기서 "정감적 이성"이라는 말로 표현하려는 내용으로는 여전히 불충분하다고 생각된다. 이 말은 필자가 지금까지 언급해 온 칸트 읽기를 표현하기 위해서 오늘날 가장 어울리는 관념이라고 생각하여 고안한 조어이다. 무엇보다 칸트 자신이 『판단력 비판』에서 반성적 판단력을 광의의 이성이라고 불렀기 때문에, 그리고 그것이 "정감적"인 것의 의미와 그 원리를 기초로 한 "공동체적 감각"이기도 하기 때문에, 여기서는 "공통 감각"을 "정감적 이성"이라고 부를 수 있는 이유에 관해 설명하고자 한다. 이를 통해서 칸트의 "공통 감각"을 "정감적 이성"이라 바꿔 부를 수 있는 가능성에 대해 연구해 보고자 한다.

우선 "정감적情感的"이라는 말의 의미부터 확인하고자 한다. 이 말은 칸트의 3대 비판서 전체에 등장하는 중요한 독일어 ästhetisch의 번역어를 말하자면 버전 업 시킨 개념이다. 다만 일본어의 "정감"이라는 말에는 "감정, 기분, 또는 느낌" 정도의 의미만 있을 뿐이다. 그러나 필자는 여기에다가 새로운 의미를 포함시켜 사용하고자 한다. 그런데 이 독일어는, 칸트의 경우, 이론 철학이나 실천 철학에서는 "감성적"으로 풀이하는 것이 정설로 되어 있다. 이 말은 원래 아리스토텔레스의 "아리스테시스"라는 감각이나 감수성을 의미하는 개념에서 유래되었기 때문에, 이런 의미에서 감성적이라는 번역어는 핵심을 찌르는 선택이었다고 할 수 있다. 이론 철학의 영역에서는 "오성적," "이성적"과 대비적으로 수동적인 직관과 엮여서 사용되고 있으며, 실천 철학의 영역에서는 경험적이고 감성적인 욕망이나 경향성 등과 관련시켜서 "도덕적" 존재 양식과 대비적으로 부정적 평가를 포함하여 사용되고 있다. 또는 『판단력 비판』에서는 제1부의 주제인 반성적 판단력과 취미 판단의 성격을 부여하는 핵심어이기도 하다. 어쨌든 비판기의 칸트에서는 이론적 · 실천적 · 광의의 미적 영역에서 생긴 유쾌하거나 불쾌한 감정을 표현하는 데 사용한 개념이다.

다만 『판단력 비판』에서는 이제까지 "미적," "미학적," "미(직감)적" 등의 역어를 볼 수 있었지만, 필자는 이번 (이와나미岩波) 전집판에서 다음과 같은 이유로 "광의의 미적 정감"이라는 의미의 축약형인 "미감적"이라는 번역어를 채택했다. 여기서 광의란, 엄밀한 의미에서는 사물의 아름다움을 표현하는 "미," 정신의 고귀함을 의미하는 "숭고," 현실 세계의 "추함" 등의 미적 · 예술적 개념을 나타내고 있다. 우선 "미적"이라는 말을 번역어로 채택하면 "숭고"를 포함하지 않는 좁은 의미의 "미적"과 구별되지 않는다. 둘째, 칸트는 이 책에서 일관되게 "미에 관한 학문," 즉 "미학"은 성립되지 않는다고 주장하고 있기 때문에, 이런 취지에서 본다면 "미학적"이라는 번역어도 적절하다고 할 수 없다. 셋째, "직관적"이나 최근 보이는 "감성적"이라는 번역어도 역시 첫 번째와 두 번째의 비판서에서 인식 판단 · 실천 판단과 판단력의 차이를 명확하게 하고, 반성적 판단력이나 취미 판단을 엄밀하게 성격 짓고자 한 칸트의 목적을 따르는 것이라 할 수 없다.

이 문제는 단순히 한 단어의 번역어 선택의 문제로 끝나지 않는다. 이 문제는 칸트가 말하는 광의의 이성의 상응 관계를 이해하는 것과 관계되는 문제이며, 특히 반성적 판단력이나 취미 판단의 파악 방법에 관련되는 문제일 뿐만 아니라, 더 나아가서는 비판철학 전체의 해석에 관련되는 큰 문제이다. 이에 대한 자세한 설명은 전집 제8권, 제9권의 역주와 해설을 참조하기 바란다.

요컨대, 여기서 말하고자 하는 것은 첫째, 『판단력 비판』에서 칸트 자신이 분명히 말했듯이 "초월론적 의도"에 제약되어 있었기 때문에, "광의의 미적–정감적" 판단력의 작용은 오늘날 독자의 입장에서 볼 때는 그것을 더욱 확대해서 "희로애락" 등을 포함한 인간 생활 전체와 관련된 "정감 풍부한 작용"으로 확대 해석할 수 있다는 점이다. 그러면 칸트 자신에게는 이러한 관점이 전혀 없었던 것인가? 실제로는 그렇지 않다고 생각한다. 예를 들면, 『판단력 비판』에서 웃음의 정의나 그것과 관련한 날카로운 고찰은 영국의 철학자 프랜시스 허치슨의 『웃음에 관해서』(1725)에서 논의되었던 "어긋남 이론"을 계승하고 있다. 그리스 시대 이래, 웃음의 정의나 생활에서의 의의·역할 등에 관해서는 대략 세 가지 이론이 있다.

첫 번째는 "우월의 이론"이라 불리는 견해이다. 이것은 웃음이 타인에 대한 우월감의 표현이라고 보는 생각으로서 고대부터 지금까지 넓게 받아들여져 온 이론이다. 조소라는 일본어에는 이 의미가 잘 표현되어 있다. 이것은 플라톤이나 아리스토텔레스에서부터 근대의 토마스 홉스, 현대의 콘라트 로렌츠에게서도 볼 수 있는 견해다. 두 번째로 칸트나 쇼펜하우어, 베르그송 등에서 볼 수 있는 "어긋남 이론"이다. 칸트의 웃음의 정의에 의하면, "웃음이란 어떤 긴장된 기대가 돌연 무로 변화하는 것으로부터 생겨나는 감정의 움직임이다." 알기 쉽기 말하자면 엄숙함이 기대되는 장면에서 가슴을 펴고 당당히 걷고 있던 신사가 돌연 바나나 껍질에 발이 미끄러져 넘어지는 것 같은 상황에서 생기는 것이 웃음이다. 요컨대, 찰리 채플린의 영화에서 자주 볼 수 있는 장면을 상상하면 된다. 세 번째는 칸트에게도 영향을 준 철학자 샤프츠베리, 허버트 스펜서, 프로이트 등에서 보이는 "방출 이론"이다. 이것은 웃음을 정신 에너지의 발산으로 보는 견해이다.

여기서 각각의 이론의 특징이나 차이를 알아볼 여유는 없다. 하지만 칸트의 "어긋남 이론"에 한정해서 말하면, "인도 사람과

맥주"(맥주병에서 거품이 내뿜어지는 것을 보고 거품을 병 속에 집어넣은 것을 신기하게 생각한 인도 사람 이야기)나 "울보 남자의 웃음"(장례식을 엄숙히 진행하려 했던 울보 남자에게 돈을 주면 줄수록 밝아졌다는 이야기), 그리고 "머리가 백발이 된 상인"(전 재산이 든 상자를 바다에 던져 버릴 수밖에 없게 되어 비탄에 빠진 나머지 하룻밤에 머리가 백발이 된 상인의 이야기) 등의 짧은 이야기에서 다음과 같은 점들이 확실해졌다(이와나미 판 칸트 전집 8권, p. 233 이하). 우선 이런 종류의 웃음에는, 이야기를 듣는 사람이 이 이야기의 과정에서 어떤 종류의 기대를 안고, 어떤 단계에서 그 기대가 긴장의 고조에 이를 필요가 있다. 둘째, 그러나 지금까지 긴장했던 기대가 돌변하는 것이 요구된다. 셋째, 이 돌변하는 방법은 마이너스로의 변화가 아니라 오로지 제로로 변화되는 것이 필요하다. 이런 조건들을 만족시키는 경우에만 이런 종류의 "웃음"이 생긴다. 따라서 이러한 기대와 그것이 이른바 배신당하기 때문에 어떤 화제와 관련된, 듣는 사람 측의 이해력, 기대를 가지게 하는 예비적인 지식이 전제로서 요구된다. 넷째, 이렇게 되면 인간에게 가장 기본적인 감정으로 보이는 희로애락의 "희"와 깊이 관련된 "웃음"이란 감정 표현에도 단순히 수동적 반응으로 머무르지 않는 지성적인 이해력이 불가결하며, 양자는 불가분으로 연결되어 있는 것이 분명하다고 할 수 있다.

이렇게 본다면 칸트의 취미 판단의 시도는 많은 경우에서 인간의 기본 감정에 포함되는 "웃음"의 분석을 통해서, 정감 풍부한 이성적 작용에 관해서도 고찰하였다고 볼 수 있다. 물론 칸트 자신의 문맥에 따르면, 가장 탁월한 감정은 유일하게 아프리오리 한 도덕 법칙에 대한 존경의 감정이고, 그 다음이 감정의 미감적인 표현인 정신 감정의 숭고한 감정이고, 취미 감정은 고귀한 점에서는 정신 감정에 뒤쳐진다. 따라서 칸트가 감각적인 유쾌한 감정이나 "웃음"에 관해서 경험의 심리학적·생리학적 수준에 머무르는 감정으로 보고 있었다는 것은 부정할 수 없다.

이러한 관점에서 본다면 『사고의 방향을 결정하는 것은 무엇인가』(1786)에서 나타난 "실천 이성이 필요로 하는 감정"이라 불리는 감정은 방금 언급한 하이데거의 해석이나 필자의 목표에 맞는 개념으로 이해하는 것이 가능하다고 생각된다. 그러나 결론을 먼저 말하면, 이 개념도 역시 순수 실천 이성에 의해 야기된 감정으로 볼 수 있는 한, 도덕 법칙에 대한 존경의 감정으로 귀착된다. 실제로 칸트는 이 이성의 필요가 순수 실천 이성의 신앙을 이끈다고 주장하고 있기 때문에, 이러한 "방향을 정하는 감정"은 필자가 탐구하는 "공통 감각"에 기초하는 것이 아니라, 순수 실천 이성과 도덕 법칙에 의해 기초가 부여되는 것임은 분명하다. 따라서 이러한 칸트의 생각에 의거하는 한, 사고의 "방향을 정하는 감정"은 이질적이고 다양한 견해를 가진 다수의 타자 사이에서 사고의 방향을 정하는 것을 가능하게 하기보다는 오히려 이성의 보편적 작용에 의해 필연적인 법칙성을 강제하는 기능을 가질 것이다. 그 결과 다원주의적인 토론의 장을 확보하기보다는 그 가능성을 막는 보편주의의 방향으로 나아가게 된다.

이상의 설명에서와 같이 비판철학에서 "정감적 이성"의 역할을 읽어내는 것이 가능하다고 한다면, 미감적 판단력에 기초한

"공통 감각"의 작용을 미적 공간이나 문예적인 공공성이라는 제한된 장소에 한정하지 않고, 인간의 모든 생활의 장까지 확대하는 것이 필요하게 된다. 또 이론 이성과 실천 이성의 작용, 인식과 관심이 관련된 여러 기능은, 광의의 미감적 감정을 포함하는 인간의 삶의 감정 전체와 함께 완만하게 하나의 통합적인 작용을 하는 것으로 볼 수 있다. 따라서 칸트 자신이 명확하게 자각하고 있던 "공간에서의 방위 구별의 감정"이라는 신체와 불가분한 인지적 감각으로부터 미감적인 유쾌·불쾌의 감정과 도덕 감정을 포함한 인간 사회에 작용하는 "방향을 정하는 감정"은 오히려 "정감적 이성"이라고 부르는 것이 적합하다는 것을 제안하고자 한다. 이 작용에 의해 다양한 생활공간 속에서 한 사람 한 사람이 다른 감수성이나 견해를 가지는 복수의 인간의 입장을 전제하면서, 이러한 다른 입장에 의거한 다수의 타자의 다양한 주장에서 합의의 형성을 가능하게 하는 방향이 열릴 수 있지 않을까 생각한다. 다음으로 이러한 생각에 기초해서 칸트를 읽을 때 어떠한 시각을 펼쳐 나갈 것인가를 제4강에서 언급하고자 한다.

제4강
다원주의의 입장과 정치철학

1. 반성적 판단력과 아렌트의 정치적 판단력론

1. 칸트 평가의 기본적 관점 — 칸트의 소크라테스주의

오늘날 철학의 관련 분야에서 근본적인 문제 제기를 활발하게 진행하고 있는 분야는 무엇보다도 정치철학 분야이다. 그 이유는 경제 활동을 비롯한 몇몇 제한된 분야뿐만 아니라 종래에는 정치와 무관한 영역으로 생각되어 온 여러 생활 장면에도 정치가 관여하고 커다란 영향을 행사하고 있기 때문이다. 오늘날에는 인간의 온갖 활동이 정치적 활동과 불가분의 관계를 맺고 있다.

또 근년의 새로운 동향으로서 정치철학과 가장 거리가 먼 것으로 생각되어 온 존재론의 영역에서도 정치철학적 문맥이나 함의를 읽어 내려는 시도가 늘어나고 있다는 점을 지적할 수 있다. 예를 들면, 현대 프랑스의 가장 뛰어난 사상가 중 한 사람인 피에르 부르디외의 저작『마르틴 하이데거의 철학적 존재론』이나 리처드 윌린의『존재의 정치』등에서 이러한 경향을 엿볼 수 있다. 특히 후자는『존재와 시간』그 자체를 하이데거의 정치사상을 다룬 책으로 해석하고 있다. 여기서 철학과 정치적 판단은 불가분의 관계가 있다. 현대 사회에 사는 사람은 누구나 좋든 싫든 정치적 공간에서 "정치적 판단"을 내리고, "정치적 판단력"

을 사용하고 있기 때문이다.

셋째, 정치철학적 사고는 현대 사회와 거기서 사는 대중에 대한 비판적 관점을 제시하고 있다는 점도 간과할 수 없다. 따라서 정치에 대해 무관심하고 정치적 판단력의 역할을 자각하지 못하는 태도는 오히려 현대 사회와 대중의 본래 존재 양식을 왜곡시키는 결과를 낳는다. 비판적 사고는 저절로 온전한 인간의 존재 양식을 지향한다.

여기서 오해가 생기지 않도록 몇 가지 보충을 할 필요가 있다. 이 제4강에서는 "정치"나 "정치적"이라는 단어를 빈번히 사용하겠지만, 이 개념을 오늘날 일본 사회에서 일반적으로 이해되고 이미지화된 부정적인 의미로 이해해서는 안 된다. "정치학"이나 "정치"라는 말은 유감스럽게도 오늘날에는 좋은 이미지가 없다. 또 "정치"는 당연히 돈이나 권력과 연결되어 있다는 부패한 인상을 불식할 수 없는 것이 현실이다. 따라서 "정치학"을 지향하는 사람을 어딘가 수상한 사람으로 보는 경향이 적지 않은 것도 부정할 수 없는 사실이다. 오히려 "일반 시민"의 다수는 선거의 기회를 제외하면 정치와 직접 관련되는 것을 꺼리는 경향이 있다. "정치 불신"과 정치에 무관심한 층은 언제부터인가 국민의 다수파를 점유하고 있다. 최근 독일에서는 중학생들도 선거권의 획득을 주장할 정도로 정치에 대해서 적극적이라고 한다. 이런 구미 사람들과 비교하면 일본인의 정치에 대한 무관심과 오해는 극심하다고 하지 않을 수 없다. 지금이야말로 정치의 의미를 적확하게 이해하고, 정치와 생활의 관계, 정치적 영향력의 막대함을 정확하게 파악하여, 일상생활 속에서 정치를 바람

직한 형태로 실현하는 것이 요구되고 있다.

여기서 이러한 큰 과제를 전체적으로 다루는 것은 이 강의 목적에 크게 벗어나는 것이다. 따라서 여기에서는 논점을 오직 칸트와 아렌트의 관계로 제한하겠다. 우선, 필자가 양자의 관계에 주목한 중요한 이유부터 설명하고자 한다. 첫째, 앞의 3가지 경향은 이미 초기의 한나 아렌트의 사상 속에서 볼 수 있다. 둘째, 아렌트는 칸트의 비판철학, 존재론적 사고에서 3가지 사상 경향의 중요성을 읽어내고, 아렌트 특유의 칸트 이해를 매개로 하여 자기의 정치철학을 구축하였다.

먼저 아렌트가 특히 칸트에 주목하여, 거기에서 배운 칸트의 다원주의적 사상의 중요한 논점과 필자가 반복해서 언급해 온 원근법주의적인 사고방식과의 관련성에 초점을 맞추어서 설명하고자 한다. 그 다음에 가장 만년의 유작으로서 사후에 간행된 『칸트의 정치철학 강의』(1982)를 중심으로 아렌트의 "칸트 읽기"에 눈을 돌릴 것이다. 최근에는 "아렌트 르네상스"라고 불릴 정도로 아렌트의 사상에 대한 다방면에서의 연구가 국내외에서 진행되고, 새로운 아렌트 평가나 재평가가 시도되고 있다. 하지만 이러한 논점에 휘둘리는 것은 이 강의의 취지에서 벗어나기 때문에 여기서는 언급하지 않을 것이다.

우선 이 강의의 목표를 분명하게 하기 위해서 아렌트의 칸트 해석의 중요한 특징을 확인하는 작업부터 시작해 보자. 첫 번째 특징은 아렌트가 칸트의 광의의 이성 비판의 작업이 고대 그리스의 철학자 소크라테스의 사색과 겹친다는 점을 지적한 것을 들 수 있다. 칸트의 3대 비판서에서 보이는 비판적 사고는 "소크라테스의 방식"에 따른 것이라는 사실에 아렌트는 주목하고 있다. 즉, 칸트는 비판적 사고를 통해 편견이나 검토되지 않은 의견이나 신념을 극복하고 사상의 길을 개척하였으며, 소크라테스도 칸트와 마찬가지로 논쟁의 상대로부터 근거가 없는 신념이나 공상, 선입견 등을 제거하는 방법을 채용하고 있다고 아렌트는 지적하고 있다. 두 번째 특징은 이렇게 소크라테스가 개척하고 실천한 사고 과정이 논쟁 상대와의 토의에 의해 공적인 공간을 펼쳐 주는 성격을 지닌다는 것을 아렌트가 밝힌 점을 지적할 수 있다. 칸트가 모범으로 삼은 비판적 논의도 공공성의 장을 획득하는 것을 가능하게 하기 위한 것이다. 셋째, 아렌트는 소크라테스가 학파를 형성하지 않고 시장에 등장하는 모든 사람을 논쟁 상대로 한 점에서도 칸트와의 연관성을 읽어 내고 있다. 넷째, 이와 관련된 것으로서, 아렌트는 비판적 사고가 반권위주의적임을 통찰하고, 이 비판적 사고의 기술이 정치적 함의를 가진다는 것을 밝히고 있다.

아렌트에 의하면, 소크라테스와 칸트 모두 비판적 사고에 의해 자신을 "자유롭고 공개적인 음미라는 텍스트"로 드러내는 시도를 수행한 사상가이다. 이것이 다섯 번째 특징으로 볼 수 있다. 주지한 바와 같이 소크라테스 자신은 책을 남기지 않았다. 칸트는 철학서를 남겼지만, 반대로 시장에서 일반 대중을 상대로 논쟁을 하지는 않았다. 따라서 이러한 해석에 찬성할 수 없는 사람들도 적지 않을 것이다. 그러나 칸트도 "모든 철학 책은 통속화를 허용해야 한다"고 주장했다. 이 주장의 진의는 다수의 인간에 의한 음미의 확대를 의도한 것이었다. 이미 자세히 언급한 것처럼 칸트에게 있어서 계몽은 우선 자신의 이성을 공적으로 사용하는 것이며, 칸트는 그러한 용기를 가질 것을 소리 높여 주장한 사상가였다.

또 칸트는 무엇보다 중요한 정치적 자유는 언론이나 출판의 자유이고, 이 자유를 금지하는 것은 동시에 사고의 자유 자체를 빼앗는 것과 다름없다는 사실을 간파했다. 바꿔 말하면 타자와 토의를 통해서 동일한 의견을 공유하거나 합의를 형성하기 위해서는 자기의 의견을 표현하고 타자에 전달하는 권리가 보장되지 않으면 안 된다는 것이다. 비판적 사고라는 것은 이러한 논쟁이나 사상의 자유로운 표현이자, 이성의 공적 사용에 의하여 구체적으로 표현되는 작용에 다름 아니다. 이에 대해서는 이 강의에서 이미 언급한 바 있다. 아렌트도 역시 독자적인 관점에서 이성의 작용이 타자와 공동으로 성립하는 것이라고 하는 칸트의 견해에 주목했던 것이다. 게다가 아렌트의 정치 개념의 근간을 형성하는 원리는 정치적 생활공간을 성립시키는 활동의 원리인 "다수성" 내지 "다원성"의 원리인데, 아렌트는 이 원리를 『판단력 비판』의 반성적 판단력의 주관적 원리 속에서 찾아냈다. 이 점이 중요한데, 이것에 대해서는 나중에 언급하고자 한다.

그러나 아렌트의 칸트 해석에는 다음과 같은 두 가지 점에서 대다수의 칸트 연구자나 칸트 해석자와는 확연히 다른 칸트 이해 방법을 보여 준다. 첫째, 아렌트가 칸트의 3대 비판서를 중심으로 인간 주체의 존재 형태를 세 가지 수준으로 구별하여 이해하고 있다는 점이다. 둘째, 아렌트는 역사의 진보라는 계몽시대 이후의 역사관과 개개인의 인간의 존엄 사상 사이에 잠재하고 있는 문제점 내지 모순을 칸트 속에서 찾아내고 있다.

이에 대해서 구체적으로 살펴보자. 우선, "인류"라는 전체성의 범주에 대응하는 주체는 역사의 진보라는 목적론적 사상의 지배를 받는다. 보다 정확하게 말하자면, 이 사상은 『판단력 비판』 제2부 목적론적 판단력의 비판이나 『세계시민의 견지에서 본 보편사의 이념』에서 볼 수 있는 "자연의 의도"라는 목적의 이념에 따라, 자연 목적론과 목적론적 판단력의 작용에 의거하는 사상이다. 다음은 "인간"이라는 단일성 범주에 대응하는 주체이다. 이것은 『순수 이성 비판』이나 『실천 이성 비판』에 등장하는 "이성적 존재자"나 "영지적英知的 존재자"이고, 오성의 자율이나 실천 이성의 자율의 주체를 의미한다. 그리고 최후에는 "사람들"이라는 다수성의 범주에 대응하는 주체이다. 이것은 지상의 존재자이며, 여러 수준의 공동체 속에서 생활하는 다양한 의견을 가진 사람을 가리킨다. 이 사람들은 여러 가지 공동체 속에서 이미 언급한 바와 같은 상식이나 공통 감각, 공동체적 감각을 갖추고 자신의 사고를 위하여, 그리고 언론이나 표현의 자유를 위하여 타자의 존재를 필요로 하는 사람들이다. 이것은 『판단력 비판』 제1부 미감적 판단력과 그 주관적 원리 속에서 볼 수 있는 사상이다.

이러한 아렌트의 칸트 이해에 대해서는 지금까지 많은 비판이 쏟아졌으며, 많은 의문이 제기되어 왔다. 필자도 이러한 비판을 시도하여 의문을 제기한 한 사람이지만, 여기서는 아렌트 비판을 의도하고 있지 않기 때문에 이 점에 대해서는 언급하지 않을 것이다. 대신에 칸트 자신의 정치사상의 전개와 내재적 해석에 관해서 간단하게 몇 가지를 확인하고자 한다.

우선 칸트의 정치철학이나 정치사상은『도덕 형이상학 제1부: 법론의 형이상학적 정초』(1797)를 제외하면 3대 비판서와 같은 독립된 서적에서는 체계적으로 다루어지지 않았다. 그러나 칸트의 정치철학, 법철학, 국가철학은 역사철학의 사상과 밀접히 관련되어 있기 때문에 보통『세계시민의 견지에서 본 보편사의 이념』이나『이론으로는 옳지만 실천을 위해서는 쓸모가 없다는 통설에 대하여』(1793)의 제2장과 제3장,『영구평화론』(1795) 등이 그의 정치철학, 법철학, 국가철학의 안내서로서 여겨지고 있다. 또 이러한 사정 때문에 칸트의 정치철학에 대한 적극적인 평가는 별로 없었다고 볼 수 있다. 실제로 칸트는 법이나 국가에 관해서 실천 이성에 의한 선험적인 기초 부여를 시도하고 있기 때문에 정치사상의 훌륭한 통찰자로서 평가받아야 마땅하다고 할 수 있다. 그러나 칸트는 로크나 루소와는 대조적으로 혁명권·저항권을 부정하고, 노동자에 대해 부정적인 견해를 표명하였을 뿐만 아니라, 사형을 긍정하였다. 이러한 사상들로 인하여 칸트는 보수적인 사상가로 자리매김되어, 유감스럽게도 지금까지 정당한 평가를 얻지 못하고 있다.

다만 최근의 칸트 연구는 이러한 부정적 해석의 일면성을 넘어서 칸트의 견해에 대해 적극적 평가를 제시하고 있다. 칸트가 1776년의 미국 독립이나 1789년의 프랑스 대혁명에 대해서 누구보다도 깊은 관심과 공명을 나타낸 것은 널리 알려져 있다. 또한 몽테스키외나 아담 스미스와 함께 18세기의 자유 정치의 탁

월한 사상가였음이 최근에 자주 지적되고 있다. 여하튼 아렌트
와 같이 지극히 독특한 관점에서, 지금까지 정치철학 관련 문헌
으로 간주되지 않았던 칸트의 저작들을 매개로 하여 칸트의 정
치철학 사상의 중요성을 해명한 것은 지금까지 없었던 것이라
고 할 수 있다. 여기서는 아렌트가 왜 칸트의『판단력 비판』에
주목했고, 그리고 왜 제1부만을 중시했는가 하는 의문에 답하는
것으로 충분할 것이다. 다음에는 아렌트가 특히 칸트의 미감적
판단력을 정치적 판단력으로 바꿔 읽고, 미적 공간을 정치적 공
간으로 고쳐 해석한 이유 및 그 근거와 의도, 그리고 그 의의에
대해 논의하고자 한다.

2. 타자의 입장과 시야 넓은 사고방식

20세기를 돌이켜보면, 이 세기는 전쟁의 시대였다는 부정적인
견해를 가진 사람들이 적지 않다. 실제로 지난 100년간 지구상
에는 총성과 전쟁의 참화가 끊이지 않았다. 다음 절에서 언급할
예정인 클라우제비츠(1780-1831)의『전쟁론』(1832/34)의 주장이 옳
다면, 전쟁도 또한 정치의 수단이 되기 때문에, 정치가 이루어지
는 한 전쟁도 끊이지 않는다는 결론에 이르게 된다. 유감스럽게
도 이러한 사태는 21세기에 들어서도 전혀 변화가 없는 것 같다.
지난 세기의 두 개의 큰 전쟁의 재화災禍는 아우슈비츠, 히로시
마, 나가사키, 난징뿐만 아니라 세계 각지에 사는 사람들에게 아
직도 치유되지 않은 몸과 마음의 상처를 남기고 있다.

그런데 여기서 주의를 환기할 점은 전쟁이나 분쟁은 개인이

나 국가나 적대하는 상대방의 존재 말살이나 지배를 의도하는 이상, 원리적으로 타인의 입장에 서는 것을 거부하는 사상이라는 점이다. 그러나 아렌트는 클라우제비츠의 사상을 아직도 실천하고 있는 강대국의 많은 정치가, 정치학자, 사상가와는 달리 정치를 원리적으로 전쟁으로부터 분리해서 정치의 적극적 의의를 주장하였을 뿐만 아니라, 비록 실제로 실현하기가 어렵다고 할지라도, 정치는 타인의 입장에 서서 생각해야 한다는 견해를 제창하였다. 자기 자신이 유대계 독일인으로서 강제 수용소로 가야 할 위기에 직면했던 가혹한 경험을 했음에도 불구하고, 아렌트는 좁은 시야에 사로잡힌 시오니즘으로부터 항상 거리를 유지하고, 끝까지 "유대인을 향한 사랑"보다도 "인류애"의 방향을 중시한 뛰어난 사상가였다. 이런 점에서 아렌트의 "칸트 읽기"는 그 자체로 오늘날의 혼란스러운 정치적 상황을 타개하는 데 있어 극히 유익한 시사점을 주고 있다.

여기서는 앞 절에서 일반적으로 서술된 논의를 칸트의 문맥과 구체적으로 비교하면서 아렌트의 읽는 법을 탐구해 보고자 한다.

아렌트는 「문화의 위기 ─ 그 사회적·정치적 의의」(1960)라는 논문에서, 통상 칸트의 저작 가운데서 정치철학의 저작으로 간주되고 있는 것은 『실천 이성 비판』이지만, 오히려 『판단력 비판』 제1부가 "칸트의 정치철학 중에서 아마도 가장 위대하고 독창적인 면을 포함하고 있다"고 말하고 있다. 아렌트가 이 책의 이 부분을 중시한 주요 논점은 우선 "비판하는 관찰자의 시점"과 "취미의 현상"이며, 이것들과 불가분의 관계에 있는 "시야 넓은 사고방식"이었다. 그러면 칸트 자신이 "다른 모든 사람의 입장에 서서 생각한다"고 주장한 사고 방법은 어떤 의미에서 아렌트의 마음을 끌어당겨 아렌트의 사상의 전개에 있어서 큰 시사와 자극을 준 것인가?

칸트는 『판단력 비판』의 한 절에서 『계몽이란 무엇인가』의 용법과 마찬가지로 넓은 의미로 인간 오성에 관하여, 3개의 준칙 (의욕 · 행위 등의 주관적 원리)에 관해서 대체로 다음과 같이 논하고 있다. 첫 번째는 좁은 의미의 오성의 준칙이다. 이것은 자기 자신이 생각한다는 테제이다. 이것은 이미 상세히 서술한 "계몽"이라는 사고방식과 다르지 않다. 즉, 편견으로부터의 해방이라는 것이다. 두 번째는 판단력의 준칙이다. 정확하게 말하면, 미감적 · 반성적 판단력의 준칙이다. 이것은 "확대된 사고법" 내지는 "시야 넓은 사고방식"의 준칙이라고 불리고 있다. 시야가 넓다거나 확대되었다고 하는 것과 대비되는 것은 완미고루顽迷孤陋한 사고법, 즉 완고한 사고방식으로 인해 유연성이 결여되어 사물의 도리를 분별하지 못하는 사고방식이다. 제2의 준칙은 이것과는 대조적으로 시야가 넓고 유연하며 확대된 사고법을 의미한다. 세 번째는 이성의 준칙으로 불리는 주관적 원리인데, 이것은 일관성 있는 사고방식의 준칙이다. 이것과 대조되는 것은 일관성이 결여된 모순적인 사고방식이다. 이런 세 가지 준칙에 관해서 칸트는 이러한 사고방식을 익혀 가는 것은 제1의 준칙부터 서서히 곤란해지게 된다고 지적하고 있다. 하지만 여기서는 세 가지 주관적 원리의 상호 관계에 대해서는 논의하지 않고, 두 번째 주관적 원리인 판단력의 준칙에 초점을 맞추어서 논의를 진행하고자 한다.

이하의 칸트 읽기에서는 칸트의 광의의 미적 · 정감적 판단, 즉 미감적 판단, 특히 취미 판단과 그것이 의거하는 공통 감각, 그리고 이러한 것들이 작용하는 미적 공간 등의 모든 주요한 미적 범주가 정치적 범주로 이해된다는 점에 충분히 유의해 주기 바란다.

우선 "시야 넓은 사고방식"에 고유한 자유로운 사고방식의 의미부터 고찰해 보자. 이 개념과 관련지어 볼 경우, 반성적 판단력의 준칙은 어떠한 성격을 가지고 있는가? 이 물음에 대해서는 그야말로 자유로운 사고방식의 준칙이라고 대답할 수 있을 것이다. 단, 이 경우 "자유"라고 하는 말은 도덕적 의미의 자유와는 본질적으로 다르다는 것에 주의해야 한다. 칸트 철학의 요석要石은 자유의 개념이다. 하지만 이때의 자유의 개념은 도덕적 자유, 즉 의지의 자율이라고 하는 경우의 자유를 가리키고 있다. 구속이나 속박, 타자에 의한 제약으로부터의 해방으로서의 자유가 아니다. 오히려 스스로 도덕 법칙을 세워 그것에 따르는 자기구속의 자유이다. 이것은 이성의 자율 또는 의지의 자율이라 하기 때문에 적극적인 의미로서의 자유의 개념이라 할 수 있다. 이것은 의지가 자유롭기 때문에, 자신이 자유로운 주체이기 때문에, 이러한 법칙을 세우는 것이 가능한 것이다. 이에 비해 해방으로서의 자유는 소극적인 의미의 자유 개념이다.

그런데 여기서 논하고 있는 자유란 이 두 가지의 자유 어느 것도 아니다. 칸트의 맥락에서 말하면, "상상력의 자유"라고 말할 수 있는 성격의 자유 개념에 해당된다. 이 자유는, 이미 언급한 바와 같이 인식 판단에서 범주나 도덕 판단에서 정언명법과 같은 보편적인 개념이나 원리를 적용함으로써 판단력이 규정적으로 작용하는 것이 아니라, 취미 판단을 내리는 경우와 같이 보편적인 규칙이 존재하지 않는 경우에 직관과 개념, 상상력과 오성이 우연적으로 일치하는 사태를 표현하고 있다. 따라서 이러한 판단에서는 보편적인 판정의 기준 내지는 규칙을 전제할 수 없다.

아렌트류의 정치철학적인 맥락에서 이러한 사태를 해석해 보면, 각각의 사람이 자기 자신 안에 판단의 기준을 가지고 자기 책임 하에, 자신의 눈앞에 있는 자연의 어떤 대상을 아름답다고 판단하면서, 다른 사람에 대해서도 "당신도 아름답다고 생각하죠?"라는 기대를 가지고 자신의 취미 판단의 정당성이나 미감적인 판단력에 의거한 미적인 감식안의 "주관적인 보편성," 즉 간주관적間主觀的인 타당성을 요구하고 있는 것이다. 혹은 어떤 예술 작품을 보고 "나는 이 작품은 아름답다고 생각하지 않아. 너는 아름답다고 하지만 너의 판단이 잘못된 것이 아닐까"라고 판단하는 경우처럼 개인에게 판단의 기준이 있고, 각 개인이 자기 책임 하에 판단을 내리는 것이다. 즉, 각자가 자신 안에 판단의 기준을 가지고 자신의 판단을 내리고, 그 결과에 대해서 책임을 지는 셈이다. 여기서 말하는 자유란 이러한 의미이며, 판단 주체가 항상 스스로 생각하고 판단의 기준을 자신 안에 갖고 있는 한, 그는 자신이 내린 판단과 행위에 대해 책임을 지지 않을 수 없게 된다.

현대식 표현으로 말하면, 의지의 자유란 보편주의적인 사고방식이며,『계몽의 변증법』의 발상으로 표현하면, 이 자유는 보편주의에서 독단론으로 빠지거나 혹은 원리주의적 사고방식에 빠져 자유의 부정을 낳을 위험성을 가지고 있다. 게다가 일상생활의 실례를 들자면, 조직체의 범죄나 위법 행위가 밝혀질 때마다 우리가 듣게 되는, 규칙으로 정해져 있기 때문에 또는 회사나 관공서 등 자신이 속한 직장이나 상사의 명령이기 때문에 부하로서나 조직의 일원으로서 지시·지령에 따를 뿐이라는 대사는 무책임한 사회의 형태를 긍정하는 것이며, 이러한 무책임한 인간의 행동을 증강시키는 결과를 낳게 된다. 특히, 최근 몇 년 사이에 일본 사회에 민관民官의 구별 없이 빈번히 일어나고 있는 이른바 "불상사不祥事"는 이것의 전형적인 예라고 할 수 있다. 아렌트가 볼 때, 자신의 판단과 행위에 대한 책임이나 자각을 결여한 이러한 태도는 아이히만의 재판에서 밝혀진 자기변호의 논리 중 가장 극단적인 것이었다.

다음으로 "타자의 입장에 서서 생각하는 태도"와의 관계에 대해 살펴보자. 반성적 판단력에서 자유로운 사고 방법은 의지의 자유나 실천 이성의 입장과는 다르며, 다원주의적인 사고방식에 속한다. 제3강에서 언급한 "완전 오류의 불가능성"이라는 논제를 상기하기 바란다. 칸트는 "다른 모든 사람의 입장에 서서 생각"하는 사고 태도를 "시야 넓은 사고방식"의 준칙이라 부르고 있다. 이것은 순수 이성이나 순수 실천 이성의 사고의 방법과는 달리, 자기 자신과의 대화나 순수한 사고의 과정을 의미하는 것이 아니라, 다른 견해를 가진 타자와의 잠재적인 합의에 도달할 수 있는 가능성을 포함하고 있다. 판단력은 타인에게 의지하지 않고 자기 자신이 판단하지 않으면 안 되는 것임에도 불구하고, 자기중심적인 독단적 사고방식을 물리친다. 오히려 자기중심주의적인 에고이즘을 극복하려는 목적에서 칸트는 판단력의 준칙을 제시한 것이다. 이것은 자기의 입장에서만 사물을 보는 것이 아니라 타인의 입장에 서서 사물을 생각하는 것으로서 시야 넓은 사고방식이며, 확대된 사고법이라 불리는 준칙의 기본 성격이다.

그러나 "타자의 입장에 서는 것" 또는 "시야 넓은 사고방식"이 단지 자신의 시선이나 관점을 확대하는 것은 아니라는 것에 주의해야 한다. 이 경우, "시야의 넓이"라는 것은 첫째, 자신의 사고방식을 타자의 입장으로 옮겨 놓는, 입장 교환을 가능하게 하는 사고방식이 포함되어 있다. 둘째, 이러한 타자의 입장에 서서 생각하지 않으면 안 되는 것과 함께 타자가 현전現前하는 것이 필요하게 된다. 즉, 타자의 존재와 그 출현을 전제하는 공적 공간이 요구된다. 셋째, 자기와 타자의 입장 교환이 가능하다는 것으로부터 귀결되는 것으로서 판단력은 이것에 의해 자기와 타자 사이에 존재하는 이견으로부터 합의를 이끌어 내는 것을 가능하게 한다. 왜냐하면 "시야 넓은 사고방식"은 이러한 자기와 이질적인 타인의 퍼스펙티브를 고려하지 않으면 안 되기 때문이다. 바꿔 말하면, 복수의 타자의 원근법을 전제하고 있는 것이다.

넷째, 이러한 복수의 타자의 원근법은, 상대주의에 빠지는 니체의 원근법주의와는 다른 것이다. 이에 대해서는 제3강에서 이미 언급한 바 있다. 아렌트는 이러한 판단력의 작용이 정치적인 판단력이며, 사람들이 정치적 존재자로서 공적 공간에서 자신의 위치를 정할 수 있는 것은 바로 이 판단력에 의한 것임을 통찰하고 있었다. 특히 아렌트는 이렇게 해석한 판단력을 고대 그리스의 "프로네시스," 즉 통찰력을 의미하는 것으로 간주했다.

다섯째, 아렌트는 이러한 통찰력을 "공통 감각"이라 부르고 있다. 이 해석은 분명히 칸트 자신의 견해와는 다르다. 칸트는 "프로네시스"를 Klugheit라는 독일어로 표현되는 일종의 실천적인 사려로 간주해, 실천 이성과는 다른 작용을 하는 것으로 간주하였다. 칸트는 "프로네시스"를 순수한 도덕 법칙이나 그것에 의거한 도덕적 행위와는 달리 경험적인 차원에서 작용하는 생활지生活知의 존재 양식으로 간주하였다. 그런데 아렌트는 정치적인 공적 공간에서 작용하는 정치적 판단력을 "프로네시스"로 간주하였으며, 또한 그것을 "공통 감각"의 작용과 동일시했다. 그리고 그러한 견해를 칸트의 미감적 판단력과 "공통 감각"과 일치시켜 해석함으로써 칸트의 미감적·반성적 판단력의 작용이 정치 판단력에 작용할 수 있다고 해석하였다.

취미 판단이 작용하는 장소인 "문예적 공공성"의 공간을 즉시 정치적 공간으로 간주하는 아렌트의 견해의 배후에는 문화적 사상과 정치적 사상을 동일시하려고 하는 독특한 정치관이 자리하고 있다. 이것은 아렌트와 마찬가지로 칸트의 실천 철학의 영향을 받은 하버마스의 공공성이나 정치 이해와는 다르다. 취미의 정치적 의의를 강조하는 아렌트의 견해는 현대의 정치학자나 정치철학자로부터 신랄한 비판을 받았다. 그러나 아렌트의 사상은 정치적 판단 주체의 인격이 활동하는 정치적 행위

의 영역을 강조한 점에서 현대의 정치 태도를 재검토하는 비판
적인 반성의 거울로서 의의가 있다는 것은 부정할 수 없다.

3. 정치적 판단력의 사정거리

이상의 아렌트의 "칸트 읽기"에 입각하여, 정치적 판단력의
유효성의 사정거리를 비판철학적 관점으로 보완하고자 한다.

우선 아렌트가 본 정치적 판단력의 의의에 관해서 『칸트의 정
치철학 강의』의 편자인 로널드 베이너는 『정치적 판단력』(1983)
에서 아렌트와 칸트를 단서로 다음과 같은 지적을 하고 있다. 첫
째, 판단력은 주관성을 타파한다. 둘째, 이런 과정에서 정치적
이성이 해방된다. 셋째, 정치적 생활에 있어서 능동적인 관계의
충분조건인 판단력의 행사에 의해서 주체성을 회복할 수 있다.
넷째, 판단력의 고찰은 고전적인 "공통 감각"의 재생에도 공헌
할 수 있다. 이상과 같은 네 가지 중요한 의의를 지적하고 있다.

이러한 전망에 기초해서 베이너는 오늘날 판단력론의 현상現
狀을 칸트에게 보이는 판단력을 둘러싼 주관성 이론과 아리스
토텔레스에게서 보이는 객관성 이론의 논쟁, 바꿔 말하면 자율
과 목적론의 논쟁으로 파악하고, 두 이론의 약점을 보충함으로
써 현대 사회에 유효성을 발휘할 수 있는 정치적 판단력 이론을
구축하고자 하는 야심적인 시도를 계획하고 있다. 베이너에 의
하면, 당연히 있어야 할 본래의 정치적 판단력은 미감적이면서
동시에 목적론적인 판단력이다. 바꿔 말하면, 정치적 판단력은
자율적인 판단 주체의 구상과 목적 · 의도 · 인간의 필연성, 양

자를 포괄하는 판단력이 되지 않으면 안 된다. 따라서 베이너의 과제는 칸트의 판단력론이 지니고 있는 진리의 계기인 판단력의 형식적 정당성과, 아리스토텔레스의 판단력론이 지니고 있는 진리의 계기인 판단력의 실질적 제諸목적, 이 양자의 상호 보완의 가능성을 탐구하는 것이다.

전자의 관점은 아렌트의 칸트 해석에서 많은 힌트를 얻은 것이다. 이에 비해 후자의 관점은 가다머의 아리스토텔레스 해석과 칸트 비판으로부터 자극과 시사를 받은 것이다. 덧붙여 말하면, 판단력의 형식적인 요건이란 주로 공평한 판단을 내리기 위해서 그 대상으로부터 거리를 두는 것을 말한다. 즉, 역사의 사건을 냉정하게 보는 "주시자" 내지는 "관찰자"의 입장이다. 이관점은 아렌트의 이론에서 얻은 것이다. 한편, 판단력의 실질적요건이란 경험을 말하며, 다양한 일에 관여하는 활동적인 "관여자"나 "행위자"를 가리킨다. 이 관점은 주로 가다머의 연구로부터 배운 것이다. 간단히 말해서, 아렌트에게서는 공적 공간으로 대표되는 공간이나 장소 개념의 영향을 받고 있으며, 가다머로부터는 역사적 경험이나 전통과 같은 시간 개념의 영향을 받고 있다.

베이너의 참신한 시도를 소개하는 것은 이 강의의 목적이 아니기 때문에 더 이상 논의하지 않겠다. 여기서의 목적은 아렌트의 "칸트 읽기"와 직접 관련된 범위 내에서 베이너의 시도를 간단히 언급함으로써 보다 풍부한 칸트 읽기와 그것을 위한 재료로 제공하는 것이다. 따라서 앞에 언급한 논점을 보완하면서 논의를 진행하고자 한다.

우선 반성적 판단력의 작용에 기초하는 취미 판단은 "관심" 내지는 "이해 관심"과 연결되어서는 안 된다는 것이 중요하다. 칸트의 표현에 의하면, 모든 관심은 취미 판단을 파괴하며, 취미 판단에서 그 불편부당성, 즉 판단의 공평성을 빼앗는다. 이러한 견해는 취미 판단이 존재의 인식에 관한 이론적 관심도, 실천적 행위에 관한 도덕적 관심도 가져서는 안 된다는 결론을 낳는다. 즉, 취미 판단은 지적 욕구도 아니고, 감각적 · 감성적 욕구나 도덕적 의지 등과 관련된 실천적 판단도 아니다. 따라서 취미 판단은 모든 목적과 분리된 관망적 성격을 가지며, 이러한 의미에서 취미는 자유로운 것이 된다. 따라서 미감적 판단력이 자유로운 판단력일 수밖에 없다는 것이 분명해진다. 이것은 또한 취미의 요구가 어떤 특정한 공동체에서 배타적인 기준에 구속되는 것을 배척하는 동시에 일종의 보편성, 즉 간주관적間主觀的 보편성을 요구한다는 것을 의미한다. 다시 말해서, 이러한 판단이 공통 감각에 관계된다는 것도 분명해진다. 이 감정은 공적인 감각, "퍼블릭 센스public sense"로서 상이한 판단 주체 간의 합의를 형성할 수 있게 한다. 여기서도 판단력의 공공적인 성격이 명백하다. 따라서 이미 언급했듯이 미감적 판단은 논쟁적인 성격을 가지고 있지만, 잠재적으로 이 논쟁은 조정 가능한 것이다. 취미 판단은, 각 개인이 개별적으로 스스로 판단한다는 의미에서, 미감적 판단력은 "자율적인" 것, 보다 정확하게는 "자기 자율적"인 것이다.

이상에서 설명한 것처럼 칸트의 취미 판단과 미감적 판단력에서 다양한 정치철학적 의미를 읽어 낼 수 있다.

공통 감각의 작용에 의한 다양한 의견의 완만한 통합의 방향
은, 쇼펜하우어의 견해에 따르면 공감, 동정, 쾌고快苦의 감정에
서 볼 수 있다. 칸트의 경우에는, 타자와 쾌고의 감정을 공유하
는 것이 가능하게 된다. 공통 감각의 작용에 의해서 정치적 공간
에서 자기와 타자 사이에 쾌고의 감정의 전달이나 공유의 가능
성이 열리는 것이다. 더욱이 칸트는 취미론에 의한 자연미나 예
술미의 판정에 보편성을 요구하였다. 그러나 이 보편성은 이론
적 의미의 객관적 보편성과도 다르고, 도덕 법칙에서의 보편성,
즉 보편적인 실천 이성에서의 보편성과도 다르다. 이 보편성은
한 사람 한 사람이 개인의 차원에서 보다 보편적인 방향으로 향
하는 "문예적인 공적 공간" 속에서 작용하는 차원에 머물러 있
다. 이것에 관해서도 이미 어느 정도 언급한 바 있다.

한나 아렌트가 이 다원주의적인 반성적 판단력의 작용을 현
대 사회에서의 정치적 판단력으로 재해석하였다는 것은 이미
지적한 대로이다. 정치 세계에서는 다양한 의견을 가진 타자와
만나서 공존하고 경쟁하면서 살아간다. 따라서 정치철학 분야
에서 가장 중요한 기본적 개념은 "다양성," "다원성Pluralität"의
원리이며, 이 원리에 기초한 다원주의의 입장이라고 할 수 있다.
결코 보편적인 "전체성"의 원리가 아니다. 따라서 아렌트는 다
원주의의 입장에 서 있다. 그리고 이 입장은 칸트의 공통 감각,
공동체적 감각의 작용과 반성적 판단력의 이론에서 배운 것이
다.

다음으로 타자의 입장에 서는 사고방식, 시야 넓은 사고방식
과 공평성의 관계를 정치철학적인 맥락에서 좀 더 살펴보자. 이

사고방식은 이미 언급한 바와 같이 대리적인 사고법이며, 자신의 입장에서 보는 자기중심의 사고방식을 극복해 모든 타자의 입장에 서서 생각하는 태도이다. 이것은 아렌트의 표현에 따르면 representative thinking이며, 정치적인 용어로 말하면 문자 그대로 "대의제"라는 의미가 된다. 타자의 의견이나 의지를 대표하는 것, 즉 현전하는 타자뿐만 아니라 부재하는 타자를 대리·대표할 수 있는 사고방식이다. 이것을 현대의 정치 제도로서 대의제와 같은 의미로 이해해서는 안 된다. 아렌트의 의도 — 그리고 필자의 목표 역시 — 는 이러한 제도의 불충분성을 비판적으로 비추어 내는 의미로 이 용어를 사용하고 있기 때문이다. 여기서 간단히 이 의도를 살펴보자.

첫째, 여기에서 "부재"하는 타자란 시간적 측면에서 이전에 역사상에 존재한 타자, 지금 현존해서 다른 장소에 있는 타자, 혹은 이 세계에 아직 태어나지 않았지만 앞으로 태어날 타자 전부를 포함한다. 이것은 세대 간 윤리라는 응용 윤리학, 환경 윤리학의 기본 논제와 논점이 겹친다. 즉, 정치적 판단력은 지금 이 장소에 현전하는 사람들과 타인의 의견이나 의지를 대리하는 제도만으로는 또는 그러한 인간에 의한 의지 결정만으로는 미래의 세대나 지구상의 다른 장소에 거주하는 모든 사람들의 입장을 참으로 "대리한다"는 것이 불가능하다는 것을 밝히고 있는 것이다.

둘째, 이것과 관련하여 타자의 입장에 선, 시야 넓은 사고방식은 현대 정치에 현저하게 볼 수 있는 당파성, 이해 관심과는 가능한 한 거리를 둘 것을 요구하고 있다. 정치적 판단에는 지금 여기에 없는 부재하는 타자가 포함된다. 거기에는 말이 없는 사람, 말할 수 없는 사회적 · 경제적 약자도 포함된다. 종래의 윤리학이나 윤리적 발상에서는 선하고 악함, 선한 행위와 악한 행위의 구별 또는 그 근거를 탐구함에 있어서 어떠한 의미로 인접 내지는 접촉하거나 교섭 관계에 있는 타자와의 사이에 생기는 이른바 "근접 윤리"를 찾고 있었다고 할 수 있다. 칸트의 윤리학도 또한 예외가 아니다. 이미 언급한 아펠이나 하버마스의 담론 윤리학도 여전히 이러한 측면을 가지고 있는 듯하다.

그러나 아렌트의 논의를 진행시켜 나가려면, 이러한 사람들에 대한 "원격 윤리"라 할 수 있는 시야 넓은 사고방식에 의한 정치적 판단력의 자유로운 활동이 필요하다. 그래서 앞에서 언급한 "세대 간 윤리"도 극히 중요한 과제가 된다. 그것은 단순히 환경 윤리학의 영역에 한정된 것이 아니다. 생명 윤리학의 문제로서도 큰 문제가 되고 있다. 유전자 조작이나 유전자 치료로 말미암은 먹을거리나 인간의 DNA에 대한 예상을 뛰어넘는 악영향은 지금 여기에 살고 있는 인간뿐 아니라 이후의 시대에 태어날 생물이나 인간, 인류 전체에게 불이익이나 불공평한 생활 조건을 밀어붙이고 있다. 연금 제도를 비롯한 사회 보장 제도도 마찬가지이다. 나중에 태어날수록 모든 의미에서 자연 · 생활 환경은 확실하게 악화되는 셈이니, 후세대의 사람들일수록 생존에 불리한 환경 · 생활 조건 속에서 살아갈 수밖에 없다. 그들에게 그 책임은 없으므로, 그 불공평성을 어떻게 시정할 것인가 하는 것이 큰 과제가 되고 있다.

본래의 정치와 정치적 판단력은 이러한 문제에 직면하여 "부재하는 타자"의 입장에도 설 수 있는 "상상력의 자유," 모든 이해 관심에서 거리를 두고 비판할 수 있는 통찰력이 되지 않으면 안 된다. 바꿔 말하면 여러 지역이나 공동체에서 작용하는 "공통 감각," "공동체적 감각"의 의의가 여기에도 있다고 말할 수 있다. 제3강의 말미에서 필자가 제안한 "정감 풍부한 이성"이란 이러한 정치적 이성으로도 작용할 수 있는 것이다.

셋째, 판단력과 판단의 기준이나 규칙의 구속성으로부터의 자유가 갖는 의의에 관해서 좀 더 보충하고자 한다. 20세기를 뒤돌아볼 때, 정치 제도 중에서 자유를 가장 심하게 제한한 것은 파시즘이나 스탈린주의였다. 이에 대해서는 대부분 견해가 일치하고 있다. 이에 대해서 아렌트는 『전체주의의 기원』(1951)을 비롯한 여러 저작에서 일관되게 신랄한 비판을 전개해 왔다. 이 역시 주지의 사실이다. 이러한 아렌트의 정치적 판단에 대한 평가가 수십 년 사이에 극적이라고 말할 수 있을 정도로 변화되었다. 당시에 아렌트에 대해서는 보수적이고 반동적인 반공주의자라는 평가로부터 반유대주의적인 "유대인에 대한 사랑"이 없는 유대인, 반페미니즘 사상가 등, 다양한 비판이나 비난이 퍼부어졌다. 여기서 이러한 비판에 대한 아렌트의 반론과 재비판을 언급할 여유는 없다. 그러나 그녀의 입장은 기본적으로 시종일관되어 있었다. 평가의 옳고 그름을 떠나, 그녀를 한마디로 표현하면, 지금까지 서술해 온 정치적 판단력의 입장을 실천해 온 정치사상가였다는 것만은 확실하다.

아렌트가 칸트의 판단력론을 매개로 구축한 정치적 판단력의 사상에는 인류 공통의 보편적 규범, 일의적인 어떤 원리에 의해서 위로부터 규정되는 보편주의적인 사고방식의 위험성을 헤아렸다는 점에서 오늘날에도 여전히 배울 만한 중요한 측면이 있다. 이미 기회 있을 때마다 지적해 왔듯이, 보편주의적인 사고법은 결과적으로 모종의 원리주의(근본주의)나 독단론에 빠질 위험성이 있다. 아이히만의 사례에서 볼 수 있듯이, 보편적인 규칙과 의무의 명령을 충실하고 성실하게 따름으로써, 유대인 대학살이라는 비인간적 행위를 저지르고도 그 행위에 대해 책임지려고 하지 않는 이른바 "의무 때문에 패러독스"가 생기는 것이다. 이러한 역전 현상은 호르크하이머나 아도르노의 『계몽의 변증법』에서 언급한 이유와도 관련 있는 것이다. 아렌트는 한 사람 한 사람의 다른 의견, 독립한 각 개인이 자기 책임아래 자신의 자유로운 의견을 주장하고 정치적 판단력을 발휘함으로써 타자의 입장에 서면서 더욱 많은 사람들 사이에서 합의 형성을 실현할 수 있는 길을 탐구했다.

따라서 이러한 강제적 규제나 원리, 의무의 명령 등이 작용하지 않고 합의 형성이 가능한 생활공간이야말로 아렌트가 말하는 정치적 공간이다. 보편적인 범주나 보편적인 도덕 법칙이 작용하는 장소가 아니라, 오히려 자유로운 한 사람 한 사람의 사고가 작용하여 타자의 입장에 서서 사물을 통찰하는 것이 가능한 공간, 이것이 본래의 정치적 공간이다. 그리고 본래의 정치적 행위는 그러한 자유로운 행위가 전제되지 않으면 안 된다. 아렌트 특유의 정치 개념을 이해하는 데 있어서 이상의 판단력을 둘러싼 논의는 필수적인 요건이라고 할 수 있다.

이러한 사고는 이론 이성에 의해 "철학하는 사람들의 공동체

이론"만으로는 불충분했던 사고방식을 뛰어넘는 공통성의 장을 여는 의의를 가지고 있다. 또한 이 공공성公共性은 "공공권公共圈"이라고도 해석되는데, 이것은 비당파적인, 문자 그대로 불편부당한 공평한 입장에 설 수 있는 장소를 의미한다. 이것은 이성의 입장에 서는 "이성의 법정"에서 확보된 공평성과는 전혀 다른 것이라는 점에 주의해야 한다. "이성의 법정"은 아렌트가 보기에 강제적인 구속의 장이며, 정치적인 자유의 활동이 제한된 이른바 억압의 공간을 의미한다.

아렌트에게 있어서 자유란, 인간의 사고의 자유, 표현과 전달의 자유, 타인과 합의를 구축해 간다는 의미로서의 정치적 자유였다. 이러한 자유는 공공적인 공간에서 처음으로 일어난다는 것이다. 앞에서 칸트 역시 가장 만년에 언론 탄압을 받았다는 사실을 언급했었다. 사상을 표현하고 전달하는 것을 금지하는 것과 관련해서 일반적으로 자신의 생각을 표명하고 책을 쓰고 타자에게 자신의 의견을 전달하는 자유를 금지당해도, 자신이 생각하는 자유는 여전히 남아 있다고 생각하기 쉽다. 그러나 이것은 자기와 타자를 분리한다는 전제하에서 성립하는 사고방식이다. 표현이나 전달이라는 작업을 2차적인 도구적 관점에서 생각하고, 사고의 공간을 1차적인 공적 공간으로 파악하지 못하고 있는 것이다. 그러나 칸트 자신도 표현이나 전달의 자유를 금하는 것은 사고의 자유 그 자체를 금하는 것이라는 취지의 발언을 한 바 있다. 아렌트 역시 이런 사고방식에 찬성한다. 일반적인 이해의 방법과는 달리 자신의 사고와 타자의 존재는 본래 분리될 수 없는 것이다. 자신이 생각하고 있는 것과 타자에게 자신의 생각을 전달해 서로의 의견을 주고받고, 논쟁하고, 합의를 형성하려고 노력하는 것은 분리될 수 없는 것이다. 이러한 사고방식은 다원주의적 사고방식이며, 필자가 반복해서 언급해 온 "원근법주의"의 입장이기도 하다.

또한 일본 정치의 빈곤 및 정치적 공간이나 정치적 판단력의 미성숙 현상과 관련시켜 보면, 이러한 사고방식의 중요성이 한층 명백해질 것이다. 표리부동한 이중적 태도나, "입은 재앙의 근원"이라 하여 입을 다물고, 악과 부정에 대해 항의하거나 비판하지 않고 묵묵히 세상의 흐름에 몸을 맡기는 많은 사람들의 태도는 아쉽게도 공적 공간과 자유로운 판단력을 발휘할 기회를 점점 상실하게 만들고 있다. 그와 같은 태도는 가정, 지역, 교육·연구 기관으로부터 국가나 국제 관계에 이르기까지 만연하고 있다. 여기에서 다시 아렌트나 칸트의 판단력 이론으로부터 여전히 배워야 한다는 적극적 의의를 지적할 수 있다.

이렇게 보면, 아렌트가 가다머의 칸트 비판과 대조적인 칸트 평가를 행한 이유를 이해할 수 있다. 나아가 아렌트의 칸트 해석을 근거로 하여 새로운 정치적 판단력론을 구축하고자 한 베이너의 시도 역시 칸트의 미감적 판단력, 취미론, 공통 감각론에 대한 적극적인 해석에 의거하고 있다는 사실도 이해할 수 있다. 이러한 "칸트 읽기"는, 칸트가 취미 판단의 정치적 능력을 탈색시켜서 취미 판단 본래의 정치적·도덕적 함의를 배제함으로써 취미 판단을 미적·예술적 영역으로 한정해 버렸다는 가다머의 비판에 대해서 하나의 반론 모델을 제시하고 있다고 말할 수 있다. 이에 대해 가다머의 입장에서 한층 더한 반론을 제기할 수도 있을 것이다. 또한 베이너 자신이 아렌트의 칸트 해석이나 칸트의 판단력론, 취미 판단, 공통 감각의 불충분성을 자각하고 있었기 때문에 필자의 "칸트 읽기"를 추가한 이상의 논의만으로는 오늘날의 정치적 판단력의 과제에 대해 만족할 만한 설명이 못된다는 것 역시 분명하다. 그러나 아렌트와 베이너, 그리고 필자의 "칸트 읽기"를 종합함으로써 이제까지의 해석과는 다른 칸트 상을 조명하는 것이 가능하다면, 이 절의 목표는 달성된 것이다.

2. 역사철학과 영구평화론의 의의

1. 칸트의 역사관과 그 문제점

지금까지 언급한 정치철학적 문제는 칸트나 아렌트에게 있어서 사회 현상이나 장래에 관계되는 역사 문제나 역사철학적인 고찰로부터 평화론에 이르기까지 여러 가지 과제와 밀접하게 연결되어 있다. 칸트와 아렌트는 물론이고, 포스트모더니스트들과 오늘날 많은 사람들이 전 지구적 규모로 환경이 악화되고 있는 현실을 목도하면서, 역사가 진보하고 있다는 낙관적 의식을 버리고, 오히려 인류가 지구를 파괴하는 파멸의 길을 향하고 있다는 비관적 생각을 하고 있다. 더욱이 요즈음의 국제 정치의 상태를 냉엄하게 분석할 수 있는 사람은 냉전 종결 후에 퍼진

낙관적인 견해가 오류였다는 경고가 입증되고 있다고 느낄 것
이다. 물론, 역사의 현 단계와 미래의 가능성에 관해서는 여러
가지 사고방식이 성립할 수 있다고 생각한다. 칸트의 시대에도
역사의 행방에 관해서 역사의 진보를 확신하는 사람들도 있었
지만, 그와는 반대로 진보를 부정하고 오히려 인류가 퇴보한다
는 견해를 주장하는 루소와 같은 역사관을 가진 사람들도 있었
다. 또한 고대 그리스의 역사관이나 동양적·일본적 역사관과
같은 일종의 순환적 역사관이 오늘날에도 존재한다. 여기서 이
러한 역사관의 존재 양식 전반에 관해서 논의할 여유는 없다. 그
러므로 여기서는 칸트의 역사관에 논의를 한정해 진행하고자
한다.

우선 제일 먼저 제기되는 문제는 칸트가 얼마만큼 명확한 역
사관 및 역사철학을 정립했는가 하는 것이다. 엄밀히 말해서, 이
문제에 정확한 대답을 제시하는 것은 상당히 곤란한 일이다. 역
사철학에 관한 한, 칸트는 비판철학의 이론을 구축하지 못했다
는 냉정한 평가도 있기 때문이다. 그러므로 여기서는 칸트의 역
사관과 역사철학 사상을 스케치하는 정도로 마무리하고자 한
다.

먼저 주의를 요하는 것은, 칸트의 역사관 및 역사에 대한 철학
적 고찰로서의 역사철학의 시도는 동시에 종교철학 사상과도
밀접하게 관련되어 있다는 것이다. 또한 역사의 문제를 고찰하
는 경우, 우선 역사의 시작 내지는 기원, 다음으로 역사의 현 단
계 내지는 현 상태, 그리고 역사의 목적 내지는 미래의 존재 양
식이 문제가 될 것이다. 칸트 자신도 역사 고찰에 있어서 이러한

3가지 기본적 관점에 따르고 있다.

우선 역사의 기원에 관한 고찰은 주로『추측해 본 인류 역사의 기원』(1786)에서 논의하고 있다. 여기서 주체는 개인 또는 특정 공동체의 역사가 아니라 전 인류의 역사이다. 칸트는 개인사에 관한 사항은 역사철학의 과제가 아니라 종교철학의 주제라고 보고 있다. 그러나 실제로 양자는 밀접하게 뒤얽혀 있기 때문에 간단하게 분리하기는 어렵다. 이 문제는 다시 언급하기로 하고, 우선 칸트의 논의에 있어서 중요한 논점을 확인해 보기로 하자. 칸트에게 있어서 역사의 기원에 관한 문제는 학문적 지식, 객관적 인식에 속한 것이 아니라, 단지 추측의 대상일 뿐이다. 다만 이 경우의 "추측"이란 단지 개인적인 적당한 착상이나 이야기 또는 억측이라는 의미가 아니라, 타자의 동의를 구하는 그런 것이다. 칸트는 성서 해석을 매개로 "상상력의 날개"에 올라 일종의 해석학적인 고찰 방법을 전개하고 있다. 또한 여기서 주목해야 할 점은 역사를 "자연의 역사"와 "자유의 역사"로 구별한 것이다. 게다가 자연의 역사는 선으로부터 시작되며, 자유의 역사는 악으로부터 시작된다고 말한다. 그 이유는 자연의 역사가 신의 작품이기 때문이며, 자유의 역사는 인간의 작품이기 때문이라고 설명하고 있다. 요컨대 파라다이스와 그곳으로부터의 타락으로 인해 인간의 역사가 시작되었다는 것이다. 그러나 인간에게는 "자연"에 의해서 다양한 소질을 부여받았기 때문에 자연 소질의 개화 내지는 문화에 따라 조야한 자연 상태로부터 완전히 자유로운 상태로 진보 발전할 수 있다고 "추측"하고 있다.

여기서는 칸트에 대한 루소의 영향이나 공통점이 발견되며,

이와 더불어 칸트의 독자적인 자연 및 문화에 대한 견해가 매우 흥미롭게 전개되고 있다. 그 이상으로 중요한 점은 칸트가 역사의 진보를 인간의 법적 자유와 법적 질서의 수립으로 보았다는 점이다. 즉, 법치 국가의 설립과 이러한 국가 간의 국제법에 따르는 정의의 공존에 의해 인류 전체의 영속적인 진보가 실현된다고 보았다는 점이다. 즉, 역사의 진보는 곧 개개의 인간의 도덕적 진보를 의미하는 것이 아니라, 법적 질서의 진보에 있다는 것이다. 그러므로 칸트는 당시의 많은 계몽사상가와는 달리 학문·예술과 과학·기술의 진보, 바꿔 말하면 이른바 문화의 진보가 인간의 도덕성을 완성시킬 수 있다는 낙관주의적인 진보사관의 입장에 서 있지 않았다. 이런 점에서 칸트는 루소의 제자였다고 말할 수 있을 것이다. 자연과 자유, 문화와 도덕성, 법과 도덕, 외적 자유와 내적 자유 등의 구별 방법은 칸트의 역사철학의 근본 전제를 형성하고 있다. 자연의 역사와 자유의 역사라는 두 구분은 이러한 사상의 단적인 표현인 것이다. 이것들은 칸트 철학의 여러 국면에서 곤란한 문제를 제기하지만, 역사철학의 경우에도 두 가지 역사관의 정합적인 통일적 해석은 칸트에게 있어서 이후에도 이른바 "걸림돌"이 된다. 이것에 대해서는 나중에 언급하기로 하겠다.

다음으로 역사의 현상, 역사의 현 단계에 대한 고찰은 『계몽이란 무엇인가』에서 깊이 있게 다루어지고 있다. 현대는 계몽의 시대라는 것이 칸트의 진단이었다. 그것에 대해서는 이미 상세히 설명했기 때문에 해당 부분을 참고해 주기를 바라고, 제3단계의 논의로 나아가기로 한다.

마지막은 역사의 목적 내지 목표에 관한 고찰이다. 이것에 대해서는 이미 언급한 『세계시민적 견지에서 본 보편사의 이념』에서 깊이 논의되었다. 물론, 조금 전 언급한 이른바 『이론과 실천』이나 『학부 간의 논쟁』 제2부 「철학부와 법학부의 논쟁」 (1798)에서도 주제로서 논의되었다. 『영구평화론』에서도 그렇다. 역사의 목적이란 법적 질서의 완성이며, 그것은 실천 이성의 요청이라고 간주된다. 따라서 역사의 목적도 역시 이론 이성에 의한 객관적 인식의 대상은 아니다. 실천 이성의 실천적 이념으로 머무를 뿐이다. 그러나 이념이라고 해도 인류의 역사적인 활동을 인도하는 통제적인 이념이며, 그 의미로 인류가 지향해야 할 실천적인 필연성을 가진 역사적 과제가 되는 것이다. 영구 평화의 이념도 이러한 문맥에서 제기된다. 이것에 대해서는 뒤에 언급하겠다. 여기서는 칸트가 역사의 진보와 목적을 이상과 같은 의미로 이해하였으며, 그러한 역사관이나 역사철학적 고찰은 비판기에 일관된 견해였다는 점을 지적하고자 한다. 그리고 많은 호의적인 칸트 연구자들이 칸트의 역사철학을 논리적으로 정합적인 이론이라고 이해해 왔다.

그런데 이러한 칸트의 역사철학에 대해서는 내재적인 칸트 연구의 입장에서뿐만 아니라 이데올로기적인 입장에서 이제까지 실로 다양한 비판과 비난이 이루어졌으며, 그 결과로 많은 모순과 문제점이 지적되어 왔다. 여기서는 칸트에 대한 비판이 주제가 아니기 때문에, 오늘의 역사적 상황과 정치철학과의 관계에서 볼 때 특히 중요하다고 생각되는 점에 초점을 맞추어서 논의를 전개하고자 한다.

『순수 이성 비판』에서 칸트는 비판철학의 주요 과제를 집약적으로 표현하는 유명한 3개의 질문을 제기했다. "나는 무엇을 알 수 있는가?" "나는 무엇을 해야만 하는가?" "나는 무엇을 희망해도 좋은가?"라는 물음이 그것이다. 첫째는 이론적 지식에 관한 질문이고, 둘째는 도덕적 실천에 관한 물음이며, 셋째는 첫째와 둘째의 종합적인 의미를 포함하는 희망의 대상에 관한 물음이다. 충분한 지식을 획득해서, 해야 할 도덕적 행위를 행한 인간은 무엇을 소망하는 것이 허용되는가 하는 것이다. 이 경우, 셋째 물음인 희망의 대상은, 칸트 자신의 입장에서 이해하면, 외적인 자유와 관련된 역사철학적인 차원에서는 법적 질서의 완성인 "정치적 최고선"을 가리키지만, 다른 한편으로 종교철학적인 차원에서는 내적인 자유와 관련된 도덕과 행복의 일치인 내세에서의 "최고선"을 의미한다. 여기에서 이 현실 세계에서 실현 가능한 "최고선"과 사후의 영원한 행복과 불가분한 "최고선"의 관계가 어떻게 정합적으로 논의될 수 있는가라는 곤란한 문제가 제기되며, 이를 둘러싸고 다양한 "최고선"의 해석이 제기되고 있다. 이 문제에 관해서는 다른 기회에 다룬 적이 있으므로, 여기서는 우선 역사적 현실에 따른 논의를 진행하고자 한다.

주지하는 바와 같이 인간은 역사를 짊어지고, 역사에 의미를 부여하고, 가치를 부여하는 역사의 창조자, 의미의 담당자로서의 역할을 수행하고 있다. 동시에 인간은 "관찰자"의 입장에서 이러한 역사의 과거를 판정·평가해서 지금의 역사의 존재 양식을 정확히 파악하기도 하고, 또는 앞으로 인류의 장래의 존재 양식이 어떠할 것인지를 관찰하기도 한다. 역사 안에서 살아가고 있는 인간은 이러한 이중의 입장에 서 있다. 칸트의 역사철학적 사고 안에서 이 이론이 어떻게 정합적으로 설명되어 있는가 하는 것은 유감스럽게도 확실하지 않다. 역사 안에서 살아가고 있는 인간은 항상 행위자이며, 동시에 주시자, 관찰자이기도 하다.

오늘날의 상황은 칸트가 생각했던 것과는 달리 자유의 실현과는 거리가 먼 법제도가 구석구석까지 침투되어 있으며, 하버마스가 "법제화"라 부른 시스템이나 하위 시스템이 사회 전체를 뒤덮고 있어서 인간의 자유의 여지가 좁아지고 있다. 이러한 사회 상황 속에서는 이미 개개인의 자유나 주체적인 행위의 여지는 거의 찾아볼 수 없는 것처럼 여겨진다. 이러한 규칙과 다양한 시스템이 자율적으로 작용하는 현대 사회 속에서 인간의 자유로운 행위가 작용할 여지를 찾아내지 못하는 사람들은 자신의 판단이나 자기 책임 하에 행위를 결단하는 것은 무의미하다고 생각하고, 오히려 그러한 규칙이나 시스템에 맡기는 길을 "적극적으로" 선택하는 것처럼 생각된다. 이러한 법적 질서의 실현은 확실히 칸트의 "자연의 의도"에 의한 것도 아니고, 인간의 자유로운 의지가 의도하는 것도 아니라고 할 수 있다.

그러나 여기서 필자는 칸트와 그 시대에는 예상도 못했던 사태가 실로 앞서 언급한 논의 안에도 이미 맹아로서 포함되어 있었다는 것을 지적하고 싶다. 결론부터 미리 말하면, 칸트의 "자연의 역사"라는 견해에 이러한 결과를 낳는 원인이 잠재되어 있었다고 할 수 있다. 필자의 이해에 의하면, 자연의 의도, 자연의 목적, 바꿔 말하면 인간을 만들고 인간에게 다양한 본성을 준

"자연"의 움직임에 대한 해석이 중요하다. 이것은 물론 자연과학의 객관으로서의 자연이 아니라 인간도 포함한 사물을 창출하는 자연과 자연의 의도, "자연의 역사"의 본연의 모습에 대한 의문이다. 칸트의 비판철학의 근본 사상은 누차 지적되었듯이 "실천 이성의 우위"라는 개념으로 표현할 수 있다. 칸트는 실천철학이 가진 중요함을 의식해서 도덕적인 세계의 실현을 최후까지 그 나름대로 바라고 확신하고 있었다. 따라서 도덕적 자유에 근거한 선한 사회를 실현하고자 했던 것이 분명하다. 그것은 "자유의 역사"라고 하는 개념으로부터도 짐작할 수 있다.

간단히 말해서 칸트의 역사관에는 "자연의 역사"와 "자유의 역사"라고 하는 조화하기 어려운 두 개의 역사관이 존재하고 있다. 그래서 이러한 견해에 근거한 칸트의 역사철학은 미묘하게 얽힌 두 종류의 역사관의 조정이라는 곤란한 과제에 직면하고 있다. 칸트 자신은 신에 대한 신앙에 의해, 그것도 도덕적 신앙에 의해, 더욱이 종교철학과의 접합을 통해서, 그 과제가 해결 가능하다고 생각한 것 같다. 하지만 기독교의 신의 존재를 인정하지 않는 사람들이나 칸트의 종교철학의 주장에 찬성하지 않는 사람들이 볼 때, 이러한 해결 방법은 현실적인 해결책으로 수용되기 어렵다.

좀 더 구체적으로 살펴보면, 1780년대의 역사철학적인 여러 논문에서는 주로 "자연의 역사"라는 측면을 강조하는 역사관을 볼 수 있다. 하지만『판단력 비판』제2부의 방법론에서는 "자유의 역사"의 측면을 강조하는 역사관이 보인다. 칸트의 역사의 진보 사상은, 인간의 도덕적 자유나 인간의 법적 질서의 실현에 의해 국내법을 정비하고, 국제 사회에서 국제법의 정비, 나아가 세계시민법의 실현을 향해 나아가며, 최종적으로 영구평화의 실현을 향해 간다고 주장하고 있다. 이러한 칸트의 진보 사관에는 법적 질서를 실현하는 그 배후에 인간의 자유로운 행위, 도덕적인 자유로운 의지의 작용이 자리하고 있다. 이러한 역사관은 도덕적-목적론적 역사관이라고 바꿔 말할 수도 있을 것이다. 이에 반해서 "자연의 의도"의 작용을 강조하는 역사관은 자연 목적론적 역사관이라고 부를 수 있다. 조금 전에 지적한 곤란은 역사라는 장면에서의 자연과 자유의 조정 가능성을 둘러싼 문제에 다름 아니다.

이것은 실제로 심각한 난제이다. 예전에는 신의 섭리와 인간의 자유 의지의 조화를 둘러싼 문제였으며, 칸트 이후로 헤겔이나 마르크스주의의 역사관에 대해서도 제기되는 공통된 난제이다. 이것은 자연의 역사, 자연사와 인간의 자유로운 의지나 주체적인 행위와의 관계를 둘러싼 문제이다. 역사의 전개 속에서 한 사람 한 사람의 주관적인 의도나 행위와는 별도로 "자연의 의도"가 작용하고 있으며, 자연의 메커니즘, 자연의 법칙에 따라서 최종적으로 자연이 의도한 대로 역사가 진보 발전하여 보다 좋은 세계를 향한다는 사고방식, 이것을 어떻게 확실하게 인식할 수 있는가? 그것은 과학적인 인식의 대상이 될 수 있는가? 이것은 매우 대답하기 곤란한 물음이다. 칸트는 이 문제의 곤란함을 어느 정도 자각하고 있었다. 칸트는 역사의 문제를 이론적인 학문적 지식의 영역에서 배제하였으며, 역사과학이나 역사 인식의 근거 부여라는 19세기 이후의 문제 설정의 방법을 채용하지 않았다. 이 문제에 대한 정통적인 견해는, 그것을 오로지 칸트의 과학적 지식과 방법론의 뒤처짐에 의한 것으로 간주하였으며, 그와 같은 방법론의 문제는 신칸트학파의 자연과학과는 다른 세련된 역사과학·문화과학의 방법론과 빌헬름 딜타이의 "역사적 이성 비판"에 의한 정신과학에 의해서 극복되었다고 해석하였다. 그러나 오늘날 역사의 서사 이론이나 해석학적인 역사 이론과의 관련을 고려할 때, 칸트의 신중한 견해가 그것들과 기묘한 친근성을 가지고 있는 것처럼 보이는 것은 역사의 아이러니라고만은 할 수 없다고 생각된다.

주지하는 바와 같이, 칸트의 "자연의 의도"와 "자연의 역사"에 대한 고찰은, 헤겔에게 "이성의 간지"라는 개념으로 받아들여져서, 보다 정교하고 치밀한 역사철학의 개념으로 완성된다. 이 말은 "이성의 간계"로 번역되기도 한다. 도식적인 말로 하면, 역사는 사변적인 이성, 세계정신의 자기실현으로서 한 사람 한 사람이 어떠한 의도를 가지고 역사에 참여해서 "의미의 담당자," "역사의 주체"로서 역사를 움직여 바꿔 가려고 의도적으로 행동한다고 해도 자신의 의도와는 무관하게 세계정신의 의도를 실현하는 결과를 낳게 된다는 것이다. 역사 변혁의 주체적 행위 그 자체가 세계정신의 실현을 위한 것으로서, 세계정신은 인간의 의도나 행위를 사용해 이른바 배후에서 역사를 필연적으로 발전시켜 나간다는 역사관이다. 마르크스주의의 입장에서는 헤겔의 사변적 요소가 배척되면서 과학적으로 위장된 "자연의 의도"가 재등장하게 된다. 과학적인 역사의 발전 법칙, 사회과학에 의해 역사의 발전이라는 것을 실증할 수 있다는 역사 발전의 법칙, 자연사적인 견해가 거기에서 나온 셈이다.

그렇다면 이 역사의 필연성, 발전 법칙의 필연성과 인간의 자유로운 행위가 어떻게 대립하지 않고 연결되는가 하는 의문이 생긴다, 20세기에 들어와서는 칼 포퍼 등에 의해 더욱 엄정한 비판의 날이 들이대어져 "역사 법칙주의"의 역사 법칙성 주장의 타당성을 둘러싼 논쟁이 일어났다. 제2차 세계대전 후의 일본에서도 주체성 논쟁을 비롯하여 여러 가지 관련 논의가 있었음을 알고 있는 사람도 적지 않을 것이다. 여기서 말하고자 하는 것은 이러한 문제 그 자체가 아니라, 이러한 것들이 칸트의 역사관까지 거슬러 올라가는 어려운 문제라는 것이다. 그러나 논의를 다소 지나치게 확장한 것 같아서, 다시 논점을 압축해서 아렌트의 칸트 비평 및 그것과 대조적인 피히트의 칸트 해석으로 주제를 전환해 보자.

2. 아렌트의 비판과 피히트의 평가

이와 같은 문제는 아렌트가 칸트의 역사철학을 비판하는 것과 깊은 관계가 있다. 이미 언급한 바와 같이 아렌트는 『순수 이성 비판』과 『실천 이성 비판』에서의 이성은 보편적인 이성이고, 이른바 일인칭의 "자아"라고 이해하였다. 또한 『판단력 비판』 제2부의 목적론과 역사철학적 논고에서 주체는 "인류"이고, 이와는 달리 『판단력 비판』 제1부 미감적 판단력 비판에서 주체는 다수의 "사람들"이라고 해석하였다.

따라서 목적론과 역사철학은 인류라는 전체성의 범주에 의거한 전체주의의 입장으로 나아가고, 제1비판이나 제2비판의 이 성은 "대문자 자아"이기 때문에 보편화된 자아주의의 입장으로 나아간다. 단지 미감적 판단력의 비판만이 다수성, 복수성의 범주에 의거한 다원주의의 사고방식으로 나아간다. 칸트의 역사관은 헤겔이나 마르크스주의의 역사 이론과 마찬가지로 전체성의 범주에 근거해 있기 때문에, 칸트는 인간을 역사의 진보 발전을 위해서 사용되는 도구로 보고 있다. 그러나 칸트의 도덕론, 윤리학은 분명히 인간의 존엄, 인격의 절대적 가치를 강하게 주장하고 있다. 그럼에도 불구하고 역사의 발전, 역사의 목적, 역사의 법칙의 필연성 등의 주장에는, 역사의 진보 발전과 역사의 목적을 실현하기 위해서 개개의 인간을 "자연의 의도"를 실현하기 위한 도구로 간주하는 견해가 잠재되어 있었다. 요컨대, 칸트의 역사관은 인간을 도구화하고 있다는 것이다. 아렌트는 이와 같은 혹독한 비판을 전개하고 있다.

이것은 칸트의 정언명법으로 표명된 견해, 즉 '당신의 인격과 모든 타자의 인격 안의 인간성을 언제나 동시에 목적으로 대우하고, 결코 단순한 수단으로서만 사용하지 않도록 행위하라'는 "목적 자체"의 명법의 정신에도 위반되는 것이다. 물론 자주 오해받는 것처럼 칸트가 인간이나 인간성을 수단으로서 사용하는 것을 부정하고 있는 것은 아니다. 인간이 감성적인 경험의 세계에서 생존하고 타자와 공동생활을 영위하면서 정치적 공간 안에서 행위하는 한, 목적 실현을 위해 자기와 타자의 신체와 의지를 수단으로 이용하는 것은 불가피한 일이다. 그러므로 문제는 여기에 있는 것이 아니다. 문제는 인간과 인간성을 목적으로 하지 않고, 단지 목적 실현을 위한 수단으로만 이용하는 것은 반도 덕적인 행위라는 점에 있는 것이다. 특히 정치적 세계에서는 목 적 실현을 위해서 수단을 가리지 않고, 전체를 위해서 개인을 희 생시키는 것은 어쩔 수 없다는 생각이 예로부터 오늘날까지 당 연한 일처럼 여겨져 왔다. 전쟁에 승리하기 위해서는 다소의 희 생은 어쩔 수 없다. 작전을 성공시키기 위해서는 무고한 일반 시 민이 말려들게 되는 일이 있어도 어쩔 수 없다. 전체의 번영을 위해서 개인의 존재가 부정되고, 개인이나 소수의 시민의 생활 과 생명보다도 전체의 의향이 우선되어야 한다. 이와 같은 견해 는 지금도 강력한 설득력과 구속력을 가지고 있는 것 같다.

그러나 이와 같은 주장은 극히 위험한 생각이며, 칸트도 도덕 적인 입장에서 볼 때 허용될 수 없는 반도덕적인 생각이라는 것 을 꿰뚫어 보고 있었다. 그런데 목적론적 자연관에 의거한 역사 철학의 입장, "자연의 역사"의 입장에서는 이와 같은 반도덕적 인 도구주의가 긍정되는 결과를 낳는다. 아렌트의 예리한 지적 은 칸트의 역사철학의 약점을 날카롭게 찌르고 있다고 할 수 있 다. 칸트의 모순은 헤겔과 마르크스주의의 역사관에서도 보이 는 아포리아와 같은 것이라고 생각된다.

그러므로 아렌트의 경우에는, 역사를 어떤 식으로 이해할 것 인가라는 문제에 대해서, 공평한 응시자, 관찰자의 입장에 서서 역사를 판정한다는 의미의 다원주의 사상이 현저하게 나타난 다. 다시 말해, 일종의 역사를 이야기하는 입장에 있다고 할 수 있다. 그러나 역사 속에서 살고 있는 인간이 개인이든 다수의 인 간들이든, 비록 인류 전체의 관점을 채택한다고 할지라도, 역사의 고찰에서 행위자의 입장, 역사를 만드는 측의 관점도 간과해서는 안 된다. 역사의 고찰에서 이 두 가지 입장과 양자의 연결고리 내지는 관계에 대해서는 아렌트가 정확한 설명을 하고 있지 않은 것 같다.

이러한 아렌트의 칸트 비판과는 대조적으로 현대 독일의 훌륭한 종교철학자 게오르크 피히트는 "아우슈비츠와 히로시마 이후의 철학적 고찰"이라는 부제를 단 논문집 『지금 여기에서』(1980)에 수록된 여러 논문 중에서 칸트의 『판단력 비판』의 제2부 목적론적 판단력의 비판과 그 방법론을 매우 높이 평가하고 있다. 피히트는 단순한 칸트 연구나 내재적 해석으로서가 아니라, 히로시마와 아우슈비츠로 상징되는 대규모의 만행과 비극을 체험한 인류가 지금 어떠한 철학적 고찰을 행할 수 있는가라는 불가피하고도 절실한 물음을 칸트를 단서로 탐구하고 있다. 여기에서는 "칸트 읽기"와 직접 관계되는 범위에서 피히트의 칸트에 대한 적극적인 평가와 오늘날의 의의에 대해 언급한 다음, 필자의 입장에서 피히트에 대한 비평을 시도해 보고자 한다.

피히트의 칸트 평가의 최대 특징은, 우선 아렌트가 철저하게 부정적으로 파악해 비판한 『판단력 비판』 제2부 목적론적 판단력과 그 방법론을 칸트의 비판철학의 체계를 완성시키는 중요한 논술로서 이해하고 있다는 점에 있다. 둘째, 피히트는 역사철학에 대한 여러 논고, 특히 『판단력 비판』 제2부 목적론적 판단력의 부록 · 방법론의 논술에서 딜타이와는 다른 의미에서 "역사적 이성의 비판"의 시도가 행해지고 있다고 해석하고 있다. 셋째, 피히트는 칸트의 역사철학이 『판단력 비판』에 부여한 순수 이론 이성과 순수 실천 이성을 매개한다고 하는 체계적인 과제를 완수하고 있다는 독특한 견해를 제시하고 있다. 넷째, 이러한 과제를 떠맡은 칸트의 역사철학은 영구평화라는 여러 국가 간의 법적 질서의 기초를 부여하기 위해서 "국제법의 초월론적 연역"이라는 과제에 대답할 필요가 있다고 보고 있다.

요컨대, 피히트가 봤을 때, 역사의 목적론적 고찰인 역사철학은 영구평화 실현을 향하여 국제법의 초월론적 원리를 연구하는 것을 주요한 과제로 삼고 있으며, 칸트 시대의 역사철학의 과제로서도 그리고 오늘날의 국제 정세를 고려했을 때에도 순전히 같은 과제를 떠맡고 있다고 이해하고 있다. 이런 의미에서 칸트의 역사철학의 고찰, 즉 "역사적 이성 비판"의 시도는 두 번다시 그와 같은 대규모의 야만적 행위와 참기 어려운 비극을 되돌리지 않기 위해서, 현대인이 지금도 배워야만 하는 중요한 문제 제기를 하고 있다고 평가하고 있다.

여기에서 피히트의 해석의 특징에 대해서 아렌트의 칸트 비판을 참고하여 몇 가지 보완을 하고자 한다. 첫째, 피히트는 아렌트와는 달리 인간 이성의 목적론을 칸트 철학의 근본적인 성격이라고 이해한다. 둘째, 이 목적론은 칸트의 역사철학의 주제일 뿐만 아니라, 아렌트의 관점과는 달리, 일관성을 가지고 있다고 해석하고 있다. 셋째, 이 목적론은 "자연 과정으로서 역사 초월론적 연역"과 "자유의 과정으로서 역사 초월론적 연역"의 두 개의 부분으로 구성되어 있다고 이해되고 있다. 넷째, 따라서 『판단력 비판』의 제2부의 부록·목적론적 판단력의 방법론은 "순수 이성의 건축술" 전체의 기초 부여를 포함하고 있으며,

"인간 이성의 목적론" 전체의 초월론적 연역의 기초 부여를 포함하고 있다고 주장하고 있다. 이렇게 보면 피히트와 아렌트는 하나에서 열까지 대조적인 견해를 전개하고 있는 것으로 보인다.

마지막으로 저자의 입장에서 피히트의 견해에 대해 간단히 논평하고자 한다. 단 칸트에 대한 내재적 해석, 칸트 연구라는 범위 안에서 비평과 논의를 할 경우에는 피히트나 아렌트의 주장이나 의도를 정당하게 평가하지 않을 수도 있기 때문에, 여기에서는 "칸트 읽기"의 타당성에 대해 언급하는 데에 한정하겠다.

첫째, 피히트의 칸트 평가의 착안 그 자체는 매우 뛰어난 것이라고 생각된다. 아우슈비츠와 히로시마 이후의 국제 사회의 현상태를 거울삼아, 지금 여기에 사는 인간으로서 어떠한 철학적 사고가 가능한가라는 과제를 스스로 제기하고, 그것에 대해 선구자인 칸트로부터 진지하게 배우고, 자신이 직면한 과제와 씨름한 성과에 대해서 독자는 겸허히 귀를 기울일 필요가 있다고 본다. 연구를 위한 연구, 해석을 위한 해석, 오로지 학설사 연구를 위한 철학사 연구가 적지 않은 만큼, 피히트의 "칸트 읽기"는 아렌트의 경우와 마찬가지로 독자에게 강한 공명과 깊은 감동을 불러일으키기에 충분할 것이다. 그러나 경건한 기독교 신자인 피히트는, 유대인에 대한 사랑보다도 중요한 인간애를 자각하고 있던 아렌트와는 달리, 칸트의 역사적 목적론의 사상이 국제법의 질서 실현 과정을 포함하여 초월론적 신학을 필연적으로 전제한다는 입장에 의거하고 있다. 분명히 칸트의 역사 목적

론의 사상에는 자연 목적론과 도덕적 목적론을 포함해서 근본
적으로 기독교의 신과 도덕 신학이 전제되어 있다.

그러나 기독교 신학을 전제한 국제법의 기초 부여, 또는 그 초
월론적인 연역이라는 견해가 피히트가 마음으로부터 바란 국제
간의 평화 실현을 가져올 수 있을 것인가? 오히려 일찍이 막스
베버가 지적했듯이 "신들의 전쟁"이나 미국 국방부와 관련있는
한 논객이 주장했듯이 "문명의 충돌"이라는 비뚤어진 구도를
일으키지는 않을까? 이 세계에는 실로 여러 신이나 부처 등을
믿는 사람들이 존재하고 있다. 모든 신의 존재를 부정하는 유물
론적 사상의 소유자도 또한 적지 않다. 또한 문명 간의 만남과
교류가 바로 그러한 충돌과 무력 충돌, 전쟁 상태를 일으키는 것
도 아니다. 오히려 그러한 사태를 다문화주의 사회, 즉 다원주의
사회의 풍족한 토양으로서 새로운 시대에 어울리는 형태로 성
장해 가는 것에 본래의 의미가 있을 것이다.

둘째, 자연 과정으로서의 역사의 초월론적 연역과 자유의 과
정으로서의 역사의 초월론적 연역의 사상은 피히트에게는 의심
할 여지가 없는 확실한 일관성을 가진 이론으로 여겨졌다. 그러
나 이 두 가지 과정이 모순 없이 정합적인 통일 내지 조화를 이
룬다는 보증은 어디에 있는가? 아렌트가 비판했던 것은 사실 이
문제라고 말해도 좋을 것이다. 영구평화를 보증하는 "위대한 예
술가 자연"의 사상이 가진 문제점은, 칸트가 그 실현이 동시에
이성의 요청이라고 언명하고 있음에도 불구하고, 여전히 아직
도 해결되지 않는 과제라는 것이다. 국내 및 국제 정치의 존재
양식은 앞서 지적했듯이 현대인의 일상생활의 구석구석까지 커

다란 영향을 주고 있다. 특히 일본의 경우에는 국민의 식생활 소재의 대다수가 해외로부터의 수입품이기 때문에, 국제간의 안정이 무너지거나 전쟁의 확대나 장기화가 심각해지면 당장 식량 위기가 따르게 된다. 이것은 이미 상식에 속하는 사항이다. 그만큼 자유의 과정에 있어서 보다 훌륭한 국제법의 실현, 예를 들어 국제형사재판소의 실효성 있는 발족에 의한 분쟁 해결의 수단 정비 등이 급선무라는 것도 익히 알고 있는 것이다. 여기서 기독교의 신이나 자연 과정의 움직임을 우선 괄호에 넣을 경우에 칸트의 역사철학이나 영구평화론 사상으로부터 얻을 수 있는 것은 무엇인가? 이어서 이 문제를 다루어 보자.

3. 평화론과 전쟁론 — 클라우제비츠에서 데리다까지

마지막으로 이제까지의 논의를 정리하는 의미에서 칸트의 전쟁과 폭력과 평화에 관한 논의에 눈을 돌려보고자 한다. 이 과제는 칸트의 영구평화론과도 깊이 관련된 유토피아를 의미하는 최고선의 문제나, 이러한 전통적 사상과 그 "희망의 원리"에 대한 비판으로서 한스 요나스가 제기한 "책임의 원리"(『책임의 원리』, 1979)와도 관계가 있다고 생각한다.

그런데 독자에게는 "전쟁과 평화"라는 타이틀에서 곧 톨스토이의 소설 『전쟁과 평화』를 생각해 내는 사람도 있을 것이다. 실제로 톨스토이는 칸트의 열렬한 독자여서 칸트의 전집을 소유해 독일어 원전과 프랑스어판으로, 3대 비판서를 비롯한 주요 저술을 정성껏 읽었었다고 전해진다. 대표작 『전쟁과 평화』에 대한 칸트 철학의 영향을 지적하는 연구자도 있다. 또한 이 소설이 나폴레옹의 러시아 정복이라는 야망에 대항하는 러시아의 국민과 군대가 싸우는 모습, 격동하는 역사의 도가니 속에서 "운명"에 농락당하는 인간의 모습을 훌륭하게 그려내고 있다. 여기에서 말하고자 하는 것은, 이 소설의 무대가 된 "현장"에서 싸운 프로이센군의 장교 중 한 명이었던 카를 폰 클라우제비츠의 유작 『전쟁론』역시 1806년 예나에서의 프로이센군의 대패 이후 나폴레옹의 러시아 원정 실패에서 반나폴레옹 연합의 승리에 이르기까지 일련의 전쟁에 참가한 귀중한 체험을 전쟁 이론으로 집대성하고 있다는 것이다.

일반적으로 평화는 전쟁이 없는 상태를 의미한다. 따라서 평화론의 탐구는 동시에 어떻게 하면 전쟁이 없는 상태를 실현할 수 있는가에 대한 과제로서 정식화할 수 있다. 칸트의 영구평화에 관한 역사철학적 고찰 역시 선구자들의 평화에 관한 고찰을 계승·발전시키고자 하는 시도였으며, 클라우제비츠의 전쟁론 역시 마찬가지이다. 그러나 이제까지의 일반적인 해석에 따르면, 칸트는 인류 역사에서 전쟁이 끊어진 적이 없었다는 사실을 충분히 이해하면서도 영구평화의 가능성을 외치는 이상주의자였던 데 비해서, 클라우제비츠는 전쟁은 정치의 계속 상태라는 인식에 의거하고 있었기 때문에 정치가 영위되는 한 전쟁은 사라질 수 없다는 견해를 가진 냉엄한 현실주의자로 여겨졌다. 또한 칸트의 평화론과 클라우제비츠의 전쟁론은 모두 18세기 말부터 19세기 전반의 프로이센 시대의 이론이었기 때문에, 21세기에는 통용되지 않는다고 생각하는 사람도 적지 않다. 그러나 사정은 그렇게 단순하지 않다. 미리 결론을 말하면, 이러한 일반적인 이해와 해석은 모두 수정될 필요가 있는 것들이다.

그러므로 먼저 칸트의 전쟁관과 평화론의 특징과 의의에 대해서 고찰하고, 다음으로 칸트와 대비해서 클라우제비츠의 전쟁관과 평화에 관한 논의를 훑어보고자 한다. 따라서 제2차 세계대전 후에 나타난 "클라우제비츠 르네상스"의 상황이나 그에 대한 재평가 동향에 대해서는 언급하지 않겠다. 또한 칸트와 클라우제비츠가 칸트의 제자이고『판단력 비판』의 교정자의 한 명이었던 키제베타의 강의를 통해 간접적으로나마 연결되어 있으며, 그 때문에 클라우제비츠가 헤겔의 영향뿐만 아니라 칸트 철학의 영향을 받고 있다고 주장하는 연구자도 있다. 그러나 이에 대해서도 언급하지 않겠다.

주의할 점은 칸트의 평화론이 아니라고 하더라도 평화를 단지 국가 간의 싸움인 전쟁과 무력을 행사하는 국제적 분쟁의 일시적인 중단 내지는 화평으로 단정해서는 안 된다는 점이다. 칸트의 시대에 "냉전"이라는 말은 없었지만, 제2차 세계대전 이후 동서의 초강대국 간의 힘의 균형에 따른 외견상의 비전쟁 상태가 결코 평화적인 상태가 아니었다는 것은 "냉전"이라는 말에 상징적으로 나타나 있다. 다만 국제 정치의 안정을 힘의 균형에서 찾으려고 하는 생각은 매우 뿌리 깊은 시각이었다. 그러나 평화의 상태는 국내외의 법적 질서에 따라 실현되어야 할 강고하고 안정적인 상태를 의미한다는 생각은 이미 칸트의 평화론 안에서 찾아볼 수 있다. 국내의 법질서와 국제적인 국가 간의 법질서의 실현이 없는 한, 평화의 길은 개척되지 않는다는 생각은 평

화론을 전개한 선구자들에게서는 찾아볼 수 없는 칸트의 뛰어
난 통찰이다.

　반대로 말하면, 전쟁은 불법인 상태이고, 법에 어긋나기 때문
에 금지되어야 한다는 것이 칸트의 주장이다. 요컨대, 평화가 법
적인 상태인 것에 반해서 전쟁은 법적 질서를 어지럽힌다는 이
유로 행해져서는 안 된다고 말하는 것이다. 이것은 도덕적 명령
이라기보다는 법적 명령이라고 할 수 있다. 이것도 칸트의 평화
론의 특징에 속한다. 그러나 법적 질서의 실현을 위해서는 그 기
초에 도덕적 행위의 작용이 있어야만 한다. 칸트는 이것을 항상
염두에 두고 있었다. 전쟁은 많은 인간을 살육해 재산을 빼앗고
죄 없는 사람들을 불행에 빠지게 하는 최대의 악일뿐만 아니라
도덕적인 것의 최대의 방해이며, 인간의 자유를 침해하는 것이
다. 따라서 전쟁은 도덕적 관점에서도 금지되어야 한다. 도덕적
실천 이성은 어떤 전쟁도 있어서는 안 된다는 저항하기 어려운
거부권을 선언한다. 칸트는 이와 같이 서술하고 있다. 결론적으
로 칸트는 전쟁의 회피와 영구평화를 향한 인간의 행위, 특히 법
적 질서 구축을 위한 노력을 긴급 과제로 생각하고 있었다.

　그러나 인간의 활동을 인류 역사의 진보·발전이라는 관점에
서 봤을 때, 한 사람 한 사람의 평화 실현을 위한 노력은 대단히
큰 곤란에 직면한다. 역사의 걸음걸이와 목표는 개인의 입장에
서가 아니라 인류라는 전체성의 입장에서 역사의 목적에 맞는
"자연의 의도"의 작용이 전제된 것이 아니면 안 된다고 생각했
기 때문이다. 이것에 관해서는 이미 언급한 바 있다. 그 때문에
영구평화의 성립을 위해서, 인간의 자유 의지와 행위에 관계없

이, 자연이 영구평화의 실현을 보증한다는 견해가 제시된 것이다. 자연은 인간 사이의 "화和"가 아닌, 오히려 "불화不和," 보다 정확히는 "비사교적 사교성"이라 불리는 인간 간의, 사회나 국가 간의 일종의 긴장 관계와 싸움을 수단으로 하여 이 대항 관계 속에 안전과 평화의 필요성을 고양시켜서 필연적으로 평화와 안전의 상태로 나아간다고 주장하고 있다. 요컨대, 인류 전체의 평화 실현, 즉 완전한 시민적 질서의 완성은 자연의 계획이고, "자연의 최고 의지"에 의한 것이라는 말이다.

이러한 입장에 의하면, 전쟁은 인류의 진보와 영구평화를 실현하기 위해 유익한 역할을 한다는 결론에 도달하게 된다. 전쟁은 역사의 진보, 영구평화라는 최고의 정치적 선의 실현을 위해서 야만적인 자연 상태에서 시민적인 법적 상태로 이행하는 자극이기도 한다. 전쟁과 문화의 관계에 대한 칸트의 이해는 낙관적이다. 오늘날에는 전쟁이 문화·문명을 파괴하는 야만적 행위라고 보는 시각이 일반적이다. 그러나 칸트는 전쟁을 문화를 촉진시키는 불가결한 수단이라고 말하고 있다. 전쟁이 무의미한 활동이라는 것을 자각함으로써 인류는 비로소 영구평화의 실현을 향해 나아가게 되는데, 여기서 영구평화의 준비 단계로서 전쟁이 도움이 된다는 것이다. 전쟁이 인간에게 무법한 자연 상태에서 법적 관계에 들어가는 것을 강제해 왔다고 주장하는 것이다. 뿐만 아니라 칸트는 전쟁 그 자체에서 숭고한 요소를 발견할 수 있다고 본다. 그리고 평화가 길어지면 오히려 저열한 이기심이나 연약함이 만연하게 되어, 소위 일반 대중이 "평화로 인해 둔해지는 상태"가 초래된다고 지적하고 있다.

그러나 그렇다고 해서 칸트가 전쟁을 찬미하고, 무조건 긍정하는 것은 아니다. 칸트 자신의 사상에서 볼 때, 이와 같은 전쟁도 역시 국제간의 평화를 실현하기 위해서 자연의 메커니즘에 따라 전쟁을 방지하도록 강제된다고도 말하고 있다. 이렇게 해서 자연은 인간의 경향성(습관적인 감성적 욕망)을 통해서 영구평화를 보증한다고 칸트는 확신하고 있었다. 이 자연의 의도는 달리 "최고의 지혜가 숨겨진 의도"라고도 불리고, "섭리"라고도 불리고 있다. 따라서 여기에는 앞에서 지적한 것과 같은 신의 존재와 그 의도가 배후에 숨어 있는 것이 틀림없다. 역사 진보의 과정에는 인간에게 영구평화의 실현을 강제하는 자연의 의도와 그 법칙이 작용하고 있을 뿐만 아니라, 동시에 그 과정에서 인류는 영구평화의 실현을 향해서 노력해야만 하는 역사적 책임을 주체적으로 짊어지고 있다. 그리고 이러한 평화론을 그 근저에서 지탱하고 있는 것은 신의 존재이다.

이와 같은 칸트의 평화론과 전쟁론은 분명히 자연의 의도와 섭리, 인류의 활동이 조화될 수 있다는 것을 전제하고 있다. 또한 전쟁이 발발해도 인류의 문화·문명을 파괴하는 문자 그대로의 섬멸전 또는 절멸전의 위험성을 부정할 수는 없다고 해도, 실제로는 그렇게 되지 않을 것이라는 낙관적인 전망이 자리하고 있다. 요컨대 칸트의 평화론과 전쟁론에 대해서는 첫째, 평화의 보증 및 평화 실현의 주체에 관한 문제, 둘째, 평화 실현을 위해서 신의 존재를 요청하지 않을 수 없다는 문제, 셋째, 전쟁의 평가에 관한 문제가 제기된다. 이것들은 앞서 아렌트가 제기한 의문, 즉 자유의 역사와 자연의 역사의 관계에 대한 칸트의 견해

에는 인간의 존엄을 부정하는 견해가 있다는 의문과도 일맥상
통한다. 칸트는 정당화된 전쟁 내지는 올바른 전쟁을 부정하면
서도, 국제 분쟁에서 "전쟁에 대한 법=권리"의 가능성도『도덕
형이상학』에서 인정하고 있다.

요컨대, 칸트에게는 "전쟁과 평화"를 둘러싸고 쉽게 조화되기
어려운 논의들이 혼란스럽게 뒤섞여 있다. 따라서 영구평화의
실현을 위해서 전쟁은 일정한 역할을 하고 있다는 칸트의 주장
을 받아들이는 해석자는, 오늘날의 "전쟁"과 전쟁의 주체인 "국
가"의 형태가 칸트 시대와는 크게 다르다는 것을 깨닫고 그 주
장의 위험성을 충분히 자각할 필요가 있다. 간단히 말해서, 이러
한 해석은 평화를 위한 전쟁을 긍정하고, 자위를 위한 전쟁을 정
당화하는 논리로서 사용되고 있다.

예를 들면, 장기화되는 전쟁을 조기에 종결시키기 위해서, 섬
멸전을 초래할 위험이 있는 전략 핵무기의 사용은 삼가되, 소규
모인 전술 핵무기는 사용해야 한다는 주장이 제2차 세계대전 후
에 여러 강대국의 군부나 정부의 지도자들 사이에서 진지하게
논의되어 온 것은 잘 알려져 있다. 이런 경우에 전술 핵무기의
사용이 영구평화로의 걸음을 촉진한다는 이유에서 전술 핵무기
의 사용에 찬성해야 하는가? 혹은 현대 과학 기술의 최첨단의
성과를 최대한으로 활용한, 핵무기에 준하는 "비인도적인 무
기"를 사용하는 것은 그것이 핵무기가 아니라는 이유에서 사용
이 허용되어야 하는가? 이 질문에 칸트는 어떻게 대답할 것인가?
또 이러한 물음에 긍정적으로 대답하는 것은 영구평화의 실현
을 바라는 칸트의 진의와 부합하는가?

이러한 의문들은 단순히 칸트의 텍스트를 내재적으로 해석하는 것만으로는 결코 대답될 수 없다. 현대 사회와 국가, 국제 사회의 현상에 대한 냉철한 인식과 분석이 있은 후에야 비로소 대답될 수 있는 것이다. 물론 칸트의 영구평화론의 논의를 엄밀히 고찰하기 위해서는 『영구평화론』에서 제기된 여섯 가지 예비 조항과 세 가지 확정 조항 하나하나에 대한 심도 있는 검토가 필요할 것이다. 그러나 이것은 이 책의 의도와 맞지 않고 또 그럴 여유도 없기 때문에 여기서는 칸트의 문제 제기의 적극적 의의에 대해서 조금 더 언급하도록 하겠다.

이미 언급한 바와 같이 국제연맹의 아이디어는 칸트의 영구평화론의 테제에서 채용한 것이다. 그러나 국제연맹은 제2차 세계대전의 발발을 막을 수 없었고, 그에 대한 반성으로 국제연합이 재건되어 오늘날까지 이어지고 있다. 하지만 국제연합이 실제로 얼마나 국제 평화에 기여하고 있는가에 대해서는 평가가 분분하다. 그러나 칸트의 영구평화의 이념은 결코 현실적인 국내 및 국제 정치의 존재 형태를 무시한 단순한 공상적인 이상이 아니다. 또한 혁명이 아니라 착실한 개혁을 통해서 평화의 실현을 추구하는 칸트의 평화론은 세계시민법의 이념에 바탕을 두고 있다는 점에서 그 의의가 있다고 말할 수 있다. 새로운 세기에 들어섰지만, 유감스럽게도 전쟁과 대규모의 폭력은 멈출 징조가 보이지 않는다. 이러한 세계 정세가 계속되는 한, 칸트의 영구평화론은 그것의 실현을 위해 노력해야 할 이념으로서 의의를 계속 가질 것이다. 게다가 영구평화의 이념이 실현 가능하기 위해서는 국제법뿐만 아니라 세계시민법의 구축이 필요하다는 것도 중요하다. 이 강의의 서두에서도 언급했듯이, 단순한 국민의 입장을 넘어서 "세계시민," 코스모폴리탄의 입장에 서는 것의 의의는 오늘날 점점 더 높아지고 있음이 분명하다. 유럽연합(EU)의 발족은 이 이상의 실현을 위한 귀중한 첫걸음이라고 할 수 있다.

이렇게 보면 세계시민주의의 중요성에 대한 깊이 있는 논의는, 영구평화론의 논의와 함께 이해할 때 칸트의 진의를 더욱 잘 이해할 수 있다. 또한 칸트의 선견성을 보여 주는 것이라고 할 수 있는, 식민주의 비판의 관점을 의미하는 "방문의 권리"도 오늘날 매우 중요한 의의를 가지고 있다고 할 수 있다. 칸트는 『영구평화론』의 영구평화를 위한 제3확정 조항의 세계시민법에 대해 논하고 있는 부분에서, 세계시민법은 보편적인 우호를 촉진시키는 여러 조건에 제한되어야 한다고 제안하고 있다. 이것은 간단히 말해, 외국인이 다른 나라의 영토에 발을 들여놓은 경우에, 외국인은 타국의 영토에 발을 들여놓았다는 이유만으로 그 나라 사람들로부터 적으로 취급받지 않을 권리를 주장한 것이다. 이것은 "방문권" 혹은 "방문의 권리"라고 불리고 있다. 칸트는 특별히 호의적인 계약을 필요로 하는, 가족의 일원으로서 취급받을 권리인 "손님의 권리"와 이 "방문의 권리"를 구별하고 있다. 현대 프랑스 철학자로서 가장 활발한 발언과 집필 활동을 하고 있는 자크 데리다는 「환대에 대하여」라는 논문에서 현대 사회에 있어서 이 "방문권"이 가진 중요함에 대하여 논의하고 있다.

데리다의 주제는 "보편적인 환대"이다. 즉, 외국인과 이방인,

"냉전" 종결 후 세계 각지에서 과격해지고 있는 지역 분쟁, 민족 간의 싸움, 전쟁을 피해 유럽 여러 나라로 유입되어 사회문제화 되고 있는 "난민 문제"와 관련된 소위 초대받지 않은 손님, 이러 한 사람들을 어떻게 취급해야 하며, 또 그들의 권리는 무엇인가, 또 어떤 법과 권리를 바탕으로 외국인과 이방인, 난민, 초대받지 않은 손님을 대해야 하는가라는 매우 무거운 과제를 논하고 있 다. 데리다의 칸트에 대한 평가는 양의적이다. 한편으로 데리다 는 칸트가 세계시민적인 전통 속에서 이방인은 환대의 권리를 가진다는 견해를 가장 강력한 형태로 제시하고 있다는 점을 높 이 평가하고 있다. 데리다는 이러한 보편적인 환대 — 즉, 이방 인과 외국인은 무조건 환대받아야만 한다는 주장 — 의 조건을 검토하는 과정에서 칸트가 세계시민법을 확장하여 "방문의 권 리"를 주장하고 있는 것에 주목하고 있다. 이것은 지상에 국경 선이 없는 일본 사람들로서는 쉽게 이해하기 어려운 것이지만, 이러한 "은혜 받은" 조건은 국제 사회에서는 예외적이라는 것 을 충분히 자각해야 할 것이다. 그만큼 현재 일본에 거주하는 사 람들은 "보편적인 환대" 또는 "방문의 권리"를 상대방의 입장 에 서서 충분히 존중해야만 할 것이다.

그러나 다른 한편으로 데리다는 칸트의 불충분성 및 한계와 모순을 비판적으로 지적하고 있다. 데리다가 칸트의 논리적 모 순을 가장 많이 지적한 것은 칸트의 논문 『인간애의 이름으로 거짓말할 권리라고 칭해지는 것들에 관하여』(1797)에서 프랑스 사상가 뱅자맹 콩스탕이 제기한 비판에 대해 칸트가 반론하는 방법에 대해서이다. 간단히 말하면, 우리가 살인자에게 쫓기는 친구를 숨겨주었는데, 조금 뒤에 그 친구의 뒤를 쫓아온 살인자가 우리에게 친구의 행방을 묻는 경우에, 우리가 어떻게 행위해야 하는지에 대해서 논하고 있다. 칸트는 이 경우에, 우리가 살인자에게 자신의 집에 친구가 도망쳐 왔다는 사실을 정직하게 고하지 않고 친구를 돕기 위해 거짓말을 하는 것은 죄를 범하는 것이므로, 결코 거짓말을 해서는 안 된다고 주장한다. 그러나 이러한 칸트의 견해는, 콩스탕에 따르면, 결코 인정될 수 없는 견해이다. 데리다 역시 이 논의에 주의를 기울이고 있다. 그는 순수한 주관적 도덕성과 타인에게 진실을 말해야 할 의무를 한꺼번에 정초하고자 하는 칸트의 방법에 대해서 의문을 제기하고 있다. 이러한 의무는 공적인 법=권리로서의 사회적인 법=권리에 근거를 마련해 주지만, 다른 한편에서는 이 근거로 인해 칸트는 거짓말을 할 권리와 함께 침묵할 권리, 은닉할 권리, 진리나 자백이나 공공의 투명성 등의 요구에 저항할 권리 등을 파괴해 버린다고 지적하고 있다.

요컨대, 이 요구가 인류를 위해서 거짓말할 권리, 바꿔 말하면 숨길 권리나 침묵할 권리 등을 근본으로부터 부정하는 결과를 초래하여 환대의 원리가 법=권리에 종속된다는 것이다. 이리하여 데리다는 칸트 자신이 스스로 세운 보편적 환대의 세계시민적 권리를 스스로 부정하고 있다고 비판한다. 데리다가 볼 때, 세계시민적 권리로서의 "방문의 권리"는 "손님의 권리"를 포함하는 보편적인 환대의 권리와 "환대의 원리의 무한의 이념"으로서 법=권리 그 자체에 저항하지 않으면 안 된다. 여기에는 법이 가진 폭력성, 역으로 말하면 폭력의 법적 성격에 대한 데리다

특유의 통찰이 숨어 있는 듯하다. 그러한 의미에서 칸트의 도덕 법칙이나 법적 의무가 지난 폭력적인 귀결에 날카로운 비판의 칼날을 들이대고 있다고 볼 수 있다. 이 문제는 타자의 권리와 타자에 대한 의무를 둘러싼 법=권리가 지닌, 오늘날 우리가 직면한 어려운 과제를 비춰 내고 있다고 말할 수 있다. 그러나 이러한 논의는 데리다의 "법"과 "폭력"에 대한 이해가 타당한가라는 문제 및 "불법"과 "이민"의 존재와 그에 대한 인정과 취급의 문제와도 깊이 관계되어 있다. 그러나 이러한 문제들은 "칸트 읽기"라는 이 강의의 과제와는 직접 관련이 없는 지평에 놓여 있는 문제들이다. 따라서 논의를 본론으로 돌려서 칸트의 평화론의 수준에서 진실을 말하고, 거짓말을 하지 않는 성실함의 의의에 대해서 언급하고자 한다.

1982년에 노벨 평화상을 수상한 스웨덴의 평화운동가이자 여성 정치가인 알바 뮈르달(1902-86)의 딸 시셀라 보크는 『평화를 위한 전략』(1987)에서 칸트의 평화론의 적극적 의의로서 네 개의 주요한 논점을 들고 있다. 전쟁의 위협을 줄이는 환경을 형성하기 위해서 가장 억제할 필요가 있는 것으로서, 첫째, 폭력이 억제되어야 하며, 둘째, 속임수가 억제되어야 한다. 바꿔 말하면 비폭력과 진리에 대한 강조의 중요성을 지적하고 있다. 셋째, 신뢰 침범에 관한 억제가 반드시 필요하다. 성실함을 배신하는 행위는 첫 번째와 두 번째의 논점처럼 단지 개인 간이나 사회 내부에서의 싸움뿐만 아니라 국가 간의 전쟁을 회피하기 위해서도 본질적인 사항이다. 계약과 협정, 조약의 파기가 폭력과 속임수, 배신을 더욱더 끌어낸다는 것은 국제 정치의 과거가 여실히 보여 주고 있다. 칸트 역시 합법적이고 타당한 약속이나 협정을 성실하게 준수하는 것의 중요성을 호소하고 있고, 보크 또한 그 중요성을 정확히 지적하고 있다. 넷째, 정부의 기밀 정책이 과잉되지 않도록 억제하는 것이 중요하다. 국가가 평화 조약을 체결했을 경우에는, 장래에 전쟁을 가능하게 하는 기밀을 보유해서는 안 된다는 것이다.

여기에서도 공개성의 적극적 의의는 명백하다. 일본 사회에 적용하면, 정보 공개법과 국민의 알권리의 의의에 해당된다고 말할 수 있다. 정부와 국민 사이의 신뢰 관계나 여러 국민들 사이의 신뢰 관계는 이러한 조건을 기준으로 비로소 강고해지는 것이며, 그에 따라 국제 관계의 공존공영이 가능해지고, 평화로의 이행 과정 또한 보다 현실적이 된다. 불신감의 증대나 장래에 대한 절망이 이것들의 억제를 어렵게 만들고 있다. 이러한 실정을 감안할 때, 칸트의 지적은 매우 정확하다고 할 수 있다.

그런데 필자가 보크의 고찰에 주목하는 또 한 가지 이유는 『평화를 위한 전략』에서 보크가 칸트와 클라우제비츠에 대한 상호 보완적 해석이라고 말할 수 있는 제안을 하고 있기 때문이다. 보크가 클라우제비츠를 주목하는 이유는 무엇인가? 칸트와 직접 관련된 범위 내에서 그녀의 제안에 귀를 기울여 보자.

우선 칸트와 클라우제비츠의 차이점은, 칸트가 전쟁을 법이나 도덕과 관련해 논하고 있는 것에 비해서, 클라우제비츠는 전쟁 중의 폭력 행사의 장면에서 유익한 것은 과학 기술의 발명이라고 보고, 전쟁을 법이나 도덕 등과 관련짓는 칸트와 같은 사람들을 경멸하고 있다는 것이다. 또한 가혹한 전장에서 적과 싸워서 살아남은 클라우제비츠는 칸트와 같이 영구평화의 실현을 주장하는 것은 비현실적인 위험한 주장에 불과하다고 본다. 게다가 클라우제비츠는 칸트가 말하는 것과 같은 인류 전체의 종말을 초래하는 섬멸전은 존재할 수 없다고 주장하고 있다. 이것은 논리적으로는 가능하지만, 한쪽 국가가 패배하고 다른 한쪽의 국가가 승리하는 결과가 생기는 한, 현실적으로는 불가능하다는 것이다. 요컨대, 서재 안에서 오로지 "관찰자"의 입장에서 생각한 칸트와 달리, "행위자"로서 목숨을 걸고 싸워서 살아남은 클라우제비츠는 실제 체험을 바탕으로 자신의 학문적인 성과인 『전쟁론』을 집필하였으며, 거기에서 인류는 영원히 전쟁을 폐지할 수 없고, 또한 전쟁이 인류 전체를 지상에서 소멸시키는 것도 있을 수 없다고 논하고 있다.

그렇다고 클라우제비츠가 전쟁을 찬미하고 전쟁과 승리에 도취한 군인이었던 것은 아니다. 그는 전쟁을 미화하고 그 영광을 열광적으로 이야기하는 것에 찬성하지 않았다. 오히려 그는 전사자뿐만 아니라 전상자 등의 살아남은 장병의 심신에 미치는 가혹한 영향을 냉정히 분석함으로써 전쟁의 잔혹함을 주시하고 있었다. 요컨대, 『전쟁론』의 저자는 전쟁의 본질에서부터 전쟁에 수반되는 예측 불가능한 사태와 상상을 뛰어넘는 여러 가지 위험성, 전쟁을 수행하여 최종적으로 승리를 얻기까지 필요한 군수 물자의 조달과 활용 방법에 이르기까지, 광범위하게 다방면에 걸쳐서 과거의 많은 전쟁을 실마리로 하여 고찰하고 있다. 그리고 그는 이제까지의 대부분의 해석과는 달리 전쟁 그 자체가 목적이 되어서는 안 된다는 점을 가장 강조한다. 보크도 주목했듯이, 그는 군사 목적에 대한 정치 목적의 우위성을 주장한 것이다. 이렇게 볼 때, "전쟁은 정치의 연장선에 불과하다"라는 논제를 단서로 전쟁은 정치의 도구이며, 전쟁을 정치와 쉽게 연결시켰다는 비난은 『전쟁론』의 주된 논지를 잘못 파악하고 있는 것이라고 볼 수 있다.

클라우제비츠 사후에 간행된 책은 오랫동안 의도적으로 수정된 제2판 이후의 판본이나 그 번역으로 읽혀져 왔다. 그러다가 가까스로 초판이 레클람판으로 1980년에 간행되었다. 그 판의 편자 울리히 마르베델은 이 책으로 인해 "다른 학문과 함께 전쟁학에도 시민권"이 주어진 점과 이 책이 오늘날에도 여전히 전쟁 극복을 위해 노력하는 데에 빠질 수 없는 문헌이라는 점을 지적하고 있다.

보크와 마르베델이 주목하고 있는 점은 『전쟁론』에서 제시된 전략적인 제안의 새로움이나 군사 정책 및 냉철한 현실주의에 대한 평가가 동서의 구별 없이 계속되어 왔다는 역사적 사실이다. 마르크스, 엥겔스, 레닌, 마오쩌둥 등이 이 책을 주의 깊게 열심히 연구했다고 한다. 여기에는 자본주의 제국 간의 전쟁뿐만 아니라 그들의 식민지 지배로부터의 해방 전쟁, 사회주의 혁명으로 인한 전쟁 가능성 등 여러 가지 전쟁 행위나 전략·전술상의 문제가 관련되어 있다. 다만 보크는 클라우제비츠가 전제하고 있는 "전쟁이 인간의 조건으로서 불변적"이라는 견해는 검토할 필요가 있다고 본다. 또한 『전쟁론』 저자의 현실주의는 전쟁의 수행보다도 그것을 회피하는 방향에 전략적인 의의가 있다는 제안을 하고 있다. 나아가 도덕이 전략의 목적과 수단과는 전혀 관계없다는 그의 주장을 재고할 것을 촉구하고 있다.

이러한 보크의 견해는 칸트의 평화론의 사상과 클라우제비츠의 전쟁론의 사상을 모순·대립하는 것으로서 파악하는 것이 아니라, 오히려 상호 보안적인 관계에 있는 것으로 재해석하고 있다. 즉, 양쪽 사상을 현실의 국제 정치의 장면에서 상호 보완적으로 활용하고자 하는 목적이 있었던 것이다. 칸트의 영구평화론과 도덕성의 관계를 중시하는 관점과, 클라우제비츠의 전략 수행의 풍부한 경험에서 나온 충고로부터 가장 잘 발휘되는 지도력에 대한 철저한 분석을 평화의 전략으로 활용하고자 하는 관점을 제시한 것이다. 보크의 사상을 소개하는 것은 이 책의 목적이 아니다. 그러나 "칸트 읽기"를 시도하는 김에 하나의 모델로서 이와 같은 해석도 있다는 것을 소개하는 동시에, 전쟁의 위험이 사라지지 않는 "일본"에서 생활하는 사람으로서 어떤 "칸트 읽기"가 가능한지를 살펴보기 위한 계기로서 다루어 보았다.

3. 보편주의와 상대주의의 사이

1. 포스트모더니즘의 문제점

지금까지 4회에 걸친 강의의 결론을 모아 칸트의 비판철학의 의의를 "보편주의와 상대주의의 사이"로 자리매김하는 독법을 제시하고자 한다. 여기서 "보편주의"란 칸트 이후 현재까지도 보이는 초월 철학적 사고나 초월론적 연역의 타당성을 적극적으로 평가하는 "기초부여주의"의 입장을 나타낸다. 한편 "상대주의"란 칸트가 극복하려고 했던 지나친 "개연론"으로부터 귀결된 "회의주의"와 관련된 것으로서, 오늘날에는 포스트모더니즘의 입장이나 그 영향 하에 있는 사람들에게 여전히 뿌리 깊은 견해이다. 이 강의는 극단적인 이 두 가지 사상 경향 사이에서 비판철학의 적극적 의의를 찾고자 하는 논의를 진행해 왔다.

여기서는 마지막으로 이 목적과 의미 내용을 더욱 명확하게 하기 위해서 우선 포스트모더니즘이 제기한 문제의 주요한 쟁점을 확인한 다음, 비판철학에 대한 새로운 읽기에서 칸트의 적극적인 의미를 조명하고자 한다. 이미 "유행 사상"이라 할 수 없게 된 포스트모더니즘이 제기하는 주요한 논점을 비판적으로 검토함으로써, 이러한 "칸트 읽기"가 지금 여기서 살고 있는 한 사람 한 사람의 인간이 필요로 하는 "학문적 지혜"를 배우는 데 조금이라도 기여하고자 하는 것이 이 강의의 주요 목적이다.

첫째, 담론과 해석의 다원성 문제이다. 제1강의 첫머리 부분에서 설명한 것을 상기해 주기 바란다. 다양한 인간의 언어 행위, 담론과 해석의 방법에는 다원성이 있다는 것은 니체에 관한 강의에서도 지적한 바 있다. 니체가 하이데거와 더불어 포스트모더니스트의 선구자인 이유도 이미 설명한 바 있다. 18세기 이후 낙천적인 계몽주의의 초역사적인 보편주의를 다양한 역사적 상대성으로 대치한 역사주의가 등장한 이래로, 모든 것을 애매함으로 해소하는 극히 아이러니컬한 입장이나 회의주의적인 주장, 그리고 참과 거짓의 구별을 해소하는 상대주의적 견해와 그 귀결 등은 현대의 포스트모더니즘의 입장에 서는 사람들 사이에 공통된 특징이다. 이러한 주장이 이론적인 지적 영역으로부터 도덕적·법적 영역을 포함한 모든 문화적 영역에까지 큰 영향을 주고 있다. 이것은 칸트의 시대에도 볼 수 있었던 회의주의에 빠지는 것이다. 또 이러한 사상 형태의 문제점은 기회가 있을 때마다 이미 지적한 바 있다.

한편, 포스트모더니즘의 의의는 칸트 철학을 포함한 모더니즘이 가지는 약점을 공공연히 드러낸 점에 있다. 예를 들면, 포스트모더니즘은 확고한 보편성에 대한 신념이 실은 그 근거가 부족하며, 그것이 역사성이나 문화의 다원성을 무시한 단지 "신앙"에 불과하다는 것을 통렬하게 비난함으로써 모더니즘이 보편주의적 순수주의임을 폭로한 점에서 그 의의를 찾을 수 있다. 그러나 그들 대다수는 이런 본래의 의도는 어찌됐건 적어도 결과적으로는 비난을 위한 비난, 부정을 위한 부정에 빠져 모든 것을 회의의 도가니에 흘려버렸으며, 문제 해결의 방향을 진지하게 모색하는 태도가 아니라 문제의 해소 또는 문제 그 자체로부터 눈을 떼는 태도를 취하는 "불성실"한 대응을 나타냈다. 다만 그들의 입장에서 보면, 이러한 "불성실함"이야말로 지금-여기에 살고 있는 인간이 취해야 하는 "성실한 태도"라고 반론을 펼 것이다. 이러한 반론에 대해 재반론을 하면, 이쪽에서는 그런 식으로 타자를 초조하게 만드는 "성실"한 대응을 무시할 의도는 없지만, 중요한 점은 그들이 들이댄 "성실함"과 "불성실함" 사이에서 흔들리면서 해석이 다른 타자와 마주 앉으려고 하는 "관용의 태도"가 개인의 차원에서부터 민족, 국가 간의 차원에까지 요구되고 있다는 점이다.

둘째, 이러한 입장과는 얼핏 보면 완전히 대조적으로 보이는 것으로서, 다양한 생각과 세계관, 다원주의가 지나치게 경직화되어 버린 결과로 생기는 문제가 있다. 이것은 방금 언급한 회의주의나 상대주의를 불러일으킬 뿐만 아니라 동시에 독단론에 빠지게 된다. 다원주의의 중요성에 관해서는 아렌트의 정치철학이나 정치적 판단력론, 칸트의 공통 감각론 등의 논의를 통해서 자세하게 살펴보았다. 또 이 입장이 가류주의와 견해가 중첩된다는 점도 이미 살펴본 바 있다. 그러나 포스트모더니즘의 입장에 의거해서 다양ㅏ 견해를 주장하는 사람들의 대부분은 가류주의가 전제하는 다원주의와는 이질적인 다원주의를 주장하고, 동시에 보편적인 기초를 부여하는 입장도 강하게 부정한다. 그 결과, 자기 입장의 정당성을 강조하는 "존귀한 어조"가 되어버렸다. 이것은 자기 견해의 무오류성을 소리 높여 주장한 칸트 시대의 "독단론 철학"의 최신 견해들 중에서도 가장 극단적인 형태라고 비판받아 마땅하다.

이 견해는, 오늘날 자주 쓰는 표현으로 말하면, 원리주의(근본주의)적인 입장의 주장이다. 종교의 차원에서 말하면, 이슬람의 근본주의적 사고방식이 그 전형이라고 할 수 있다. 그러나 원리주의(근본주의)가 반드시 이슬람교에 한정되는 것은 아니다. 기독교를 비롯한 다른 종교적 입장도 근본주의에 빠질 수 있으며, 더욱이 철학적인 입장도 학문적인 장식 아래 근본주의에 빠질 수 있다. 인간의 사고 형태는 어떤 차원에서도 원리주의에 빠질 수 있다. 앎에 대한 니힐리즘이 결과적으로 이러한 극단적인 결과를 초래한다는 것은 유감스럽게도 부정할 수 없는 사실이다. 그러나 이러한 견해로부터 건설적인 새로운 주장이 생기지 않는 한, 생활 현장에서 항상 무언가를 결단하고 인생을 꿋꿋이 살아가고자 하는 사람들에게 그러한 견해는 문자 그대로 의미 없는 주장에 머물러 버렸다고 할 수밖에 없다.

다른 한편으로, 본래 타당한 견해나 합의 형성 또는 간주관적인 객관성이나 타당성에 대한 급진적인 비판으로서 제기되는 의문에 대해서는 나름대로 응답이 요구되고 있다는 것도 부정할 수 없다. 니체 이후의 원근법주의 사상이나 다원주의 사상은 단지 시각의 다원성뿐만 아니라 이질적이고 다양한 공간이나 그곳에 뿌리내린 문화의 다양성, 다문화주의의 입장을 개척하는 것도 분명하다. 그 만큼 지역주의적인 요소를 짜 넣을 수 있는 특정한 공동체적 감각이 가지는 의의를 비롯하여 비판철학이나 비판철학적 사고법이 어느 정도 이러한 질문에 응답할 수 있는가 하는 것은 이 강의 전체를 통해서 독자들이 판단해 주기 바란다.

셋째, 텍스트와 인간 주체의 분리 문제를 지적할 수 있다. 이 경우에 텍스트의 의미를 반드시 작품이나 서적에만 제한할 필요는 없다. 세계라는 책의 문맥의 의미까지 확대하여 이해하는 편이 알기 쉽다. 작품과 작가 그리고 독자와의 관계에 관해서는 작품의 자율성부터 텍스트의 의미의 유동성을 주장하는 견해, 게다가 독자·해석자의 능동적 내지 주체적 행위를 부정하는 경향이 이상하리만큼 강하다. 다양성으로 넘치는 세계 속에서 타 문화나 타자, 예술 작품 등을 포함한 여러 가지 텍스트와 인간 주체를 분리시키는 사고방식이 포스트모더니즘 사상가들 사이에서 보인다. 이러한 사고방식은 세계와 세계에 실재하는 것을 해체하고, 세계의 실체성, 리얼리티를 상실하게 만드는 위험성을 안고 있다. 특히 전 지구적 규모에서 인터넷의 급속한 발전은 정보의 동시 공유라는 이점과 함께, 그 반면으로 정보의 조작이나 관리, 현실성과의 괴리와 현실감의 상실이라는 현상을 발생시키고 증폭시켜 왔다. 1991년에 발발한 걸프전쟁 이후에 나타난 전쟁의 극장화와 정치의 극장화 현상이 이러한 견해를 뒷받침해 주고 있을 뿐만 아니라, 버추얼 리얼리티(가상현실)에 의하여 현실의 실재하는 영역이 침식되고, 그 결과로 양자의 경계선이 불명확하게 되어 현실 사회와 인간의 현실 감각이 희박화되는 것도 다시금 이러한 견해를 뒷받침하고 있는 것처럼 보인다.

요컨대, 모든 것이 기호화된 문맥 속에서, 각 개인이 자의적인 해석이나 이해를 시도하는 세계 속을 떠돌고 있는 사태에 직면하고 있다고 표현할 수 있을지도 모른다. 칸트는 실재성의 복권에 관한 문제를 이미 "물자체"에 관한 문제들을 다루면서 선취하고 있다. 그러나 이것이 오늘날 직면하는 과제에 대해서 어느 정도 직·간접적인 해답이 되고, 해답의 실마리를 제공해 주는가 하는 것에 대해서도 이 강의 전체 논의에 의해서 판단해 주었으면 한다.

이 문제는 텍스트의 자립성이라는 발상뿐만 아니라, 인간의 의지나 주체적 행위는 이미 의미를 가지지 않으며, 인간의 자유나 주체성은 존재하지 않는다고 말하는 현대 독일의 사회학자 니클라스 루만의 견해에서 보이는 시스템 이론적인 발상과도 중첩되고 있다. 또한 이 문제는 여러 가지 시스템이나 하위 시스템의 중층적 메커니즘 속에서 인간의 자유로운 행위의 여지를 찾아낼 수 없는 현대 사회의 강고한 구조를 밝혀내고자 하는 설득력 있는 발상과도 깊이 결합되어 있다. 그만큼 이러한 인식이 가지는 일면성을 드러내고, 세계와 그 세계에서 살아가는 인간의 리얼리티를 회복하는 것이 급선무라고 할 수 있다. 다만 이것은 극히 어려운 문제이다. 그러나 인간은 좋든 싫든 타자와 공존하고 있다. 여기서 타자라는 말은 개인적인 차원부터 민족이나 문화, 국가의 차원까지 두루 포괄하는 의미로 사용되고 있다. 또 "공존"은 결코 낙천적인 의미의 개념이 아니다. 현실 세계에서 타자와의 "공존"의 방법은 손쉬운 "공영"의 가능성을 인정하는 것을 용납하지 않는다. 오히려 타자의 존재를 부정하거나, 자신 속에 타자를 흡수하거나, 회수하거나, 해체하거나 하는 것 역시 포함하고 있다. "대화"와 "합의" 그리고 합의 형성이 타자와의 공존을 위해 기능하는 것도 명백한 현실임을 놓쳐서는 안 된다고 생각한다. 포스트모더니즘이 제기한 문제에는 이러한 양의성이 항상 붙어 따라다닌다고 할 수 있다. 이러한 과제들에 대한 비판철학적인 대처는 이미 언급한 바 있다. 칸트 자신의 발상에 의한다면, 칸트도 양의적이었다 할 수 있을 것이다.

마지막으로, 포스트모더니즘의 기본 성격으로 합리성의 거부와 형이상학의 거절이라는 특징을 들 수 있다. 이성이라는 철학의 전통적 개념을 거부하고, 서양 철학의 중심적인 지知의 존재 양식인 형이상학을 거절하고 있다. 이러한 주장은『계몽의 변증법』에서도 지적되었듯이, 이성을 도구적 이성이라 간주하는 사고방식과도 깊이 관련되어 있다. 이러한 견해는 목적 합리성의 해체에 머물지 않고, 의사소통적 합리성이나 해석학적 합리성도 해체할 뿐만 아니라, 나아가서는 도덕적 책임이나 정치적인 책임마저도 부정하면서 인간 세계의 행위와 그 결과에 대해 무책임한 무정부주의에 빠지게 된다.

합리성이나 이성에 대한 비판은, 앞서 지적한 바와 같이, 일정한 조건에서 서양의 합리주의나 이성의 작용에 대해서, 나아가 이성 비판이 가지는 한계에 대해서도 날카로운 비판의 칼을 휘둘러 왔다. 이성 비판의 공평성이 실은 이성이나 언어 또는 규범의 폭력성에 의거하고 있다는 것 역시 오늘날의 많은 철학자들이 지적하고 있는 것이다. 포스트모더니즘의 사상가들이, 타자의 주장이 불공평하고 권력적인 관계 속에서 약자를 구속당한 사람으로 만들어 버리는 현실을 지적한 점은 무시할 수 없다.

그러나 생활의 구석구석까지 침투한 부당한 권력 관계를 시정하기 위해서는 이것들의 관계성에 대한 비판적인 담론이나 어떤 종류의 이성 비판 — 역사적인 이성의 비판이나 정감 풍부한 이성의 비판과 같은 소크라테스적인 비판 — 이 오늘날에도 여전히 요구되고 있다고 할 수 있다. 이러한 검토는 실증적인 과학의 내실과 그 전제를 근본적으로 되묻는 작업이 되기 때문에, 필연적으로 대상적인 학문지에 대해 반성적인 지, 말하자면 메타 차원의 이론적인 반성을 의미한다. 이렇게 보면, 전통적인 의미와는 다른 의미로 형이상학이 필요하다는 결론에 이르게 된다. 이것에 대해서도 광의의 이성 비판의 중요성을 논한 부분에서 이미 밝힌 바 있다.

지금까지 확인한 것을 근거로 포스트모더니즘 이후의 21세기 비판철학의 과제에 대해서 언급하고자 한다.

2. 포스트모더니즘 이후의 비판철학의 과제

우선, 오늘날 나타나고 있는 보편주의와 상대주의의 대립 구조는, 칸트의 입장에서 보면, 여러 번 시사했듯이 이성 비판의 두 가지 이질적 기능, 즉 순수 이성이나 실천 이성의 기능과 반성적 판단력의 기능, 바꿔 말하면 초월론적 사고와 해석학적 사고, 보편주의 · 기초부여주의와 다원주의적인 가류주의의 대립 구조로 이해할 수 있다.

두 번째는 이것들의 사고법이 이질적인 두 가지 언어 행위로써 구체화되고 있다는 사실에 주의해야 한다. 이 두 가지 언어 행위는, 『판단력 비판』의 용어로 말한다면, "논의하는 것 Disputieren"과 "논쟁하는 것Streiten"의 구별에 대응한다고 할 수 있다. 이 두 가지 언어 행위의 본질적 차이는, "논의하는 것"은 이성에 의한 보편적 개념이나 규범에 의한 결정을 요구하는데 비해서, "논쟁하는 것"은 포섭해야 할 보편적인 범주나 도덕 법칙이 존재하지 않는 경우에 이것을 발견하기 위해 반성적 판단력의 작용에 의한 합의 형성을 요구한다는 것이다.

그런데 보편주의, 기초부여주의는 보편적 진리나 만인에 공통적인 도덕성이라는 것이 가능하고, 그것들에 확실한 기초를 부여할 수 있다는 『순수 이성 비판』이나 『실천 이성 비판』의 입장이다. 이것은 보편적인 인간 이성과 그 도덕적 법칙에 의해 자연이나 정신의 세계를 구축할 수 있다는 전통적인 사고법에 의거하고 있다. 범주나 정언명법이라는 보편적인 법칙에 의한 외적 자연과 내적 자연에 대한 강제나 제약이 타자와 자기의 무의식에 대한 억압이나 폭력으로 작용하게 되는 것이다. 따라서 이러한 보편주의의 입장이 "논의하다"라는 언어 행위에 의해서 기초가 부여되는 것은 확실하다. 이 행위는 보편적인 의견의 일치를 실현하듯이 "이성의 폭력적 역할"의 기능에 의거하고 있다고 할 수 있다.

이런 입장은 만인이 공통의 보편적 법칙 또는 모든 자연 현상에 알맞은 법칙을 구체적인 각각의 자연 현상이나 구체적인 개인에 적용함으로써 실현 가능하게 되는 초월론적 사고법에 의거하고 있으며, 이것은 규정적인 판단력에 의해 개별적인 사물과 현상에 적용됨을 전제하고 있다. 요컨대, 보편적인 원리 · 원칙 · 규범의 구체화이고, 통속적인 표현으로 말하면, 상의하달적인 발상이다. 보편적이고 객관적인 진리를 구성하는 것이 가능할 수 있으며, 마찬가지로 만인에게 공통인 도덕 법칙이나 공동체나 공공성을 구축할 수 있다는 사고방식을 의미한다. 이러한 생각이 철저한 경우, 일원론적인 철저화의 전형으로서 편향된 헤겔주의나 마르크스주의적인 사상 경향과 결합하게 된다. 호르크하이머와 아도르노의 전체성과 동일성에 대한 비판, 아렌트의 전체주의 비판도 이러한 사고방식이 가지는 개별성이나 다수성을 부정하는 독단론적 위험성으로 향하고 있다.

한편 "논쟁하다"라는 언어 행위는 어디까지나 개개인의 개별적인 판단 기준과 판단의 규정 근거를 바탕으로 행해지는 의견 표명이다. 따라서 그 자신은 보편적인 원리나 규범에 의거하고 있지 않기 때문에, 당장은 판단 주체에게만 타당한 판정에 머무르지만, 그럼에도 불구하고 자신의 견해의 간주관적인 타당성을 요구하고 있다. 이러한 언어 행위는, 칸트의 술어로 표현하면, 반성적 판단력에 의거한 "공통 감각"의 작용이라고 볼 수 있으며, 이 기능을 중시한 것이 아렌트의 다원주의나 해석학적인 비기초부여주의의 시도였다.

이러한 사상은 비동일성이나 다양성에서 출발하여, 오히려 통제적·발견적 원리로서 넓은 의미에서의 인간 이성, 즉 반성적 판단력이나 상상력의 작용을 중시하는 특징을 가지고 있다. 여기에는 숭고의 감정에 가장 잘 나타나 있듯이 "전체성"의 범주에 개별을 회수하는 것을 신중하게 피하려고 하는 비판적 사고의 특징도 지적할 수 있다. 비판철학의 내재적인 체계적 이해에 따르면, 인간이 감성적인 자연에서 초감성적인 자유로 직접 작용하는 것은 불가능하며, 보편적인 도덕 법칙이나 질서를 감성적 세계 속에서 직접 실현하는 것도 불가능하다. 그 이유는 인간의 감성의 약함, 육체적·신체적 약함은 순수 이성의 작용에 의해 충분히 통제할 수 없다는 통찰에 근거하고 있다. 인간의 자유로운 능동적 행위가 아무리 자연에 작용하여 자연 안에 자유의 질서를 만들어 내려고 해도, 인간의 유한성으로 인해서 자연 안에 도덕적 선을 실현할 수는 없다는 것이다.

그러면 칸트의 체계적 목적은 어떻게 실현 가능한가? 이것은 이미 살펴본 바와 같이 법적 질서의 실현에 의존한다. 법적으로 뛰어난 사회나 국가, 국제 사회의 실현은 보이지 않는 도덕적 공동체의 설립을 상징하고 있다. 이렇듯 역사의 진보를 판정하는 것이 칸트의 본래 사고방식이었다고 생각한다. 이것들은, 종교적인 지의 존재 양식도 포함하여, 모두 객관적인 과학적 인식에 속하는 것이 아니라 상징적인 인식에 속한다. 즉, 어디까지나 눈에 보이는 것, 관찰 가능한 자연의 대상, 인간으로 말하자면 신체 등은 인과론적으로 설명 가능한 사항으로서 감성적 세계에 존재하며, 다른 한편으로 눈에 보이지 않는 인간의 정신 작용이나 질서 또는 생물의 합목적적 작용은, 마치 생물이 어떤 목적을 위해 생명 현상을 운영하고 있는 것처럼 이해할 수 있도록 해석학적 이해의 입장이 열려 있었다. 따라서 다른 입장에서 다른 이해의 가능성도 열려 있는 것이다. 이 "논쟁하다"라는 열린 공공성의 장 속에서, 상호 의견의 차이로부터 출발하는 다원주의적인 입장을 엿볼 수 있다. 인간의 유한성이나 가류성에 대한 자각과 타자의 오류에 대한 관용의 사상도 이러한 언어 행위와 뗄 수 없는 것이라는 것 역시 분명하다.

이와 같은 『판단력 비판』에서 처음 제시된 반성적 판단력이라는 광의의 이성의 기능에 의해서, 지금 여기서 각 개인이 자기 속에 가지는 판정 기준에 의거하여 자기 책임 하에 판단을 내리는 것이 가능하게 된다. 외적 자연과 인간의 내적 자연의 화해 가능성 또한 이러한 자연의 소리에 귀를 기울이는 사고방식에 의해 비로소 열리게 된다는 것이다. 오늘날 타자론이나 숭고론, 환경 윤리학이나 생명론, 정치철학이나 역사적 이성의 비판을 새롭게 시도하는 철학자들 사이에서 칸트가 주목받고 평가 받는 이유도 이러한 다원주의 사상 때문이라고 할 수 있다.

3. 결론 — "난간 없는 사고"의 시대를 살아가기 위해서

그렇다면 칸트적인 이성 비판을 단서로 하여, 오늘날 직면하는 여러 가지 과제를 어떤 식으로 극복할 수 있을까? 이런 물음에 대해서 명확한 해답을 얻는 것은 매우 어려운 일이다. 그러나 해결의 실마리로서 다섯 가지 논점을 제시하고자 한다.

물론 칸트의 이성 비판의 시도에는 이미 자세하게 살펴본 바와 같이 역사적 · 사회적 제약이 존재한다. 혹은 이성 판단의 불철저성을 지적할 수도 있다. 그러나 이 시도의 약점에만 주목해서 이 시도가 가지는 적극적인 측면까지 부정적으로 배척해서는 안 된다. 오히려 이 강의에서 반복해서 지적하였듯이, 비판철학의 적극적인 면에 주목해서 이 불철저함을 극복해 가는 것이 중요하다. 필자는 이러한 하나의 실험적인 "칸트 읽기"를 통해서, 칸트의 초월론 철학의 한계를 자각하는 것과 함께, 이 해석학적인 방법을 적극적으로 채택하는 것이 중요하며, 이것에 의해 포스트모더니즘을 넘어설 수 있는 관점이 열릴 수 있다고 제안해 왔다. 필자는 전근대premodern와 탈근대postmodern 사이에 있는 일본 사회에는 아직도 근대 비판과 영속적인 이성 비판을 계승하는 것이 필요하다고 생각한다. 이런 점에서 필자의 견해는 하버마스나 마우스의 사고방식과 가깝다고 할 수 있다. 나아가 아렌트가 평가했듯이, 지금이야말로 칸트의 소크라테스주의

정신을 재평가해야 한다고 생각한다. 여기에는 배울 것이 아직
도 적지 않다고 생각하기 때문이다.

둘째, 순수 이성이나 실천 이성에 의한 보편적 · 초역사적 인
식이나 규범에 의거하는 것이 아니라, 역사적인 제약을 인식하
고 국지적인 지식이나 문화의 이질성, 이질적 타자의 존재 등을
중시하는 것이 필요하다. 이것은 가류주의와 연결된 칸트의 세
계시민주의, 코스모폴리타니즘의 사상으로 나아가게 된다. 이
점에서도, 민족주의나 자국 중심주의적인 경향이 강해지는 오
늘날 칸트로부터 배워야 할 중요한 과제가 있다.

셋째, 거기에서 동시에 상대주의에 빠지지 않고, 아렌트가 칸
트를 해석한 것과 같은 다원주의의 입장을 구축하는 것이 가능
하다. 손쉽게 보편주의적인 이성의 입장에 의거하는 것은 단호
하게 경고하지 않으면 안 된다. 이 아포리아에 관해서는 이미 언
급한 논의를 상기해 주기를 바란다. 칸트 자신이 순수 이성의 비
판 이래 주장한 협의의 보편적 인간 이성이란 개념은, 구성적인
원리로서가 아니라 영구평화의 이념과 같은 방식으로 탐구해야
할 이념이며, 실현해야 할 목표로서 해석하는 것이 마땅하다.

넷째, 합리성을 부정하지 않으면서 비합리적인 것, 감정이나
신체적인 것과 조화 가능한 유연한 합리성, 완만한 이성의 입장,
예를 들면 정감 풍부한 이성으로의 길이 있지 않을까 생각한다.
이미 지적했듯이, 오늘날 여러 가지 차원에서 법적 질서가 사적
공간과 공적 공간의 구분을 해소하고, 도청법에서 볼 수 있듯이,
국가의 기능이 인간의 사생활에까지 전 지구적 범위로 영향을
미치고 있다. 뿐만 아니라 사적 공간과 공적 공간의 차이 그 자

체가 보이지 않게 되고 있다. 이러한 경향 속에서도 인간의 주체성이나 자유로운 행위의 의미를 포스트모더니스트들처럼 해소하지 않고, 강고한 시스템이나 하위 시스템 속에서 확보해 가는 길이 있지 않을까 생각한다. 이것은 이질적으로 다양하게 느끼고 생각하는 방식을 가진 사람들 사이에서 완만하게 "사고의 방향을 정하는" 작용이나 "재귀성再歸性"이라는 시스템의 자율성을 거기에 사는 인간의 의미 결정이나 사는 방법에 의해서 수정·변혁하는 것을 가능하게 하는 개념에 대한 고찰을 요구하고 있다. 하지만 여기서 이러한 과제를 고찰할 여유는 없다. 이와 관련된 필자의 문헌을 참고해 주기를 바란다.

마지막으로, 세계의 해체에 대항하는 실재성, 리얼리티를 회복하는 것이 중요하다. 앞서 언급했듯이, 가상공간이 급속하게 전 지구적 규모로 확대되면서 현실 공간이 침식되는 현상이 나타나고 있다. 과거에는 가상virtual의 수단을 통해 현실reality 세계의 인식을 획득한다는 전제가 있었다. 그러나 오늘날에는 현실 세계 그 자체가 가상의 존재 양식만으로 성립하고 있는 역설이 도처에서 생기고 있다. 일본에서는 가상 대학도 탄생하고 있다. 그러나 이러한 가상현실이 인간의 일상 생활공간이나 정치적 공간에서는 어떠한 존재 양식으로 나타날 것인가? 인생의 리얼리티, 언어의 의미, 타자, 세계의 실재성은 확실하게 상실되어서, 이미 회복 불가능하게 된 것인가? 가상공간이나 가상현실virtual reality에 대해서 실재(현실)를 회복하고 타자의 존재를 이해하는 길을 여는 가능성을 확보하는 것이 필요하다.

이 강의의 첫머리에서도 지적하였듯이, 우리는 위기의 시대에 살고 있다. 칸트가 살았던 시대도 칸트에게는 위기의 시대였다. 칸트 역시 실재성이나 리얼리티를 둘러싼 문제와 싸우고 있었다. 이러한 시대야말로 비판이 중요하다. 그러나 우리는 비판을 수행할 때에 의지해야 할 확고한 원리나 규범을 찾아내기 힘든 상황에 있다. 바꿔 말하면 "난간 없는 사고"의 시대에 우리들은 살고 있다. 이러한 상황 속에서 우리는 초월론 철학의 과도함에, 즉 독단론화, 보편주의화, 유럽 중심주의에 빠지지 말아야 하고, 다른 한편으로 해석학의 과도함에도, 즉 상대주의화, 니힐리즘, 아나키즘에 빠지지 않아야 한다. 오히려 양자 사이에서 "정감적인 이성의 가능성 조건"을 추구하는 것이 요구된다고 생각한다. 그리고 이러한 모델을 "칸트 읽기"를 통해서 찾아낼 수 있지 않을까? 다시 말하면 초월론적 철학과 철학적 해석학 사이에서 포스트모더니즘 이후의 문제 제기를 담당해야 할 장소가 있다고 생각하고 있다.

옮긴이의 글

이 책은 마키노 에이지 교수의 『カントを讀む: ポストモダニズム以降の批判哲學』을 우리말로 완역한 것이다. 이 책은 칸트의 철학을 해설하는 소개서는 아니다. 제목에서 알 수 있듯이, 칸트 철학을 이해하는 새로운 읽기를 시도하고 있는 책이다. 특히, 포스트모더니즘 이후의 철학적 문제와 현실적 문제에 대해서 칸트 철학이 가지는 의미를 탐색하는 데 주요한 의의가 있는 책이다.

이 책의 저자인 마키노 교수는 현재 호세이 대학法政大學 문학부 철학과 교수로서, 독일 보흠 대학 딜타이 연구소 객원 연구원, 국제 칸트학회 문헌 자료 공동편찬 일본 대표, 일본어 칸트 전집(이와나미서점, 전23권) 편집자 및 일본어판 딜타이 전집(호세이 대학 출판국, 전12권) 편집자 등을 역임하였으며, 명실공히 일본의 칸트 및 딜타이 연구의 제1인자이다. 이를 바탕으로 윤리학, 미학, 감성학, 정신사 연구로 저변을 넓히고, 현대 사회의 현실 문제에 대해서도 많은 관심을 가지고 있다. 호세이 대학의 마키노 교수 홈페이지에는 다음의 여섯 가지 연구 주제가 제시되어 있다.

첫째는 다원주의적 입장과 가류주의적可謬主義的 입장에서 초월론 철학과 해석학과의 관계를 둘러싼 종래 견해에 대한 비판적 재검토이다. 둘째, 『판단력 비판』을 내재적 및 현대적 문맥에서 고찰하는 일과 이 주제와 관련된 철학 및 철학사의 재검토와 수용사受容史의 수정 작업이다. 셋째, 공간론 · 신체론 · 공통 감각론 등을 단서로 서양 근대의 합리주의에 대한 비판적 검토와 '정감 풍부한 이성'의 탐구이다. 넷째, 평화의 철학의 비교 문화적 연구로서, 특히 글로벌 시대의 보편주의와 지역주의의 의의와 제안에 관한 상호 문화 철학Intercultural Philosophy의 연구이다. 다섯째, 인간을 전체적으로 파악하기 위해 철학과 심리학의 재통합 가능성에 대한 연구이다. 여섯째, 안중근의 동양평화론과 칸트의 영구평화론에 대한 연구이다.

이 책은 직접적으로는 첫째와 둘째 주제에 해당될 것이다. 그러나 칸트의 영구평화론의 응용의 지평으로서 아시아 평화 사상의 선구자인 안중근의 동양평화론과의 관련성을 고려할 경우, 이 책은 여섯째 주제와도 관련된다. 그런데 칸트와 안중근의 상상적 관련성은 단순히 외형적인 사상의 유사성에만 있는 것이 아니라 실질적인 계통 관계가 있을 개연성이 있다. 마키노 교수에 의하면, 당시 이미 『영구평화론』이 불어로 번역되어 있었던 시기라, 안중근이 그의 불어 교사이던 조셉 빌렘Joseph Wilhelm(한국명 홍석구) 신부를 통해서 칸트의 사상을 전해 받았을 가능성도 배제할 수 없다고 한다. 무엇보다 그 자신이 "한국어판 서문"에서 밝히고 있듯이, 안중근 의사가 간절히 바라던 동양 평화의 실현과 세계 평화의 실현을 진심으로 바라는 마음을 담아서 이 책을 집필하였다고 한다.

안중근에 대해 깊은 경의를 표하는 태도에서 짐작할 수 있듯이, 마키노 교수는 일본 정부의 전후 처리에 대해서 날카롭게 비판한다. "일본인은 자신들의 조상이나 부모 형제가 과거 한반도에서 한국 국민을 상대로 한 점령 지배나 전쟁 범죄 행위에 대해 세대를 넘어서 계속 이야기하고 전하며, 일본인의 역사의 기억에 새기며, 개인 차원에서 국가 차원까지 성실하게 사죄하고 과거의 죄책에 대해서 한국 국민들에게 충분히 보상해야만 한다"(한국어판 서문)는 입장을 밝히고 있다. 마키노 교수는 실제로 어떤 곳이든 이러한 신념을 서슴없이 피력한다. 이는 보통사람들의 들뜬 생각이 아닌 확고한 철학적 근거를 지닌 연구자가 한 말로서 우리에게 무게 있게 다가온다.

전후 일본 학계의 양심적인 학자로는, 일본 학자에 의해 왜곡된 한국 역사의 복권을 기도한 하타다 다카시旗田巍나 전쟁 책임을 은폐하려는 정부의 교육 정책에 제동을 걸려고 했던 이에나가 사부로家永三郎가 잘 알려져 있는데, 마키노 교수도 이러한 대열에 끼는 학자라고 할 수 있다. 마키노 교수는 칸트와 안중근의 뜻을 따라 아시아 평화 운동에 헌신하고 있으며, 현재 진행 중인 안중근 의사 관련 기념사업에도 일본인으로서 깊이 참여하고 있다.

옮긴이 세키네 히데유키와 류지한은 대학원 동문으로서, 마키노 교수와는 한국-일본 근대학회의 학술 대회를 계기로 만나게 되었다. 마키노 교수는 옮긴이들과 알기 전부터 한국에 대해서 많은 관심을 가지고 있었고, 학술 대회나 안중근 사업 관계로 두 달에 한 번 정도 한국과 일본을 왕래하고 있었다. 그동안 옮긴이는 부산, 제주도, 서울, 중국 웨이하이威海 등에서 여러 차례 마키노 교수를 만났다. 권위적이지 않고 상대방의 눈높이에 맞추는 그의 인품은 '타자의 입장에 서서 생각한다'는 칸트의 사고법에서 우러나온 태도로 짐작되는데, 학문에 의한 인격도야란 것을 새삼스럽게 느끼게 해주었던 것 같다.

번역을 마치면서, 사실은 세키네는 전공적으로, 류지한은 언어적으로 핸디캡이 있었으나 이럭저럭 둘이서 하나의 역할을 하였다. 옮긴이들의 역량 부족으로 착오 없이 해석되었는지 불안한 부분도 없지 않으나, 미비한 점은 전적으로 옮긴이들의 책임이다.

이 책은 일본에서 철학 학술서로서는 이례적으로 2003년 발간 이후 벌써 7번이나 인쇄되었다. 그만큼 마키노 교수의 칸트 독법이 일본 지식인들 사이에서 공감을 얻은 때문일 것이다. 모쪼록 이 책이 한국에서 칸트 이해의 폭을 넓히는 계기가 되었으면 하는 바람과 더불어 나아가 한일 양국 지식인들의 생각을 교류하고 상호 이해의 폭을 넓히는 작은 계기가 되었으면 한다. 마키노 교수의 아시아 평화 운동이 결실을 맺기를 진심으로 기원하며, 이 책이 한국의 독자에게 널리 읽혀지기를 진심으로 바란다.

2009년 10월 26일
안중근 의사 의거 100주년의 날에

참고 문헌

1. 칸트 전집

아카데미판 칸트 전집

Kant's gesammelte Schriften. Herausgegeben von der Königlich Preußischen
     Akademie der Wissenschaften. Erste Abteilung, Kants Werke(Bd. I-IX), Zweite
     Abteilung, Briefwechsed(Bd. X-XIII), Dritte Abteilung, Handschriftlicher
     Nachlaß(Bd. XIV-XXIII), Vierte Abteilung, Vorlesungen(Bd. XXIV-). Berlin, 1900-.

포어랜더판 칸트 전집

Sämtliche Werke. Herausgegeben von Karl Vorländer, Bd. 1-10. Leipzig, 1905-1915.

카시러판 칸트 전집

Kants Werke. Herausgegeben von Ernst Cassirer, Bd. 1-11. Berlin, 1912-1918.

바이셰델판 칸트 전집

Werke. Herausgegeben von Wilhelm Weischedel, Bd. 1-12. Frankfurt am Main,
     1968. Suhrkamp Taschenbuch.

2. 일본어 번역 전집

岩波版カント全集, 坂部惠・有福孝岳・牧野英二編集(全22卷・別卷1), 1999-.
理想社版カント全集, 高坂正顯・金子武藏監修, 原佑編集(全18卷), 1965-88年.

3. 이 책에서 참조한 칸트 주요 저서(이와나미 전집에 의함)

『純粹理性批判』, 1781, 第2版 1787(4-6卷, 有福孝岳譯)

『實踐理性批判』, 1788(7卷, 坂部惠·伊古田理譯)

『判斷力批判』, 1790(8-9卷, 牧野英二譯)

『プロレゴ-メナ(Prolegomena)』, 1783(6卷, 久吳高之譯)

『人倫形而上學の基礎づけ』, 1785(7卷, 平田俊博譯)

『人倫形而上學』, 1797(11卷, 樽井正義·池尾恭一譯)

『たんなる理性の限界内の宗教』, 1793(北岡武司譯)

『世界市民的見地における普遍史の理念』, 1784(13卷, 福田喜一郎譯)

『人間の歷史の憶測的起源』, 1784(13卷, 望月俊孝譯)

『啓蒙とは何か』, 1784(14卷, 福田喜一郎譯)

『思考の方向を定めるとはどういうことか』, 1786(13卷, 円谷裕二譯)

『永遠平和のために』, 1795(14卷, 遠山義孝譯)

『理論と實踐』, 1793(14卷, 北尾宏之譯)

『實用的現地における人間學』, 1797(15卷, 澁谷治美譯)

『人間愛からの嘘をつく權利と されるもの』, 1797(13卷, 谷田信一譯)

『諸學部の爭い』, 1798(18卷, 北尾宏之譯)

4 이 책의 참고 문헌(본문 게재 순)

M. Horkheimer/T. Adorno, 『계몽의 변증법啓蒙の辯證法』, 1947(岩波書店, 1990).

K. Marx, 『자본資本論』, 1867/94(岩波書店, 1969/70).

J. P. Sartre, 『변증법적 이성 비판辯證法的理性批判』, 1960(人文書院, 1962/73).

J.-F. Lyotard, 『포스트모던의 조건ポスト·モダンの條件』, 1979(水聲社, 1986).

I. Maus, 『민주주의 이론의 계몽을 위해서民主制の啓蒙のために』, 1992(譯書名 『啓蒙の民主制理論』, 法政大學出版局, 1999).

K. v. Wolferen, 『인간을 행복하게 하지 않는 일본이라는 시스템人間を幸福にしない日本というシステム』, 1994(毎日新聞社, 1994).

E. Cassirer, 『아인슈타인의 상대성 이론アインシュタインの相對性理論』, 1921(河出書房新社, 1976年).

B. Spinoza, 『에티카エチカ』, 1677(岩波書店, 1975).

M. Heidegger, 『존재와 시간存在と時間』, 1927(筑摩書房, 1994).

P. Strawson, 『의미의 한계意味の限界』, 1966(勁草書房, 1987).

K-O. Apel, 『철학의 변환哲學の變換』, 1963(二玄社, 1986).

E. Cassirer, 『계몽의 철학啓蒙の哲學』, 1932(紀伊國屋書店, 1962).

井上哲次郎他編, 『哲學字彙』, 1892, 復刻版 1980, 名著普及會.

福澤諭吉, 『啓蒙手習之文』, 1871, 『福澤諭吉全集』, 岩波書店.

西周, 『致知啓蒙』, 1874, 『西周全集』, 宗高書房.

G. Lessing, 『현자 나탄賢者ナ-タン』, 1779(岩波書店, 1958).

J. La Mettrie, 『인간 기계론人間機械論』, 1746(岩波書店, 1956).

M. Heidegger, 『휴머니즘에 관하여「ヒューマニズム」について』, 1947(筑摩書房, 1997).

G. Hegel, 『초기 신학론집初期神學論集』, 1790/1800(以文社, 1973/74).

G. Hegel, 『정신 현상학精神の現象學』, 1806(岩波書店, 1971/79).

V. Lenin, 『유물론과 경험 비판론唯物論と經驗批判論』, 1909(青木書店, 1953/55).

L. Goldmann, 『기독교적 시민과 계몽キリスト教徒のブルジョワと啓蒙』, 1968(譯書名『啓蒙精神弁 法的批判』, 文化書房專門社, 2000).

M. Burr/G. Irrlitz, 『이성의 요구理性の要求』, 1968(松籟社, 1981).

P. Holbach, 『자연의 체계自然の體系』, 1770(法政大學出版部, 1999).

F. Engels, 『공상이 아닌 과학으로서空想より科學へ』, 1891(岩波書店, 1966).

G. Lukács, 『역사와 계급의식歷史と階級意識』, 1923(白水社, 1968).

J. Habermas, 『현대성의 철학적 담론近代の哲學的ディスクルス』, 1985(岩波書店, 1990).

H-G. Gadamer, 『진리와 방법眞理と方法』, 1960(法政大學出版部, 1986).

G. Böhme/H. Böhme, 『이성의 타자理性の他者』, 1983.

J. Rawls, 『정의론正議論』, 1961(紀伊國屋書店, 1969).

E. Panofsky, 『〈상징형식〉으로서의 원근법〈象徵形式〉としての遠近法』, 1924/25(哲學書房, 1993).

M. Heidegger, 『니체=-チェ』, 1961(白水社, 1986).

G. Deleuze, 『니체와 철학=-チェと哲學』, 1962(國文社, 1974).

F. Nietzsche, 『도덕의 계보道德の系譜』, 1887(白水社, 1983).

P. Rée, 『도덕적 감정의 기원道德的感情の起源』, 1877.

F. Kaulbach, 『원근법주의의 철학遠近法主義の哲學』, 1990.

E. Herrigel, 『활과 선弓と禪』, 1948.

E. Herrigel, 『칸트와의 한판 대결カントとの一對決』, 1929.

W. James, 『다원적 우주多元的宇宙』, 1909.

H. Albert, 『비판적 이성 논고批判的理性論考』, 1968(お茶の水書房, 1985).

H. Arendt, 『전체주의의 기원全體主義の起源』, 1951(みすず書房, 1972/1974).

H. Arendt, 『칸트의 정치철학 강의カント政治哲學の講義』, 1982(法政大學出版局, 1987).

K. Popper, 『더 나은 세상을 찾아서よりよき世界を求めて』, 1984(未來社, 1995).

R. Bernstein, 『새로운 코스텔레이션新たなコンステレ-ション』, 1991(譯書名『手すりなき思考』, 産業圖書, 1997).

R. Rorty, 『우연성, 아이러니, 연대偶然性・アイロニ-・連帶』, 1989(岩波書店, 2000).

J. Habermas, 『공론장의 구조 변동公共性の構造轉換』, 1962(未來社, 初版 1973, 第2版 1994).

M. Heidegger, 『칸트와 형이상학의 문제カントと形而上學の問題』, 1929(理想社, 1987).

F. Hutcheson, 『웃음에 관해서笑いについて』, 1725.

P. Bourdieu, 『마르틴 하이데거의 철학적 존재론マルティン・ハイデガ-の哲學的存在論』, 1988(藤原書店, 2000).

R. Wolin, 『존재의 정치存在の政治』, 1990(岩波書店, 1999).

K. v. Clausewiz, 『전쟁론戰爭論』, 1832/34(初版譯, 美蓉書房出版, 2001).

H. Arendt, 『과거와 미래의 사이過去と未來の間』, 1968(みすず書房, 1994).

R. Beiner, 『정치적 판단력政治的判斷力』, 1983(法政大學出版局, 1988).

W. Dilthey, 『정신과학 서설精神科學序說』, 1883(以文社, 1979/81).

G. Picht, 『지금 여기에서いま・ここで』, 1980(法政大學出版局, 1986).

H. Jonas, 『책임의 원리責任という原理』, 1979(東信堂, 2000).

L. Tolstoy, 『전쟁과 평화戰爭と平和』, 1865/69(岩波書店, 1984).

J. Derrida, 『환대에 대하여歡待について』, 1997(産業圖書, 1999).

S. Bok, 『평화를 위한 전략平和のための戰略』, 1989(法政大學出版局, 1990).

5. 저자의 보충 문헌

이 책에서 다루지 못했던 논점이나 본격적인 논의에 관심을 가지고 있는 독자에 대한 안내.

『カント純粹理性批判の硏究』, 法政大學出版局, 1989.

『遠近法主義の哲學』, 弘文堂, 1996.

「理性批判の二つの機能」(『思想』, 2002. 3), 岩波書店.

「カント目的論」(『日本カント硏究』, 3), 理想社, 2002.

「批判哲學と崇高のイデオロギ-」(『哲學雜誌』, 第789 , 2002), 有斐閣.

6. 본격적인 칸트 문헌

坂部惠, 『理性の不安　カント哲學の生成と構造』, 勁草書房, 1976.

量義治, 『カントと形而上學の檢 』, 法政大學出版局, 1984.

有福孝岳, 『カント超越論的主 性の哲學』, 理想社, 1990.

宇都宮芳明, 『カントと神』, 岩波書店, 1998.

日本カント協會編, 『カントと現代』, 晃洋書房, 1996.

H. J. Paton, 『定言命法』, 1947, 行路社, 1986.

L. W. Beck, 『カント『實踐理性批判』の注解』, 1960, 新地書房, 1985.

浜田義文, 『カント論理學の成立』, 勁草書房, 1981.

『超越論哲學と分析哲學』, 竹市明弘編, 産業圖書, 1992.

『カント. 現代の論爭に生きる』, 上下, 坂部惠/G. シェ-ンリッヒ/加藤泰史/大橋容一浪編, 理想社, 1998/2000.

カント硏究會編, 『現代カント硏究』, 1~8, 晃洋書房, 1992-2001.

日本カント協會編, 『日本カント硏究』, 1~3, 理想社, 2000-02.

우수한 국내외의 연구서가 많이 있으며, 그 밖에도 소개해야 할 문헌이 상당히 있지만, 지면 관계상 생략하였다. 또한 이와나미판 칸트 전집의 각 권말에 있는 '해석'이나 주석 · 교정 등도 칸트 저작에 관한 길잡이로서 중요한 것이

많기 때문에 일독을 권한다.

7. 이 책에 직접 관련있는 포스트모던 사상가의 주요 문헌

J-F. Lyotard, 『こどもだちに語るポストモダン』, 1986(筑摩書房, 1998).

J-F. Lyotard, 『熱狂』, 1988(法政大學出版局, 1990).

J-F. Lyotard, 『文の抗爭』, 1983(原著名『ル・ディフエラン』, 法政大學出版局, 1990).

G. Deleuze, 『カントの批判哲學』, 1963(法政大學出版局, 1984).

G. Deleuze, 『差異と反復』, 1968(河出書房新社, 1984).

J. Derrida, 『法の力』, 1994(法政大學出版局, 1999).

J. Derrida, 『畵家における眞理』, 上下, 1978(法政大學出版局, 1997) .

S. Toulmin, 『ポストモダン科學と宇宙論』, 1982(他人書館, 1991).

S. Toulmin, 『コスモポリス─モダニティの畵されたアジエンダ』, 1992.

R.Rorty, 『哲學と自然の鏡』, 1979(産業圖書, 1993).

R.Rorty, 『プラグマティズムの歸結』, 1982(お茶の水書房, 1985).

M. Foucault, 『言葉と物』, 1966(新湖社, 1964).

M. Foucault, 『知の考古學』, 1969(河出書房新社, 1981).

J. Baudrillard, 『アメリカ』, 1988(法政大學出版局, 1988).

J. Baudrillard, 岸戰爭は起こらなかった』, 1991(紀伊國屋書店, 1991).

포스트모던 사상가의 문헌도 상당히 많은데, 그중에는 중요한 문헌도 상당히 많으리라 생각된다. 또한 이에 대한 비판적 논의를 전개한 사람들의 우수한 시적도 많지만, 여기서는 생략했다. 불충분한 짐에 대해서는 이 책의 인명 찾아보기를 참조하기 바란다.

인명 찾아보기